2022 黑龙江省社会科学
学术著作出版资助项目

数字经济时代
中国农产品流通体系研究

孙伟仁　徐珉钰 / 著

中国财经出版传媒集团
经济科学出版社
Economic Science Press

图书在版编目（CIP）数据

数字经济时代中国农产品流通体系研究/孙伟仁，
徐珉钰著．－－北京：经济科学出版社，2022.11
黑龙江省社会科学学术著作出版资助项目
ISBN 978 - 7 - 5218 - 4338 - 5

Ⅰ．①数…　Ⅱ．①孙…②徐…　Ⅲ．①农产品流通 -
研究 - 中国　Ⅳ．①F724.72

中国版本图书馆 CIP 数据核字（2022）第 219694 号

责任编辑：孙怡虹　刘　博
责任校对：刘　娅　蒋子明
责任印制：王世伟

数字经济时代中国农产品流通体系研究

孙伟仁　徐珉钰　著

经济科学出版社出版、发行　新华书店经销

社址：北京市海淀区阜成路甲 28 号　邮编：100142

总编部电话：010 - 88191217　发行部电话：010 - 88191522

网址：www. esp. com. cn

电子邮箱：esp@ esp. com. cn

天猫网店：经济科学出版社旗舰店

网址：http://jjkxcbs. tmall. com

北京季蜂印刷有限公司印装

710×1000　16 开　15.25 印张　293000 字

2022 年 12 月第 1 版　2022 年 12 月第 1 次印刷

ISBN 978 - 7 - 5218 - 4338 - 5　定价：68.00 元

（图书出现印装问题，本社负责调换。电话：010 - 88191510）

（版权所有　侵权必究　打击盗版　举报热线：010 - 88191661

QQ：2242791300　营销中心电话：010 - 88191537

电子邮箱：dbts@ esp. com. cn）

前　　言

　　移动互联网、物联网、大数据、区块链、云计算、人工智能等新一代信息技术的不断迭代发展，正在驱动和引领新的数字科技革命，使全球加速迈进了以万物互联、数据驱动、智能为主导的数字经济新时代。数字经济的飞速发展，使得农产品流通体系发展的外部宏观环境、供需两侧、内部要素等发生了巨变，驱动农产品流通体系的变革与重构。习近平总书记在2020年9月9日主持召开的中央财经委员会第八次会议上强调，流通体系在国民经济中发挥着基础性作用，构建以国内大循环为主体、国内国际双循环相互促进的新发展格局，必须把建设现代流通体系作为一项重要战略任务来抓。作为现代流通体系的重要组成部分，农产品现代流通体系的建设不仅关系农业增效、农民增收、农村振兴的"三农"问题解决，还关系到农产品价格稳定、农产品质量安全等国计民生问题，是一项重要的战略任务。然而，长期以来，我国农产品市场上存在产销不畅、流通渠道长、流通效率低等问题，也时常出现农产品价格的剧烈波动、"贱卖贵买""两头叫、中间笑"的怪象，反映出我国传统农产品流通体系亟待变革与重构。

　　本书在系统梳理、评述国内外农产品流通相关研究动态及流通渠道理论、价值链理论、产业组织理论、供应链管理理论等相关基础理论的渊源、基本观点及政策主张的基础上，形成了数字经济时代农产品流通体系的理论分析框架，通过理论演绎和实证验证相结合的方法深入剖析中国农产品流通体系的发展历程、发展现状、发展演进的内在规律及数字经济时代的发展方向和客观要求，在此基础上构建了数字经济时代中国农产品流通体系，并对其建设思路、建设原则、框架结构、主要内容、运行机制和发展路径进行了系统设计和详细阐述。

本书主体内容如下：第一章为绪论；第二章为概念界定与理论基础；第三章为中国农产品流通体系的发展现状，主要从流通规模、流通市场结构、流通主体、流通基础设施、流通政策等方面系统分析、客观描述我国农产品流通体系的发展现状与演进趋势，从规模水平、结构水平、效率水平、数字化水平、组织化水平和政策体制水平六个层面系统构建数字经济时代农产品流通体系现代化水平的评价指标体系，对 2014～2018 年中国农产品流通体系的现代化水平进行实证测度，分析其时序变化与地区差异，并梳理了当前中国农产品流通体系存在的问题。第四章为中国农产品流通体系发展的经济效应研究，主要对农产品流通体系影响农产品价格波动和农民收入的机理进行了理论分析和实证检验，结果表明，渠道势力对生鲜类农产品价格波动有显著影响，具体而言，批零相对规模势力对生鲜类农产品价格波动有显著正向影响，批零相对运营势力对生鲜类农产品价格波动有显著负向影响，而渠道势力对粮食类农产品价格波动的影响并不显著；渠道势力对农产品流通效率有显著影响，具体而言，批零相对规模势力对农产品流通效率有显著负向影响，批零相对运营势力对农产品流通效率有显著正向影响；流通效率在渠道势力影响生鲜类农产品价格波动这一过程中起完全中介作用；农产品流通体系的整体发展水平、流通基础设施水平、流通主体组织化程度、流通数字化水平和流通效率都对农民收入有显著正向影响，而农产品流通产业结构对农民收入的直接影响不显著，只有在同时考虑农产品流通的批零规模结构和农产品流通主体的组织化程度时，才显著正向影响农民收入。第五章为数字经济驱动农产品流通体系发展的机理，主要从流通主体、流通产业结构、流通效率、流通价值链、流通产业政府治理等角度，深入剖析数字经济驱动农产品流通体系发展的机理，结果表明，在农产品流通主体方面，数字经济的发展促进了农户和农民合作组织经营能力的提升，推动了农产品交易市场的数字化转型，并在企业组织架构、业务流程重组、商业模式创新、产品服务增值等方面驱动了农产品流通企业的创新发展，实证研究结果表明，数字经济发展水平在 1% 的显著性水平下正向影响农产品流通主体组织化程度；在农产品流通产业结构方面，数字经济驱动农产品流通业态结构丰富化、批零结构合理化、技术结构高度化和空间结构平衡化，实证结果表明，数字经济发展水平在5%的显著性水平下正向影响农产品批零规模结构；在农产品流通效率方面，数字经济降低了农产品流通的信息成本、议价成本、决策成本、监督成本、资金成本和物流成本等，缩短了农产品流通时间，提高了农产品流通整体效益，实证研究结果表明，在不考虑农产品流通产业结构和流通商组织化程度时，数字经济对农产品流通效率的直接影响不显著；在考虑农产品流通产业结构和农产品流通商组织化程度之后，数字经济发展在1%的显著性水平下正向影响农产品流通效率，并且数字经济发展通过促进农产品批零规模结构优化以及农产品流通商组织化程度的提高对农产品流通效率产生的间接影响也较为显著；在农产品流通价值链方面，数字经济对传统农产品流通价值链造成了巨大冲击，而产业链中的价值将向供需两端转移，生产者和消费者能分享更多流通环节的价值增值，而农产品流通价值链也将发生变革与重构，由传统线性结构向"网状化"结构演变；在政府流通产业治理方面，数字经济驱动了政府产业治理的数字化转型，使得产业治理手段和产业治理对象均逐步实现数字化，从而提高了政府的产业治理能力。第六章为数字经济时代中国农产品流通体系的重构，主要结合农产品流通体系的变革动因分析，倡导将农产品流通从农产品产业链中间环节转向农产品价值链主导环节，以多重战略目标为指引，统筹运用宏观调控政策工具与市场经济运行机制，从农产品流通产业体系、流通支撑体系、流通政策体系三大模块入手，构建了数字经济时代中国农产品现代流通体系，并对农产品流通体系的框架结构、基本形态、主要内容、内在联系及运行机制等进行了详细设计与深入阐述。第七章为数字经济时代中国农产品流通体系的建设路径，主要从内在发展路径、基础保障路径、产业协同路径和政策驱动路径四个层面提出了数字经济时代中国农产品流通体系的重点建设路径。

　　本书的主体内容由孙伟仁博士完成，徐珉钰主要负责文献整理、数据更新、书稿排版以及文字校对工作。本书在撰写过程中参考了诸多国内外学者的观点和研究成果，主要的参考文献列在书后，在此向所有作者表示深深的谢意。由于著者学识有限，疏漏之处在所难免，敬请同行和读者商榷并指教，我们不胜感激。

本书是国家社会科学基金项目"基于供给侧改革的中国零售业态结构优化与创新研究"（16BJY125）和黑龙江省社会科学项目"数字化转型背景下黑龙江省农产品流通体系的优化与创新研究"（20JYC158）的阶段性成果，获得黑龙江省社会科学学术著作出版资助项目（2022012－B）、黑龙江省普通本科高等学校青年创新人才培养计划项目（UNPYSCT－2020049）和大庆师范学院学术著作基金项目（21RW02）的资助。

著　者

2022 年 6 月 30 日

目　　录

第一章　绪论 ·· 1

    第一节　研究背景与问题提出 ····················· 1

    第二节　研究目的与研究意义 ····················· 3

    第三节　国内外研究现状 ························· 5

    第四节　研究内容与研究方法 ···················· 24

    第五节　研究思路与技术路线 ···················· 26

第二章　概念界定与理论基础 ······················ 28

    第一节　相关概念界定 ·························· 28

    第二节　理论基础 ····························· 29

    第三节　本章小结 ····························· 36

第三章　中国农产品流通体系的发展现状 ············· 38

    第一节　中国农产品流通体系的基本现状 ··········· 38

    第二节　中国农产品流通体系现代化水平的综合评价 ··· 61

    第三节　中国农产品流通体系现存的问题 ··········· 82

    第四节　数字经济时代中国农产品流通体系面临的机遇与挑战 ·· 86

    第五节　本章小结 ····························· 88

第四章　中国农产品流通体系发展的经济效应研究 ····· 90

    第一节　农产品流通对农产品价格波动的影响研究 ···· 91

    第二节　农产品流通对农民收入的影响研究 ········· 107

    第三节　本章小结 ···························· 116

第五章　数字经济驱动农产品流通体系发展的机理 ·········· 118

　　第一节　数字经济驱动农产品流通主体创新发展 ·········· 119

　　第二节　数字经济驱动农产品流通产业结构优化 ·········· 128

　　第三节　数字经济驱动农产品流通效率提升 ············ 133

　　第四节　数字经济驱动农产品流通价值链重构 ·········· 142

　　第五节　数字经济驱动政府产业治理数字化转型 ·········· 146

　　第六节　本章小结 ························· 148

第六章　数字经济时代中国农产品流通体系的重构 ········· 150

　　第一节　中国农产品流通体系的变革动因 ············ 151

　　第二节　数字经济时代中国农产品流通体系的基本架构 ······ 157

　　第三节　数字经济时代中国农产品流通体系的主要内容 ······ 160

　　第四节　数字经济时代中国农产品流通体系的运行机制 ······ 171

　　第五节　本章小结 ························· 174

第七章　数字经济时代中国农产品流通体系的建设路径 ······ 175

　　第一节　内生发展路径 ······················ 175

　　第二节　基础保障路径 ······················ 184

　　第三节　产业协同路径 ······················ 189

　　第四节　政策驱动路径 ······················ 193

　　第五节　本章小结 ························· 197

结论 ······························· 199

附录 ······························· 202

参考文献 ···························· 219

第一章 绪 论

第一节 研究背景与问题提出

一、研究背景

移动互联网、物联网、大数据、区块链、云计算、人工智能等新一代信息技术的不断迭代发展，正在驱动和引领新的数字科技革命，使全球加速迈进了以万物互联、数据驱动、智能主导的数字经济新时代。在数字经济时代，新一代信息技术正加快扩张和渗透，不断颠覆旧的思维和发展模式，成为当前推动产业革命深入发展的主导力量，引发了经济、社会、生产、生活、流通等领域的深度变革，使产业的发展环境及运行体系发生了根本性变化，数字化转型已成为产业变革的主旋律。就流通领域而言，构建符合数字经济时代特征的现代流通体系是当务之急。习近平总书记在2020年9月9日主持召开的中央财经委员会第八次会议上强调，流通体系在国民经济中发挥着基础性作用，构建以国内大循环为主体、国内国际双循环相互促进的新发展格局，必须把建设现代流通体系作为一项重要战略任务来抓。作为现代流通体系的重要组成部分，农产品现代流通体系的建设不仅关系农业增效、农民增收、农村振兴的"三农"问题解决，还关系到农产品价格稳定、农产品质量安全等国计民生问题，是一项重要的战略任务，值得深入研究。

近年来，国家政策持续关注数字经济背景下农产品流通体系的建设问题。国务院办公厅2016年4月发布的《关于深入实施"互联网＋流通"行动计划的意见》指出，要充分应用移动互联网、物联网、大数据等信息技术，推进流通创新发展，提高利用信息化、网络化、智能化技术的能力，加快推动流通转型升级。2017年1月发布的《中共中央 国务院关于深入推进农业供给侧结构

性改革 加快培育农业农村发展新动能的若干意见》指出，要促进新型农业经营主体、加工流通企业与电商企业全面对接融合，加快建立健全适应农产品电商发展的标准体系。支持农产品电商平台和乡村电商服务站点建设，完善全国农产品流通骨干网络，加快构建公益性农产品市场体系，加强农产品产地预冷等冷链物流基础设施网络建设，完善鲜活农产品直供直销体系。2017 年 8 月发布的《商务部 农业部关于深化农商协作 大力发展农产品电子商务的通知》指出，要顺应互联网和电子商务发展趋势，以市场需求为导向，着力突破制约农产品电子商务发展的"瓶颈"，加快建立线上线下融合、生产流通消费高效衔接的新型农产品供应链体系。2018 年 7 月发布的《商务部 中国农业发展银行关于组织 2018 年流通领域重点合作项目推荐工作的通知》指出，着力构建农产品流通骨干网络，全面推进公益性农产品市场体系建设，加快完善农产品冷链物流体系，大力发展农村电子商务等重点领域，推出一批重点支持项目。财政部办公厅、商务部办公厅 2019 年 5 月发布的《关于推动农商互联完善农产品供应链的通知》指出，促进农产品流通企业与新型农业经营主体进行全面、深入、精准对接，构建符合新时代农产品流通需求的农产品现代供应链体系。2020 年 5 月，中央网信办、农业农村部、国家发展改革委、工业和信息化部联合印发的《2020 年数字乡村发展工作要点》中提出，要快速推进农业农村数字化转型，推进数字农业、重要农产品全产业链大数据建设。随着我国进入中国特色社会主义新时代，"乡村振兴""农业农村现代化""新发展格局"等国家发展战略的推进也需要构建农产品现代流通体系予以支撑。

二、问题提出

农产品现代流通体系的建设是一项重要的战略任务，具有重要的现实意义。然而，长期以来，我国农产品市场上存在产销不畅、流通渠道长、流通效率低等问题，也时常出现农产品价格剧烈波动、"贱卖贵买""两头叫、中间笑"（农民抱怨收益低，消费者抱怨菜价高，流通商挣钱多）等现象，反映出我国传统农产品流通体系亟待变革。

随着以人工智能、大数据、云计算、物联网、算法推荐、基于位置的服务、区块链、5G 等为代表的数字信息技术不断涌现及其产业化应用，数字经济得到飞速发展，农产品流通体系发展的内外部环境发生了巨变。一是从外部宏观环境来看，数字经济时代，农产品流通体系发展所依赖的经济、法律、社会、技术等外部环境均发生了深刻变化，传统农产品流通体系的弊端愈发突显，难以适应新时代的发展形势；二是从供需两侧来看，数字经济时代，生产端的农业生产结构、生产方式和服务体系，消费端的农产品及其配套服务需求都发生了重大变化，作为中间桥梁和枢纽的农产品流通环节需做出调整和改变以适应农产品供需对接的新要求；三是从农产品流通体系内部来看，数字经济驱使农产品流通环节的要素投入、组织形态、渠道权力与关系、流通模式、商业业态、产业分工等都进行了重新配置，农产品流通体系的内生演进因素发生了根本性改变。内外部环境的变化将驱动农产品流通体系的变革与重构。

那么，当前我国农产品流通市场上存在问题的根源是什么？农产品流通体系的内在发展规律和外部经济效应是怎样的？数字经济对农产品流通体系产生了怎样的影响？数字经济时代如何对农产品流通体系进行重构？这些都是值得深入探讨的问题，也是本书重点研究的问题。

第二节　研究目的与研究意义

一、研究目的

本书主要探讨数字经济时代中国农产品流通体系的变革与重构问题，具体研究目标为：全面系统分析中国农产品流通体系的发展历程与发展现状，通过对农产品流通体系发展的外部经济效应及数字经济驱动农产品流通体系发展的机理进行研究，揭示农产品流通体系的发展规律及发展方向，结合数字经济时代的客观要求，构建数字经济时代中国农产品流通体系，并对其框架结构、主要内容、运行机制和发展路径进行系统设计，从而为解决我国农产品流通市场上存在的诸多问题提供新的思路。

二、研究意义

本书研究数字经济时代背景下中国农产品流通体系的变革与重构问题，具有重要的理论意义和实践意义。

（一）理论意义

改革开放以来，我国农产品流通理论虽然得到了一定的发展，但整体来看，理论基础并不牢固。有的学者沿用马克思主义话语体系的分析框架开展规范分析，其实证研究基础较为薄弱；有的学者借用西方管理学的"营销渠道"理论进行研究，更多的是从农产品流通主体的角度研究营销管理问题，微观层面的研究较多，而对农产品流通整个过程中的多环节、多主体、多产业的协同以及产业链整合发展问题关注不够，且对数字经济条件下的农产品流通理论研究涉猎较少。本书研究可以在一定程度上丰富农产品流通理论。首先，本书综合流通经济学、供应链管理、产业经济等多学科的基本理论，针对数字经济条件下的农产品流通体系创新发展问题提出全新的理论分析框架，有利于克服农产品流通体系研究的理论支撑不足及系统性缺乏问题。其次，本书构建数字经济时代中国农产品流通体系现代化水平的评价指标体系，并对现代化水平进行了实证测度，丰富了农产品流通现代化理论。最后，本书通过对农产品流通体系发展的外部经济效应及数字经济驱动农产品流通体系发展的机理进行研究，总结凝练出符合中国情境的现代农产品流通理论观点，为中国特色农产品流通理论的系统化研究提供一定借鉴。

（二）实践意义

本书研究的出发点是解决我国农产品流通市场上存在的诸多问题，研究成果具有重要的实践意义。首先，本书的研究有助于解决当前农产品流通领域存在的价格剧烈波动、流通成本高企、流通效率低下、农产品生产与流通环节收益分配不合理等现实问题。其次，本书通过对农产品流通体系的发展现状与变革方向的探讨，为数字经济时代我国农产品流通体系建设、农产品供销对接、鲜活农产品冷链物流发展、农村电子商务发展、农产品批发市场优化等提出建设方向和优化路径，为政府部门制定流通政策以推进农产品流通体系的现代化建设提供理论指导，具有重要的实践意义。最后，本书对流通渠道组织、流通渠道行为、流通渠道关系及流通渠道结构等内容进行系统性的理论分析和实践探讨，剖析农产品流通企业的实践现状和外部环境，明晰数字经济时代农产品流通企业在组织变革、业务流程重组、供应链整合、数字化转型等方面的趋势，尝试为传统农产品流通企业应对数字经济冲击、突破盈利模式局限、寻求创新发展方向提出可行的路径和策略，对农产品流通企业的现代化转型具有指导意义。

第三节 国内外研究现状

一、农产品流通体系相关研究现状

(一) 国外农产品流通体系研究动态

由于对农产品流通内涵界定的不同,国外学者的研究主要是围绕农产品营销渠道模式、农产品营销渠道效率、农产品供应链三个角度展开。

1. 农产品营销渠道模式

西方较早研究农产品营销渠道的是韦尔德 (Weld, 1916),他认为流通中间商的出现及其提供的专业化服务能够提高农产品营销效益。针对农产品生产者应该选择何种渠道进行农产品销售,学者们对农产品生产者参与流通环节的策略进行了研究,有学者对比分析了农户选择直接对接消费者的直销渠道和通过合作社出售农产品两种流通模式,认为农产品的规模是选择不同渠道的重要影响因素 (Jang & Klein, 2011)[1],并给出了相应的策略。有学者对比研究了拉丁美洲几种常见的农产品销售渠道,包括小型生鲜杂货店、农贸集市、小型连锁店、大型连锁超市,认为大型连锁超市改变了拉丁美洲农产品销售市场,将成为最主要的农产品流通渠道,这对小农户和传统分销商造成了巨大冲击,农民应该通过协调合作来准备迎接和应对这种机遇和挑战 (Reardon, 2002)[2]。也有研究认为农民合作社在与农民形成稳定合作关系的同时,鼓励农户将农产品直接销往市场,有利于创造更加健康的竞争环境,促进合作社经营能力的提升 (Agbo, 2015)[3]。而电子商务作为一种新的流通渠道,能让农产品生产部门更容易直接接触到消费者 (Bodini & Zanoli, 2011)[4]。

---

① Jang W, Klein C M. Supply chain models for small agricultural enterprises [J]. Annals of Operations Research, 2011, 190 (1): 359 –374.

② Reardon T, Berdegué J A. The rapid rise of supermarkets in Latin America [J]. Development Policy Review, 2002, 20 (4): 317 –334.

③ Agbo M, Rousseliere D, Salanie J. Agricultural marketing cooperatives with direct selling: A cooperative-non-cooperative game [J]. Journal of Economic Behavior and Organization, 2015, 109: 56 –71.

④ Bodini A, Zanoli R. Competitive factors of the agro-food e-commerce [J]. Journal of Food Products Marketing, 2011, 17 (2 –3): 241 –260.

2. 农产品营销渠道效率

国外对农产品营销渠道效率的研究主要分为农产品营销渠道成员的经营效率和农产品供应链的整体效率两类。对农产品营销渠道成员的经营效率，主要以成员获得的利润作为衡量效率的指标，国外对此关注较早的是克罗韦尔（Crowell，1901），他分析了农产品流通过程中，农产品中间商和消费者之间的利益分配问题。针对农产品营销渠道成员的经营效率，国外学者比较关注农民合作社和家庭农场的研究。农民合作社已经成为农产品流通中的重要主体，合作社能够提高资源的配置效率，对农业经济的发展具有推动作用，有利于提高农民收益。如有学者对墨西哥和美国的农民合作社参与农产品流通的效率问题进行了研究，结果表明农民通过合作社将农产品销往超市能够降低交易成本，获得更高的利润（Hellin et al.，2009）[1]。关于家庭农场方面，家庭农场的规模和劳动效率对经营效率具有积极的影响（Balezentis & Witte，2015）[2]，其良性发展对全球食品安全和贫困问题的解决有重要促进作用（Graeub et al.，2015）[3]。有学者采用案例研究方法对越南农民合作社帮助小农户进入超市的作用进行了研究，研究结果也表明通过农民合作社向超市销售农产品能够为农民增加收益（Moustier et al.，2010）[4]。

针对农产品流通供应链的整体效率，国外学者们对效率的评价和影响因素做了较多研究。流通效率评价指标主要包括获利能力和服务能力（Clark，1990）[5]，流通差价结构、市场信息传递效率及市场管理效率（福井清一，1995）[6]，产销价格差和市场整合程度（Darmawan & Pasandaran，2000）[7] 等。实证评价方法则主要是利用技术效率的测度（Leibenstein，1966[8]；Chu，2003[9]）。

① Hellin J，Lundy M，Meijer M. Farmer organization，collective action and market access in Meso – America [J]. Food Policy，2009，34（1）：16 – 22.

② Balezentis T，Witte K. One-and multi-directional efficiency measurement：Efficiency in Lithuanian family farms [J]. European Journal of Operational Research，2015，245：612 – 622.

③ Graeub B E，Chappell M J，Wittman H，et al. The state of family farms in the world [J]. World Development，2015（5）：1 – 15.

④ Moustier P，Tam P T G，Anh D T，et al. The role of farmer organizations in supplying supermarkets with quality food in Vietnam [J]. Food Policy，2010，35（1）：69 – 78.

⑤ Clark F E. Criteria of Marketing Efficiency [C]. This paper was read at the Thirty-third Annual Meeting of the American Economic Association，Held in Atlantic City，1990.

⑥ 福井清一. 菲律宾蔬菜水果流通和顾客关系 [J]. 农林业问题研究，1995，118.

⑦ Darmawan D A，Pasandaran E. Dynamics of vegetable production，distribution and consumption in Asia：Indonesia [J]. Asian Vegetable Research and Development. 2000，498，139 – 171.

⑧ Leibenstein H. Allocative efficiency and X – efficiency [J]. American Economic Review，1966，56.

⑨ Chu K Y. Efficiency，equity，and legitimacy：The multilateral trading system at the millennium [J]. Journal of Comparative Economics，2003，31（1）：163 – 165.

福井清一（1995）从流通价差、信息传递效率和市场管理效率三方面构建了农产品流通效率指标体系，对泰国和菲律宾两个农产品市场的农产品流通效率进行了对比分析。也有学者采用坦桑尼亚的调研数据进行实证分析，结果表明农产品供应链的高度协调有利于提升流通效率，而契约的缺失导致农产品流通供应链中各行为主体之间的纵向协调较弱，而这种松散的协调阻碍了各行为主体享受价值链的经济激励，农民合作组织的缺乏是导致农产品供应链横向协调功能不强的原因之一（Warsanga，2014）①。

3. 农产品供应链

节约农产品供应链成本方面。学者们尝试研究最大限度地减少农产品供应链的经济和生态成本（Wilasinee et al.，2010）②。有学者认为现代消费者除了对农产品的质量和成本提出要求外，还覆盖了对可持续性、环境目标、公平分配等方面的需求，从而对多层面需求下的农产品供应链福利状况进行了分析（Saitone & Sexton，2017）③。有学者针对小型农产品生产企业面临的供应链经济成本压力大的问题，提出了考虑企业与个人之间的电子商务（B2C）和企业与企业之间的电子商务（B2B）两种情况的农产品供应链模型，并提出了模型的应用及未来的改进方向（Jang & Klein，2011）④。还有学者针对农产品供应链的本地化问题，开发了一个空间分解的转运模型，使得农产品的分装、加工、运输和分销等环节在内的总供应链成本最小化，结果表明供应链本地化降低了分装成本，但增加了加工和分销成本，从而对整个供应链成本的影响不大（Nicholson et al.，2011）⑤。

农产品供应链绩效方面。有学者提出了一个包括驱动因素、战略、绩效指标、改进机会等因素在内的农产品供应链物流可持续性研究框架，用于衡量和提高供应链可持续性绩效，并分析和诊断了荷兰食品公司以及物流服务提供商的经

① Warsanga W B. Coordination and structure of agri-food value chains: Analysis of banana value chain strands in Tanzania [J]. Journal of Economics & Sustainable Development, 2014, 7 (5): 71 – 78.

② Wilasinee S, Imran A, Athapol N. Optimization of rice supply chain in Thailand: A case study of two rice mills. In: Sumi A, Fukushi K, Honda R, Hassan K (eds). Sustainability in Food and Water [M]. Springer Netherlands, 2010.

③ Saitone T L, Sexton R J. Agri-food supply chain: Evolution and performance with conflicting consumer and societal demands [J]. European Review of Agricultural Economics, 2017 (4): 4.

④ Jang W, Klein C M. Supply chain models for small agricultural enterprises [J]. Annals of Operations Research, 2011, 190 (1): 359 – 374.

⑤ Nicholson C F, Gómez M, Gao O H. The costs of increased localization for a multiple-product food supply chain: Dairy in the United States [J]. Food Policy, 2011, 36 (2): 300 – 310.

营现状（Van der Vorst et al.，2013）①。还有学者提出了一个农产品供应链网络创新框架，用于对农产品供应链整体以及供应链成员的绩效进行评估，为供应链合作关系的有效性评估提供了一个关键工具（Van der Vorst，2005）②。

农产品供应链中的质量安全方面。有学者梳理了可追溯技术在农产品供应链中应用的相关文献（Introini et al.，2018）③。还有学者从可持续性和食品安全两个重要指标方面研究了大数据技术在农产品供应链决策上关于农产品生产和消费需求预测方面的应用（Ahearn et al.，2016）④。

（二）国内农产品流通体系研究动态

国内相关研究主要集中在农产品流通主体、农产品流通模式、农产品流通业态创新、农产品流通效率四个方面。

1. 农产品流通主体

对农产品流通主体的研究主要围绕家庭农场、农民专业合作社及流通主体间的利益关系展开。

一是以家庭农场和种养大户为研究对象。家庭农场和种养大户有组织、有规模，克服了传统小农经济的弊端，有更多的机会直接参与农产品流通环节（宋明芳，2017）⑤，家庭农场和种养大户不再只是专注于农业生产，而是通过选择多种渠道来开展农产品销售既可以规避风险，又能提高经营收入（张焕勇等，2016）⑥，使其成为重要的农产品流通主体之一。在互联网技术高速发展、电子商务不断向农产品领域扩张延伸的趋势下，家庭农场和种养大户借助电商模式开展网络销售，直接对接消费者市场（陈祖武和杨江帆，2017）⑦，可以增强消费

---

① Van der Vorst J, Peeters L, Bloemhof J M. Sustainability assessment framework for food supply chain logistics: Empirical findings from Dutch food industry [J]. International Journal on Food System Dynamics, 2013, 4.

② Van der Vorst J. Performance measurement in agri-food supply-chain networks [J]. Quantifying the Agri-Food Supply Chain, 2005, 15: 15 – 26.

③ Introini S C, Boza A, Alemany M M. Traceability in the food supply chain: Review of the literature from a technological perspective [J]. Dirección y organización: Revista de dirección, organización y administración de empresas, 2018: 50 – 55.

④ Ahearn M C, Armbruster W, Young R. Big data's potential to improve food supply chain environmental sustainability and food safety [J]. International Food and Agribusiness Management Review, 2016, 19.

⑤ 宋明芳. 基于"互联网＋"的农产品流通主体转型升级策略分析 [J]. 商业经济研究，2017（10）：148 – 150.

⑥ 张焕勇，周志鹏，浦徐进. 农产品供应链视角下的家庭农场销售渠道模式选择 [J]. 商业研究，2016（10）：130 – 137.

⑦ 陈祖武，杨江帆. 供给侧改革背景下农户电子商务模式优化策略研究 [J]. 福建论坛（人文社会科学版），2017（12）：42 – 46.

者品牌粘性，促进农产品品牌建设（韩旭东等，2018）①，进而显著提升其经营绩效（朱红根和宋成校，2020）②。与农民合作社和农业龙头企业等经营规模更大的主体相比，家庭农场和种养大户对采用电子商务方式参与农产品流通的认知更强，而其经营规模和电商基础设施条件对其电商认知行为有显著影响（姚志，2017）③，并且对其年均净收入和年均利润的提高具有显著正向促进作用（薛岩等，2020）④。

二是以农民专业合作社为研究对象。作为重要的农产品流通主体之一，农民合作社有利于让小农户参与到农产品的贮藏、初加工、分销等流通环节，并分享这些环节的利润（胡云涛等，2009）⑤。相比个体小农户而言，农民合作社拥有更强的渠道权力和议价能力，能提高农民合作化程度，加快农民合作社的发展并增强其分销经营服务功能，是提高农产品整体流通效率的重要路径（周殿昆，2010）⑥。农民合作社需建立有效的利益联结机制，并向农产品产业链和价值链延伸（姜长云，2019）⑦，在推进三产融合时需充分考虑农户等内部成员的利益诉求（孙崑等，2019）⑧。当前，我国农民专业合作社参与农产品流通的能力并不强，如杨林和李峥（2021）⑨ 运用熵值法对农民专业合作社的组织生产能力、市场运营能力、服务社会能力和增收能力进行了实证测度，结果表明 2015~2017 年，全国层面农民专业合作社的市场运营能力呈下降趋势，其作为农产品流通的重要参与主体，流通能力亟待提高，而财政扶持、金融支持和外力创建三方面因素有利于促进农民专业合作社的市场运营能力。李世杰等

---

① 韩旭东，杨慧莲，李艳，郑风田. 网络销售何以影响新型农业经营主体品牌建设：基于全国 3360 个家庭农场和种养大户的实证研究 [J]. 农林经济管理学报，2018，17（5）：495－507.
② 朱红根，宋成校. 家庭农场采纳电商行为及其绩效分析 [J]. 华南农业大学学报（社会科学版），2020，19（6）：56－69.
③ 姚志. 新型农业经营主体电商认知行为差异及影响因素实证 [J]. 中国流通经济，2017，31（9）：46－52.
④ 薛岩，马彪，彭超. 新型农业经营主体与电子商务：业态选择与收入绩效 [J]. 农林经济管理学报，2020，19（4）：399－408.
⑤ 胡云涛，贺盛瑜，杨晗. 特色农产品流通过程中的农业合作组织 [J]. 农村经济，2009（12）：127－129.
⑥ 周殿昆. 农产品流通与农民合作社发展相关性分析 [J]. 中国流通经济，2010，24（11）：31－34，80.
⑦ 姜长云. 新时代创新完善农户利益联结机制研究 [J]. 社会科学战线，2019（7）：44－53.
⑧ 孙崑，方柯钰，童杉杉，张社梅. 农民专业合作社在推进三产融合中的利益联结机制研究：基于 3 家国家级示范社的调研 [J]. 浙江农业学报，2019，31（10）：1724－1733.
⑨ 杨林，李峥. 乡村振兴背景下农民专业合作社经营能力评价与提升路径研究：基于 26 个省份面板数据的实证研究 [J]. 山东大学学报（哲学社会科学版），2021（1）：152－166.

（2016）① 采用微观调研数据进行实证研究发现，农户加入农民合作社虽然能够提高销售议价能力，促进其采用现代化销售方式，但降低了其参与分级处理农产品和信息获取能力，导致总体上对其在农产品流通供应链上的影响力提升的作用十分有限。

三是以农产品流通主体利益关系为研究对象。当前，在我国农产品流通体系中，农产品流通主体的纵向合作关系不紧密，合作水平不高，而其重要的优化路径之一是处理好各参与主体的利益分配问题（肖艳丽，2012）②，协调各参与主体的利益关系是农产品流通体系改革的关键问题之一。现有流通各环节的利益分配明显呈现出需求倒逼的特点（李圣军，2010）③，农产品流通中的利润在各主体间的分配不均衡，农户相比流通中间商获取了较少的利润（孙侠和张闯，2008）④，农产品流通体系发展的最大受益者并不是农户（习小林，2006）⑤；而是应该建立一种新的流通动态结构，使得从事农产品生产或流通的农户成为专业合作社的关键利益主体（张晓山，2009）⑥。具有代表性的研究还包括杨岚等（2017）⑦ 采用农产品生产价格、批发价格、零售价格数据进行实证分析，结果表明在农产品流通过程中，农产品批发商获取的利润最高，零售商次之，获利最少的是农产品生产者。韩娜（2016）⑧ 分析了几种农产品流通模式下各方参与主体的利益分配关系，认为只有建立有效的利益分配机制才能保障多元参与主体的利益。魏毕琴（2011）⑨ 探讨了以超市为主导的生鲜农产品供应链上各方参与主体的共生关系，认为只有处理好超市与上游供应商（批发商和生产者）的关系，建立稳定的供应链合作关系，才能在农产品市场上形成核心竞争力。林德萍（2017）⑩ 分析了农产品供应链上各主体间的利益博弈格局，在此基础上提出了利益协调机制及完善路径。

---

① 李世杰，校亚楠，沈媛瑶，高健. 农民专业合作社能增大农户在流通渠道中的影响力吗：基于海南8个市县的问卷调查 [J]. 农业技术经济，2016（9）：50−59.

② 肖艳丽. 中国农产品流通中的合作关系与合作意愿分析 [J]. 中国经济问题，2012（3）：55−62.

③ 李圣军. 农产品流通环节利益分配机制的实证分析 [J]. 农业技术经济，2010（11）：108−114.

④ 孙侠，张闯. 我国农产品流通的成本构成与利益分配：基于大连蔬菜流通的案例研究 [J]. 农业经济问题，2008（2）：39−48.

⑤ 习小林. 农产品流通体系利益错位的原因与对策 [J]. 农村经济，2006（7）：113−115.

⑥ 张晓山. 农民专业合作社的发展趋势探析 [J]. 管理世界，2009（5）：89−96.

⑦ 杨岚，闫贤贤，杨春梅. 农产品流通渠道中的价格波动规律与利益协调机制 [J]. 商业经济研究，2017（15）：118−120.

⑧ 韩娜. 多元主体参与视角下农产品流通模式的利益分配研究 [J]. 商业经济研究，2016（2）：147−148.

⑨ 魏毕琴. 论超市的生鲜农产品供应链上主体共生关系 [J]. 消费经济，2011，27（1）：57−60.

⑩ 林德萍. 博弈视角下农产品流通利益协调机制构建 [J]. 商业经济研究，2017（10）：151−153.

2. 农产品流通模式

诸多学者对农产品流通模式的创新发展进行了深入研究，认为多元化创新的农产品流通模式是解决我国农产品流通效率低下问题的有益尝试。

一是以农产品批发市场为主导的批发模式。在市场经济早期阶段，由于农民组织化程度低、其市场交易主体地位尚未完全确立，农产品批发市场可以扩大农产品交易规模、拓宽交易空间，从而降低交易成本，是解决我国农产品小生产与大市场之间矛盾的重要方式（汪凤桂，2000）[①]，在中国农产品流通市场上，仍然是以传统的以农贸市场和批发市场为核心的流通模式占主导地位（朱华友和谢恩奇，2013[②]；孙伟仁等，2018[③]），在"南菜北运""西果东送"等跨区域大市场中，农产品批发市场的主渠道作用日益凸显（李光集，2017）[④]，只要产销两端的基本形态不发生根本改变，批发市场在未来很长一段时间内仍然会是农产品流通的主渠道（马增俊，2015）[⑤]，以批发市场为核心的流通模式的主导地位不会被动摇（于海龙等，2020）[⑥]。

但此种模式也存在着诸多问题，如"农户＋批发商"等传统的流通模式中由于规模小、分散性高的小型参与主体的数量众多，其组织化程度较低（罗芳琴等，2010）[⑦]，批发商和龙头企业权力过大的渠道权力不平衡问题引致各主体的合作关系相对不稳定（孟波等，2009）[⑧]，流通环节过长、过多、流通费用层层累加导致交易成本较高（马翠萍等，2011）[⑨]，农产品批发市场粗放发展、现代交易功能滞后（黎元生，2016）[⑩]，导致其市场效率整体水平偏低，因而农产品流通效率低下（唐国斌和赵婉婷，2020）[⑪]，亟待进行改革

　　① 汪凤桂. 市场化进程中农产品流通中介组织的几个问题：以农产品批发市场为例［J］. 经济问题，2000（12）：34－37.
　　② 朱华友，谢恩奇. 区域农产品流通模式研究：基于浙江省金华市的实地调查［J］. 农业经济问题，2013，34（10）：63－68.
　　③ 孙伟仁，张平，赵德海. 农产品流通产业供给侧结构性改革困境及对策［J］. 经济纵横，2018（6）：99－104.
　　④ 李光集. 我国农产品批发市场行业发展前景分析［J］. 上海商业，2017（9）：24－28.
　　⑤ 马增俊. 中国农产品批发市场发展30年回顾及展望［J］. 中国流通经济，2015，29（5）：5－10.
　　⑥ 于海龙，武舜臣，张振. 供应链视角下鲜活农产品流通模式比较：兼论环节多、链条长的流通难题［J］. 农村经济，2020（2）：89－97.
　　⑦ 罗芳琴，龚海岩，王冉，孙鑫，魏瑞成. 我国南方地区农产品流通模式调研与分析［J］. 江苏农业科学，2010（1）：373－376.
　　⑧ 孟波，吴方，范磊. 基于渠道关系理论的农产品流通模式创新探讨［J］. 甘肃农业，2009（7）：38－39.
　　⑨ 马翠萍，肖海峰，杨青松. 蔬菜流通主体成本构成与收益分配实证研究［J］. 商业研究，2011（11）：23－27.
　　⑩ 黎元生. 我国农产品批发市场组织机制：缺陷与创新［J］. 青海社会科学，2006（1）：28－31.
　　⑪ 唐国斌，赵婉婷. 我国农产品流通效率影响因素研究［J］. 商业经济研究，2020（2）：135－139.

与创新。

二是以零售超市为主导的"农超对接"模式。"农超对接"模式是指超市越过了农产品经纪人、批发商等中间环节，直接从农产品生产者手中采购农产品，是居民消费模式转变、农产品质量安全需求、超市竞争压力等多方面因素诱导的农产品流通变革（李莹等，2011）①。此模式有利于稳定农民与零售商的购销关系、实现农产品信息共享、抑制农产品价格的异常剧烈波动（张立华，2010）②，减少流通环节、减少农产品损耗（马翠萍和杨青松，2011）③，保障农产品质量安全（李政，2013）④，实现农产品流通主体的共赢（姜增伟，2009）⑤，并推动农业的产业化和标准化，加快农业生产方式的转变（胡放之和古保淋，2012）⑥。其他代表性的研究包括：石岿然和孙玉玲（2017）⑦ 在梳理国外发达国家农产品流通成功经验的基础上，对以批发商为主体的批发模式、以龙头生产企业为主产销一体模式和以零售超市为主的"农超对接"模式进行了对比分析，认为"农超对接"模式最适合我国国情并最具发展潜力。熊会兵和肖文韬（2011）⑧ 阐述了"农超对接"的实施条件，并提出了一体化模式、市场化对接模式和联盟化对接模式等三大类"农超对接"模式。赵敏和李富忠（2013）⑨ 从交易费用的视角解析了"农超对接"的优势，并提出了其顺利实施的条件。浦徐进等（2013）⑩ 运用决策实验室（DEMATEL）方法对"农超对接"模式运行效率的影响因素进行了实证分析，结果表明交易成本和农户的生产规模是影响度最大的两个因素。施晟等（2012）⑪ 通过调研数据的实证分析发现"农超对接"模式与传统农产品流通模式相比创造了溢价，并且有利于农户净收入的增加。郭锦

---

① 李莹，陶元磊，翟印礼."农超对接"生发机制理论探析 [J]. 农村经济，2011（10）：95 - 98.
② 张立华."农超对接"流通模式对农产品价格的影响分析 [J]. 价格理论与实践，2010（8）：78 - 79.
③ 马翠萍，杨青松. 规模经济视角下的农超对接问题研究 [J]. 价格理论与实践，2011（9）：83 - 84.
④ 李政. 农超对接中农产品安全问题研究 [J]. 甘肃社会科学，2013（2）：233 - 237.
⑤ 姜增伟. 农超对接：反哺农业的一种好形式 [J]. 求是，2009（23）：38 - 40.
⑥ 胡放之，古保淋. 大力推进农超对接 促进农业发展方式转变 [J]. 商业研究，2012（3）：206 - 210.
⑦ 石岿然，孙玉玲. 生鲜农产品供应链流通模式 [J]. 中国流通经济，2017，31（1）：57 - 64.
⑧ 熊会兵，肖文韬."农超对接"实施条件与模式分析 [J]. 农业经济问题，2011，32（2）：69 - 72.
⑨ 赵敏，李富忠."农超对接"的实施条件：基于交易费用理论视角 [J]. 中国流通经济，2013，27（4）：20 - 25.
⑩ 浦徐进，路璐，蒋力. 影响"农超对接"供应链运作效率的因素分析 [J]. 华南农业大学学报（社会科学版），2013，12（4）：27 - 34.
⑪ 施晟，卫龙宝，伍骏骞."农超对接"进程中的溢价产生与分配：基于"农户 + 合作社 + 超市"模式创新的视角 [J]. 财贸经济，2012（9）：85 - 92.

埔等（2017）① 基于"战略—结构—绩效"（SSP）理论分析框架，对农民合作参与"农超对接"模式的流通效率及影响因素进行了实证研究，结构表明参与程度高的合作社效率更高。

然而，也有学者认为"农超对接"模式有一定局限性，如浦徐进和曹文彬（2012）② 认为我国分散的小农户与超市之间的零散交易所带来的高昂交易成本是限制其大范围推广的制约因素，指出超市需协助农户降低交易成本才能实现双赢。马翠萍和杨青松（2011）③ 通过对比"农超对接"模式和以批发市场为核心的流通模式的成本和利润，认为当经营达到较大规模时，"农超对接"模式才能体现出相应的优势。杨洁（2019）④ 认为"农超对接"模式普遍存在的权力不对等情况会导致收益分配中的不公平现象。

学者们还对农户（李莹和刘兵，2013）⑤、农民专业合作社（周水平和徐新峰，2019）⑥ 和超市（张明月等，2017）⑦ 等农产品流通主体参与"农超对接"模式意愿的影响因素进行了研究。

三是农产品直接流通模式。针对农产品直接流通模式，主要围绕"农餐对接""农社对接"和"农宅对接"三类展开。

"农餐对接"是指餐饮企业直接从生产源头采购农产品的模式（王慧，2020）⑧，最早提出这个概念的学者是彭磊，彭磊和孙开钊（2010）⑨ 在对三种主要"农餐对接"模式的优缺点进行分析的基础上，阐述了"农餐对接"农产品流通模式的推广及配套政策。王鹏飞等（2013）⑩ 从需求和供给两方面分析了"农餐对接"模式的发展动因，并对该模式发展推广面临的障碍及对策进行了阐

① 郭锦埔，黄强，徐磊．农民合作社"农超对接"的流通效率及其影响因素：基于江西省的抽样调查数据 [J]．湖南农业大学学报（社会科学版），2017，18（5）：18－24.
② 浦徐进，曹文彬．基于空间双边垄断的"农超对接"供应链合作机制研究 [J]．管理学报，2012，9（10）：1543－1547.
③ 马翠萍，杨青松．规模经济视角下的农超对接问题研究 [J]．价格理论与实践，2011（9）：83－84.
④ 杨洁．权利不对等条件下的"农超对接"收益分配 [J]．农业经济问题，2019（7）：93－102.
⑤ 李莹，刘兵．影响农户"农超对接"行为实现的因素分析：基于山东省威海地区的调查 [J]．农村经济，2013（6）：58－62.
⑥ 周水平，徐新峰．农民合作社禀赋对其"农超对接"参与意愿和参与程度的影响分析：基于江西的抽样调查 [J]．江西社会科学，2019，39（1）：227－232.
⑦ 张明月，郑军，薛兴利．对接优势、能力、环境与超市参与"农超对接"行为：基于15省526家超市的调查 [J]．现代经济探讨，2017（9）：115－122.
⑧ 王慧．基于电子商务平台的"农餐对接"服务研究 [J]．农村经济与科技，2020，31（19）：166－167.
⑨ 彭磊，孙开钊．基于"农餐对接"的农产品流通创新模式研究 [J]．财贸经济，2010（9）：105－111.
⑩ 王鹏飞，陈春霞，黄漫宇．"农餐对接"流通模式：发展动因及其推广 [J]．理论探索，2013（1）：56－59，64.

述。孙梅等（2020）① 对"农餐对接""农超对接"和"农户直销"三种模式进行对比，结果表明"农餐对接"模式能够使农户和餐饮企业实现双赢。

"农社对接"是指农产品生产者直接向社区消费者供应农产品的农产品直销模式（王仁雪，2015）②。一些学者对其进行了研究，如马凤棋（2013）③ 认为"农社对接"模式在减少农产品流通环节、降低交易成本、稳定合作社生产、保障质量安全、强化品牌建设等方面存在显著优势，可通过车载市场、社区连锁店、网络直销等形式开展。刘兵（2015）④ 认为由农民专业合作社直接在社区设立直营店的模式存在产品种类单一、实体经营成本高等难以克服的问题，提出以电子商务与"农社对接"结合的农产品流通模式。孔寒凌等（2014）⑤ 通过南宁市江南区"农社对接"的案例分析提出可将"农社对接"每日固定销售改为周末集市集中销售的方式来降低经营成本。朱麟等（2016）⑥ 认为"农社对接"模式囿于农产品供应者经营能力不强、消费群体有限、服务支撑体系不健全等问题，只能作为一种辅助的农产品流通模式，可以通过组建农产品直销联合体、开展电商直销等方式提高运营效率。张启森等（2018）⑦ 认为"农社对接"模式可通过线上线下融合、订单销售、高端配送等方式来予以拓展。

"农宅对接"是指农产品直接从"农户到家庭"的直接交易模式，能在保证农产品质量，促进农民增收的同时（张晓林和杨文秀，2015）⑧，缩短流通渠道，减少流通损耗（王蕾，2011）⑨。姜祎（2012）⑩ 基于北京绿园蔬菜专业合作社的案例，分析了"农宅对接"模式的优势和面临的挑战。任文豪（2020）⑪ 分析了北菜园在高端有机蔬菜"农宅对接"网上交易、冷链物流、安全追溯方

① 孙梅，张敏新，李广水."农户 + 餐饮企业"有机农产品供应链模式构建研究 [J]. 中国管理科学，2020，28（9）：98 - 105.
② 王仁雪."农社对接"模式的优化策略研究 [J]. 北京农业，2015（15）：308.
③ 马凤棋. 基于蔬菜供应链优化的"农社对接"研究 [J]. 广东农业科学，2013，40（16）：221 - 224.
④ 刘兵. 电子商务与"农社对接"相结合的创新流通模式 [J]. 江苏农业科学，2015，43（7）：484 - 486.
⑤ 孔寒凌，梁友，卢亭君. 广西"农社对接"发展探讨：以南宁市江南区"农社对接"试行为例 [J]. 南方农业学报，2014，45（5）：906 - 910.
⑥ 朱麟，凌建刚，尚海涛，俞静芬. 论"农社对接"的模式多样化与配送标准化 [J]. 农学学报，2016，6（2）：131 - 134.
⑦ 张启森，桂琳，朱晓冬，罗玲，尤泽凯，张静."互联网 +"背景下北京农社对接流通渠道发展分析 [J]. 农业展望，2018，14（8）：97 - 100.
⑧ 张晓林，杨文秀. 合作社农宅对接创新发展的对策分析 [J]. 物流工程与管理，2015，37（7）：163 - 164，135.
⑨ 王蕾. 农产品流通新模式：农宅对接 [J]. 中国合作经济，2011（7）：37 - 38.
⑩ 姜祎."农宅对接"销售模式探析：以北京绿菜园蔬菜专业合作社为例 [J]. 理论学刊，2012（2）：62 - 64.
⑪ 任文豪. 农产品"农宅对接"营销模式探索 [J]. 合作经济与科技，2020（12）：75 - 77.

面的经验。

3. 农产品流通业态创新

近年来，围绕农产品流通的创新业态，学者们在农产品电子商务、农产品线上到线下（Online to Offline，O2O）、农产品连锁专门超市等业态方面开展了大量研究。

一是在农产品电子商务方面，胡俊波（2011）[①] 认为电子商务模式能够实现农产品供应链的扁平化、农产品信息的透明化、农产品交易规模的扩大化，从而能够降低农产品流通成本，是农产品流通的重要演进方向。林莉（2020）[②] 对当前生鲜农产品电子商务的运营模式和发展特点进行了分析，认为农产品电子商务模式可以通过绕过冗余的中间商降低交易成本，并提出应从农产品供应链整合、创新营销方式、开发利用大数据和完善农产品电商生态圈等方面进一步促进农产品电子商务行业的发展。田世英和王剑（2019）[③] 从经营品类、区域分布、城乡流动、主体发展、设施条件及业态创新等方面对中国农产品电子商务的发展现状进行了梳理，认为现代信息技术将加速推动农产品电商进入高质量发展阶段。马晨和王东阳（2019）[④] 从技术的创新与扩散、资本的集中与输出的角度构建理论分析模型，分析了农产品电子商务推动农产品流通体系转型的作用机理。刘阳和修长百（2019）[⑤] 从技术效率视角，对中国农产品电子商务的技术效率进行了实证分析，结果表明中国全国范围内的农产品电子商务尚未形成规模经济效应，应该尝试通过农产品电商集群建设、农产品电商人才培养和品牌打造等方面壮大农产品电商行业。

二是在农产品"O2O"方面，汪旭晖和张其林（2014）[⑥] 构建了以不同主体为主导的农产品"O2O"模式的基本框架，认为线上线下融合发展模式将实体终端店铺的提货和展销与网络店铺的自主筛选商品、线上下单支付功能灵活结合，

---

① 胡俊波. 农产品电子商务发展模式研究：一个模式构想 [J]. 农村经济, 2011 (11): 111 – 113.

② 林莉. 互联网时代下生鲜农产品电子商务运营模式创新研究 [J]. 农业经济, 2020 (6): 139 – 141.

③ 田世英, 王剑. 我国农产品电子商务发展现状、展望与对策研究 [J]. 中国农业资源与区划, 2019, 40 (12): 141 – 146.

④ 马晨, 王东阳. 新零售时代电子商务推动农产品流通体系转型升级的机理研究及实施路径 [J]. 科技管理研究, 2019, 39 (1): 197 – 204.

⑤ 刘阳, 修长百. 基于技术效率视角下农产品电子商务发展研究 [J]. 科学管理研究, 2019, 37 (3): 135 – 139.

⑥ 汪旭晖, 张其林. 基于线上线下融合的农产品流通模式研究：农产品 O2O 框架及趋势 [J]. 北京工商大学学报（社会科学版）, 2014, 29 (3): 18 – 25.

能够克服纯农产品电子商务模式存在的仓储配送服务能力不足、货源不稳定、消费者信任度不高等发展"瓶颈"问题，并提高农产品的流通效率。刘助忠和龚荷英（2015）[①] 认为农产品"O2O"模式是农产品流通供应链变革的主方向，而以某个单一农产品流通主体为主导的"O2O"供应链仍然难以解决高成本物流和分散信息流的问题，提出可以通过"O2O"型农产品供应链的系统集成，充分整合生产资源、流通资源和消费者资源，以规模经济降低整体运营成本并加快需求响应速度。张旭梅等（2018）[②] 构建了考虑消费者对农产品的信息、支付、配送、处理四种便利需求的生鲜农产品"O2O"商业模式，并对该模式的盈利模式、业务流程、核心优势以及具体的实施策略进行了阐述。范林榜等（2019）[③] 从渠道冲突角度分析了线上和线下在农产品保鲜、价格确定、促销策略、客户体验及利益分配等方面的主要冲突表现，构建了生鲜农产品线上线下双渠道的供应链协调模型，分析了双渠道的价格确定机理和收益分配规律，并提出了生鲜农产品双渠道协调发展策略。

三是在农产品连锁超市方面，宾幕容和周发明（2007）[④] 从连锁超市模式能够从交易内部化、规模经济和专业分工三方面降低农产品交易费用的角度阐述了农产品连锁超市模式的优势，并提出应选择更加合适的农产品供应模式并强化物流配送中心的建设。周树华等（2011）[⑤] 提出生鲜农产品连锁超市的优化发展有赖于构建完善的农产品供应链信息管理系统，而该信息管理体系应集成农产品供应链全过程的特征、行为、安全等信息，通过流通信息化实现农产品流通的现代化。王云（2011）[⑥] 系统分析了连锁超市农产品集中源头采购的优势，并结合农产品中央采购项目运行中的品类选择、货源渠道设计、仓储配送及相应配套措施进行了设计。施宏（2012）[⑦] 通过对比国内外连锁超市的农产品物流现状，提出从供应链优化、技术应用、经营管理能力提升等方面提升生鲜农产品的物流效率。

---

① 刘助忠，龚荷英. "互联网＋"概念下的"O2O"型农产品供应链流程集成优化［J］. 求索，2015（6）：90 – 94.
② 张旭梅，梁晓云，但斌. 考虑消费者便利性的"互联网＋"生鲜农产品供应链 O2O 商业模式［J］. 当代经济管理，2018，40（1）：21 – 27.
③ 范林榜，姜文，邵朝霞. 电子商务环境下收益共享的生鲜农产品双渠道供应链协调研究［J］. 农村经济，2019（6）：137 – 144.
④ 宾幕容，周发明. 农产品连锁超市经营的成本效益分析［J］. 中国流通经济，2007（6）：44 – 46.
⑤ 周树华，张正洋，张艺华. 构建连锁超市生鲜农产品供应链的信息管理体系探讨［J］. 管理世界，2011（3）：1 – 6.
⑥ 王云. 连锁超市农产品流通与采购优化探讨：基于连锁超市农产品中央采购项目实施的分析［J］. 中国流通经济，2011，25（9）：22 – 27.
⑦ 施宏. 我国连锁超市主导的生鲜农产品物流现状和国际比较分析［J］. 学术论坛，2012，35（11）：153 – 155，159.

4. 农产品流通效率

一是在农产品流通效率评价指标体系方面，国内学者从多个维度构建了诸多评价体系，代表性的指标有流通速度（张永强等，2017）[1]、流通损耗（杨宝宏等，2009）[2]、质量安全（寇荣和谭向勇，2008）[3]、流通成本、生产者分得比率（陈耀庭等，2015）[4]、流通集中化程度（涂洪波，2012）[5] 及流通费用率（杜红平等，2009）[6] 等。由于农产品流通效率是一个综合概念，需考虑经济、技术、社会等多个方面的因素（肖艳丽和冯中朝，2012）[7]，因此，多数学者都是采用其中的多个指标构建的评价体系。

二是在农产品流通效率实证评价方面，在评价方法的选择上，多是借鉴技术效率的测度方法来评价农产品流通效率，主要包括数据包络分析法、因子分析法、熵权法、关键指标对比法等。

选择利用数据包络分析法的研究相对较多，王仁祥和孔德树（2014）运用数据包络分析法对 2005 ~ 2012 年中国农产品流通效率进行了实证评价，并进行了横向和纵向对比分析，结果表明虽然农产品流通效率总体呈上升趋势，但地区差异较大且水平不高。[8] 茹永梅（2017）采用数据包络分析法对五种不同农产品流通模式的流通效率进行了对比分析，结果表明以零售商为核心的农产品流通模式的效率最高。[9] 李爱军等（2017）运用数据包络分析法对安徽省 2010 ~ 2014 年的农产品流通效率进行了测度。[10] 李丽和胡紫容（2019）采用数据包络分析（DEA）Malmqusit 指数分析法，选择资本和劳动力作为投入指标，农产品流通问题和农产品总产值作为产出指标，对京津冀地区 2007 ~ 2016 年的农产品流通

① 张永强，张晓飞，刘慧宇. 我国农产品流通效率的测度指标及实证分析 [J]. 农村经济，2017（4）：93 - 99.
② 杨宝宏，郭红莲，魏国辰. 提高生鲜农产品流通效率的探讨：深圳"布吉模式"的启示 [J]. 物流技术，2009，28（2）：28 - 30，37.
③ 寇荣，谭向勇. 论农产品流通效率的分析框架 [J]. 中国流通经济，2008（5）：12 - 15.
④ 陈耀庭，戴俊玉，管曦. 不同流通模式下农产品流通效率比较研究 [J]. 农业经济问题，2015，36（3）：68 - 74，111.
⑤ 涂洪波. 农产品流通现代化评价指标的实证遴选及应用 [J]. 中国流通经济，2012，26（6）：18 - 23.
⑥ 杜红平，魏国辰，付建华. 果品流通效率评价指标构建及改善建议 [J]. 商业时代，2009（10）：23，96.
⑦ 肖艳丽，冯中朝. 农产品流通中公平与效率的国际经验借鉴 [J]. 经济体制改革，2012（5）：152 - 156.
⑧ 王仁祥，孔德树. 中国农产品流通效率评价模型构建及其应用 [J]. 辽宁大学学报（哲学社会科学版），2014，42（4）：64 - 73.
⑨ 茹永梅. 差异化流通模式的农产品流通效率对比分析 [J]. 商业经济研究，2017（2）：152 - 154.
⑩ 李爱军，黎娜，王成文. 基于 DEA 和 Malmquist 指数模型的农产品供应链效率研究 [J]. 统计与决策，2017（11）：42 - 45.

体系效率进行了分析，结果表明技术效率不足是流通效率低的主要原因。[1] 吕建兴和叶祥松（2019）利用纯技术效率模型（BCC – DEA）模型，分别对农产品批发环节、农产品零售环节以及流通整体的效率进行了实证测度，结果表明各层面的农产品流通效率均处于 DEA 非有效状态，且农产品零售环节的流通效率要高于农产品批发环节的流通效率。[2]

运用因子分析法的研究主要有，张永强等（2017）通过构建速度、规模、成本和效益四个层面的指标体系，运用因子分析法实证测度了中国农产品流通效率。[3] 赵锋和段风军（2014）构建了速度性效率、规模性效率和经济性效应三个维度的指标体系，对广西壮族自治区 1999～2012 年的农产品流通效率进行了测度，结果表明农产品流通效率有小幅上升，但仍处于较低水平。[4] 陈金波等（2014）运用因子分析法对 1998～2011 年湖北省的农产品流通效率进行了实证评价。[5]

其他评价方法应用上的研究相对较少，武孟飞等（2019）利用熵权法和模糊综合评价方法对 2010～2016 年河南省的农产品流通效率进行了测度。[6] 郭红莲等（2009）以成本收益、流通速度和质量保证作为效率衡量指标，运用层次分析法对北京市禽蛋四个不同流通模式的流通效率进行了评价。[7] 欧阳小迅和黄福华（2011）通过生产前沿面函数模型对 2000～2009 年中国各地区农产品流通效率进行了实证测度，结果表明效率不高，但总体效率水平呈现上升趋势且地区间差异有逐年缩小趋势。[8] 陈耀庭等（2015）以成本、费用率、生产者分得比率和利润率四个关键衡量指标，运用多案例关键指标对比分析法，对自销型模式、农超对接模式、水果店模式、农贸市场模式四种模式的流通效率进行了对比分析，结果

---

① 李丽，胡紫容. 京津冀农产品流通体系效率评价及影响因素研究［J］. 北京工商大学学报（社会科学版），2019，34（3）：41 – 50.

② 吕建兴，叶祥松. 中国农产品流通效率及其演变特征：基于流通环节的视角［J］. 世界农业，2019（6）：46 – 57.

③ 张永强，张晓飞，刘慧宇. 我国农产品流通效率的测度指标及实证分析［J］. 农村经济，2017（4）：93 – 99.

④ 赵锋，段风军. 1999～2012 年广西农产品流通效率及其演进趋势的实证分析［J］. 南方农业学报，2014，45（3）：509 – 514.

⑤ 陈金波，陈向军，罗权. 湖北农产品流通效率评价及对策研究［J］. 统计与决策，2014（11）：97 – 99.

⑥ 武孟飞，李炳军，魏新娟，杨卫明. 基于熵权法的农产品流通效率模糊综合评价研究：以河南省为例［J］. 数学的实践与认识，2019，49（13）：83 – 93.

⑦ 郭红莲，侯云先，杨宝宏. 北京市禽蛋流通效率评价模型及应用［J］. 农业系统科学与综合研究，2009，25（1）：10 – 14，22.

⑧ 欧阳小迅，黄福华. 我国农产品流通效率的度量及其决定因素：2000～2009［J］. 农业技术经济，2011（2）：76 – 84.

表明不同模式在不同指标上各有优势。① 吴自爱等（2013）将因子分析法和数据包络分析法相结合，对皖江经济带七个城市的农产品流通效率进行了评价。②

三是在流通效率的影响因素方面，金赛美（2016）运用 Pearson 相关分析方法研究表明，交通运输、仓储条件、交易市场水平、电子商务发展程度等因素是农产品流通效率的主要影响因素。③ 欧阳小迅和黄福华（2011）运用面板数据模型对农产品流通效率的影响因素进行了计量分析，结果表明农村流通基础设施和信息化水平显著影响农产品流通效率，而劳动力水平和专业化水平对农产品流通效率的促进作用并不十分显著。④ 王娜和张磊（2016）基于农产品流通产业链视角，对农产品收购、产销地批发、零售等环节以及流通制度等方面涉及的影响因素进行了梳理并提出了相应的理论分析框架。⑤ 李丽和胡紫容（2019）采用典型相关分析法对农产品流通效率的影响因素进行分析，结果表明信息化水平是最主要因素，资本投入和农产品市场集中度也是重要因素。⑥

二、数字经济驱动流通体系优化相关研究现状

从已有研究来看，直接研究数字经济驱动流通体系优化的文献较少，更多的是从大数据或互联网视角研究其对流通体系产生的影响。

（一）大数据驱动流通供应链优化

伴随着流通供应链的不断发展、商业模式的不断创新，原有的供应链结构被改变和破坏（Maccarthy et al.，2016）⑦，流通供应链中的各种问题不断涌现，如各主体之间存在的信息不对称问题导致了合作效率低下，从而影响供应链整体绩效（陆杉和陈宇斌，2018）⑧。流通供应链中的业务流程越来越依赖于数据。大数据分析技术能很好地解决这些难题，数据衍生的洞察力为分析供应链风险或衡

---

① 陈耀庭，戴俊玉，管曦. 不同流通模式下农产品流通效率比较研究［J］. 农业经济问题，2015，36（3）：68－74，111.
② 吴自爱，王剑程，王丽娟，项桂娥. 欠发达地区农产品流通效率评价［J］. 统计与决策，2013（24）：47－49.
③ 金赛美. 我国农产品流通效率测量及其相关因素分析［J］. 求索，2016（9）：129－132.
④ 欧阳小迅，黄福华. 我国农产品流通效率的度量及其决定因素：2000—2009［J］. 农业技术经济，2011（2）：76－84.
⑤ 王娜，张磊. 农产品流通效率的评价与提升对策研究：基于流通产业链视角的一个分析框架［J］. 农村经济，2016（4）：109－114.
⑥ 李丽，胡紫容. 京津冀农产品流通体系效率评价及影响因素研究［J］. 北京工商大学学报（社会科学版），2019，34（3）：41－50.
⑦ Maccarthy B L，Blome C，Olhager J，et al. Supply chain evolution：Theory，concepts and science［J］. International Journal of Operations & Production Management，2016，36（12）.
⑧ 陆杉，陈宇斌. 供应链中大数据分析应用研究综述［J］. 商业经济与管理，2018（9）：27－35.

量合作主体绩效提供了宝贵工具，使得流通供应链中各参与主体对需求、生产、采购、流通及消费等信息有了更精准的把控，并作出更多战略性的、以数据分析为基础的科学决策，以提高供应链的整体绩效。

1. 精准预测需求

大数据在实时捕捉需求变化方面具有突出优势。大数据技术可以在收集的消费者特征数据、消费者消费历史数据、消费者评价数据等大数据基础上，深入挖掘并分析需求行为，帮助供应链各方参与主体提高产品或服务需求预测的灵活性和准确性（Fang & Zhan，2015[①]；Salehan & Dan，2016[②]；任武军和李新，2018[③]），从而为产品研发（司光耀等，2016)[④]、分仓规划（李长春，2017)[⑤]、物资采购（李俊颖和董凤娜，2017)[⑥] 及公共服务供给（于秀琴等，2018)[⑦] 提供依据；同时，大数据还可以在需求管理中塑造与生产和物流能力相一致的需求（Schmidt et al.，2015)[⑧]。

2. 提高物流运输效率与服务质量

大数据在物流、配送和运输等方面的研究较为普遍，大数据在此领域的研究主要集中在路径优化、实时运输运行监控方面。大数据分析驱动的运输路径优化问题主要是在基于历史数据库的静态环境中研究的（Ehmke et al.，2016)[⑨]，而将大数据用于实时环境下的动态路径优化也有一些概念性的论述（Hsu et al.，2015)[⑩]；关于实时运输监控，学者们探讨了在运输过程中，通过传感器对产品状态进行监

---

① Fang X，Zhan J. Sentiment analysis using product review data［J］. Journal of Big Data，2015，2（1）：5.

② Salehan M，Dan J K. Predicting the performance of online consumer reviews［J］. Decision Support Systems，2016，81（C）：30 - 40.

③ 任武军，李新. 基于互联网大数据的旅游需求分析：以北京怀柔为例［J］. 系统工程理论与实践，2018，38（2）：437 - 443.

④ 司光耀，王凯，李文强，等. 基于大数据和粗糙集的产品需求分析方法研究［J］. 工程设计学报，2016，23（6）：521 - 529.

⑤ 李长春. 大数据背景下的商品需求预测与分仓规划［J］. 数学的实践与认识，2017，47（7）：70 - 79.

⑥ 李俊颖，董凤娜. 大数据技术下的电力物资需求模式优化应用［J］. 经营与管理，2017（8）：116 - 119.

⑦ 于秀琴，王鑫，陶健，等. 大数据背景下政府购买社会管理性服务的有效需求识别及测量研究［J］. 中国行政管理，2018（9）：30 - 36.

⑧ Schmidt B，Flannery P，Desantis M. Real-time predictive analytics，big data & energy market efficiency：Key to efficient markets and lower prices for consumers［J］. Applied Mechanics & Materials，2015，704：453 - 458.

⑨ Ehmke J F，Campbell A M，Thomas B W. Data-driven approaches for emissions-minimized paths in urban areas.［J］. Computers & Operations Research，2016，67：34 - 47.

⑩ Hsu C Y，Lin S C，Chien C F. A back-propagation neural network with a distributed lag model for semiconductor vendor-managed inventory［J］. Journal of the Chinese Institute of Industrial Engineers，2015，32（3）：13.

测和控制（Ting et al.，2014①；杨建亮和侯汉平，2017②）。此外，大数据分析在物流网络规划中的应用有较大发展前景（Zhao et al.，2016③；Mehmood et al.，2017④），有利于减少物流供需的双重不确定性，提高物流配送效率（陶君成等，2016）⑤，进而改善物流服务的消费体验（陈永平和李赫，2017)⑥。

3. 优化采购流程，降低采购成本

大数据分析在采购领域的研究主要在供应商选择、采购成本改进和采购风险分析三个应用领域。大数据分析被广泛应用于供应商选择的过程，可明显地提高企业选择供应商的效率（陈畴镛和陆锦洪，2005)⑦，供应商的选择还可与订单分配问题结合起来，以提高综合采购效率（白广思，2016)⑧ 和降低采购成本（Kuo et al.，2015)⑨。关于采购风险管理，大多数研究只是利用大数据分析的优势，采用供应商数据库里丰富的数据准确地评价采购风险（Ralha & Silva，2012⑩；Miroslav et al.，2014⑪），但仍然缺乏提供积极预防行动的模型和决策支持系统。

4. 供应链整体优化

最近的研究越来越认识到从供应链整体角度研究大数据应用的重要性，意识到供应链管理是一个多层次、不可分割的相互关联的系统。这些研究大多在供应链弹

① Ting S L, Tse Y K, Ho G T S, et al. Mining logistics data to assure the quality in a sustainable food supply chain: A case in the red wine industry [J]. International Journal of Production Economics, 2014, 152 (4): 200 –209.

② 杨建亮，侯汉平. 冷链物流大数据实时监控优化研究 [J]. 科技管理研究，2017，37（6）：198 –203.

③ Zhao R, Liu Y, Zhang N, et al. An optimization model for green supply chain management by using a big data analytic approach [J]. Journal of Cleaner Production, 2016.

④ Mehmood R, Meriton R, Graham G, et al. Exploring the influence of big data on city transport operations: a Markovian approach [J]. International Journal of Operations & Production Management, 2017, 37 (1): 75 –104.

⑤ 陶君成，潘林，初叶萍. 大数据时代城乡物流网络重构研究 [J]. 中国流通经济，2016，30（11）：22 –32.

⑥ 陈永平，李赫. 大数据时代物流末端配送、消费体验需求满足及其价值创造能力提升 [J]. 财经论丛，2017 (1)：95 –104.

⑦ 陈畴镛，陆锦洪. 基于数据挖掘方法的供应链合作伙伴选择 [J]. 浙江学刊，2005 (1)：222 –225.

⑧ 白广思. 基于大数据的图书资源智能采购系统研究 [J]. 图书馆学研究，2016，(19)：37 –41.

⑨ Kuo R J, Pai C M, Lin R H, et al. The integration of association rule mining and artificial immune network for supplier selection and order quantity allocation [J]. Applied Mathematics & Computation, 2015, 250: 958 –972.

⑩ Ralha C G, Silva C V S. A multi-agent Data Mining System for Cartel Detection in Brazilian Government Procurement [M]. Pergamon Press, Inc. 2012.

⑪ Miroslav M, Miloš M, Velimir Š, et al. Semantic technologies on the mission: Preventing corruption in public procurement [J]. Computers in Industry, 2014, 65 (5): 878 –890.

性（Papadopoulos et al.，2016）①、可持续性（Papadopoulos et al.，2016；Wu et al.，2017②）、风险管理（张存禄和黄培清，2004）③、敏捷性（Giannakis & Louis，2016）④、知识共享（沈娜利等，2018）⑤ 及多标准决策（Govindan et al.，2013）⑥ 的情境下研究供应链一体化问题，以提高供应链的综合效率和盈利能力。

（二）互联网驱动流通体系发展

互联网既是一个市场，也是一个媒介，这意味着它可以有效地发挥多渠道的作用，充当一个由网络介导的市场，在这个市场中，买卖双方可以相互联系，并作为进行和执行营销、销售和分销（Farhoomand & Lovelock，2001）⑦ 等业务功能的媒介，提高传统流通渠道的效率，新技术通过增加客户价值和（或）提高公司盈利能力，改变渠道策略（Ho et al.，2008）⑧。

互联网推动了流通组织之间分工的深化，新商业模式的出现使得流通组织专业化程度提升（芮明杰等，2013）⑨，基于互联网的商业模式使得各类资源能实现高效连接（罗珉和李亮宇，2015）⑩，尤其是供需的直接对接使得流通中间环节减少，降低流通成本（王娟，2017）⑪ 的同时，能够更加关注消费需求，提高消费者满意程度，从而实现价值创造。

在互联网时代，生产商与消费者的直接交易导致传统流通组织的商业模式

---

① Papadopoulos T，Gunasekaran A，Dubey R，et al. The role of big data in explaining disaster resilience in supply chains for sustainability [J]. Journal of Cleaner Production，2016，142：1108 – 1118.

② Wu K J，Liao C J，Tseng M L，et al. Toward sustainability：using big data to explore the decisive attributes of supply chain risks and uncertainties [J]. Journal of Cleaner Production，2017，142：663 – 676.

③ 张存禄，黄培清. 数据挖掘在供应链风险控制中的应用研究 [J]. 科学学与科学技术管理，2004（1）：12 – 14.

④ Giannakis M，Louis M. A multi-agent based system with big data processing for enhanced supply chain agility [J]. Journal of Enterprise Information Management，2016，29（5）.

⑤ 沈娜利，沈如逸，肖剑，等. 大数据环境下供应链客户知识共享激励机制研究 [J]. 统计与决策，2018，34（10）：36 – 41.

⑥ Govindan K，Sarkis J，Palaniappan M. An analytic network process-based multicriteria decision making model for a reverse supply chain [J]. International Journal of Advanced Manufacturing Technology，2013，68（1 – 4）：863 – 880.

⑦ Farhoomand A，Lovelock P. Global e – Commerce：Text and Cases Plus Instructor's Manual [M]. Prentice Hall，2001.

⑧ Ho S C，Kauffman R J，Liang T P. A growth theory perspective on B2C e-commerce growth in Europe：An exploratory study [J]. Electronic Commerce Research & Applications，2008，6（3）：237 – 259.

⑨ 芮明杰，刘明宇，陈扬. 我国流通产业发展的问题、原因与战略思路 [J]. 财经论丛，2013（6）：89 – 94.

⑩ 罗珉，李亮宇. 互联网时代的商业模式创新：价值创造视角 [J]. 中国工业经济，2015（1）：95 – 107.

⑪ 王娟. 我国农村地区"新农品流通 + 互联网"创新发展研究 [J]. 改革与战略，2017，33（7）：112 – 114.

受到严重的生存挑战（李海舰等，2014）①，面对互联网去中间化的冲击，流通商可以通过供应链的逆向整合，以流通制造商或零售制造商新模式提高供应链运行效率（谢莉娟，2015）②，而流通组织整合供应链的方式可分为平台化的虚拟整合和产业链纵向网络整合（李冠艺和徐从才，2016）③。以电子商务为核心的交易方式促进了流通业态的不断创新（宋则和王京，2002）④，如"O2O"模式也使得传统产业与互联网实现了融合发展（聂林海，2015）⑤。

互联网技术的推动使得流通价值链边际报酬递增（原小能，2012）⑥，互联网技术的应用也促进了流通组织的流程再造（李骏阳，2015）⑦，流通组织内部资源得到优化配置（丁俊发，2011）⑧，提高了流通组织的经营管理效率。

三、现有文献的综合述评

总的来看，学者们从不同的角度对农产品流通体系相关问题进行了大量有益的探索，使得这一领域的研究日益丰富，具有重要的理论借鉴和理论支撑意义，但已有的研究在以下六个方面仍存在较大研究空间。

第一，在理论研究体系方面，目前绝大多数研究是从农产品流通组织、流通主体行为、流通渠道关系、流通渠道、流通效率等某个侧面来研究农产品流通问题，未形成对农产品流通体系的完整理论分析框架，欠缺多角度、跨学科、宽领域的"系统"研究，不足以全面把握农产品流通体系创新发展的内在机理及发展趋势。

第二，在农产品流通的研究视角方面，现有成果的研究思路多是从流通渠道的视角，基于农产品流通作为农产品产业链中间环节的分析框架开展的，但是在互联网时代，流通的地位、作用和职能发生了重大转变，流通逐渐从产业链中间环节转变为价值链主导环节，而现有研究尚未建立将农产品流通作为农产品价值

---

① 李海舰，田跃新，李文杰. 互联网思维与传统企业再造 ［J］. 中国工业经济，2014（10）：135 - 146.

② 谢莉娟. 互联网时代的流通组织重构：供应链逆向整合视角 ［J］. 中国工业经济，2015（4）：44 - 56.

③ 李冠艺，徐从才. 互联网时代的流通组织创新：基于演进趋势、结构优化和效率边界视角 ［J］. 商业经济与管理，2016（1）：5 - 11.

④ 宋则，王京. 新时期流通业的发展与经济结构的调整 ［J］. 财贸经济，2002（11）：25 - 30.

⑤ 聂林海."互联网＋"时代的电子商务 ［J］. 中国流通经济，2015，29（6）：53 - 57.

⑥ 原小能. 国际服务外包与服务企业价值链升级研究 ［J］. 国际经贸探索，2012，28（10）：56 - 67.

⑦ 李骏阳. 对"互联网＋流通"的思考 ［J］. 中国流通经济，2015，29（9）：6 - 10.

⑧ 丁俊发. 中国流通业的变革与发展 ［J］. 中国流通经济，2011，25（6）：20 - 24.

链主导环节的分析框架，更是鲜有相关理论研究。

第三，在农产品流通的演进历程分析方面，目前对农产品流通发展历程和发展现状的研究多数停留在静态描述上，未从动态演进的视角去分析农产品流通演进的阶段特征及演进规律；研究大多是定性分析，采用翔实数据进行定量分析的成果较少。

第四，在农产品流通体系发展水平的评价方面，有少量学者构建了不同的指标体系并对我国农产品流通体系的发展水平进行了实证测度，然而，发展水平的评价标准应随着时代的发展呈现出不同特征，现有研究尚未从数字经济时代背景的角度构建符合时代特征的评价体系。

第五，在农产品流通体系的数字化转型方面，研究较少且零碎。国内外学者们对数字化转型背景下大数据推动流通供应链各环节、各主体的影响及优化路径进行了较深入的探讨，但对农产品流通这一细分领域的数字化转型问题研究较少，而当前农产品流通领域的数字化转型是流通领域数字化转型的最大短板，较少文献探讨数字经济对农产品流通体系发展的影响。

第六，在农产品流通体系发展的经济效应方面，对其价格稳定效应和农民增收效应的研究较少。现有文献大多以整个流通产业为研究对象，对其经济增长效应、产业结构效应、就业效应等进行研究，而较少以农产品流通体系为研究对象，研究其对价格波动和农民收入的影响，仅有的少量文献在相关问题的研究上并不深入。

第四节　研究内容与研究方法

一、研究内容

（1）系统梳理、评述国内外农产品流通相关研究动态及流通渠道理论、价值链理论、产业组织理论、供应链管理理论等相关基础理论的理论渊源、基本观点及政策主张，为本书后续研究奠定理论基础。

（2）中国农产品流通体系的发展现状研究。从流通规模、流通主体、流通市场结构、流通基础设施等方面系统分析、客观描述我国农产品流通体系的发展现状与演进趋势；从规模水平、结构水平、效率水平、数字化水平、组织化水平和政策体制水平六个层面系统构建数字经济时代农产品流通体系现代化水平的评价指标体系，对 2014～2018 年中国农产品流通体系的现代化水平进行实证测度，并分析其时序变化与地区差异；在此基础上，梳理、分析当前我国农产品流通体系发展存在的问题及数字经济时代面临的机遇与挑战。

（3）中国农产品流通体系的经济效应研究。主要是对农产品流通体系的价格稳定效应和农民增收效应进行理论及实证分析。在价格稳定效应方面，针对农产品市场中出现的价格剧烈波动现象，从渠道势力的视角，对农产品流通体系影响农产品价格波动的机理进行了理论分析，并基于 2008～2016 年中国省级面板数据，对渠道势力、流通效率与农产品价格波动的关系进行了实证研究；在农民增收效应方面，针对农产品供应链上利益分配不均、农民收益相对较少的问题，系统分析农产品流通体系整体水平，以及农产品流通基础设施、主体组织化程度、流通数字化水平、流通效率、流通产业结构等细分层面对农民收入的影响机理，并基于 2014～2018 年省级面板数据进行了实证研究。

（4）数字经济驱动农产品流通体系发展的机理研究。系统分析了数字经济对农产品流通主体、农产品流通产业结构、农产品流通效率、农产品流通价值链及农产品流通政府治理等方面的影响机理，并对提出的相关理论假设进行了实证检验。

（5）数字经济时代中国农产品流通体系的构建。结合数字经济时代的要求和我国农产品流通体系的客观实际，构建数字经济时代中国农产品现代流通体系，对农产品流通体系的构建思路、基本框架、主要内容及运行机制等进行详细设计与深入阐述。

（6）数字经济时代中国农产品流通体系的建设路径。在前文理论及实证研究结论的指引下，从内生发展路径、产业协同路径、基础保障路径、政策驱动路径四个层面提出数字经济时代中国农产品流通体系的建设路径，准确把握建设重点和方向。

二、研究方法

（1）理论演绎法。对相关经典文献和最前沿的学术成果进行信息提取、观点方法的梳理，形成本书研究的理论基础，将多学科研究理论与方法引入农产品流通理论研究，结合新时代、新技术、新要求，提出数字经济时代农产品流通体系的理论分析框架，演绎推理形成各项研究内容的理论假设和理论模型，并进行实证检验。

（2）理论提炼法。对国内外农产品流通实践中的历史演进规律和典型案例进行剖析，归纳总结出在特定条件下先进的经验和做法，运用理论研究思维对实践经验进行理论提炼，形成新的理论观点，丰富和发展现有的农产品流通理论体系。

（3）比较研究法。基于实证评价结果，比较分析中国农产品流通体系现代化水平的时序变化以及地区差异；基于国内外农产品流通的发展实践，对比研究中国与美国农产品冷链发展水平的差距。

（4）系统研究法。将农产品流通体系作为一个完整的系统进行研究，注重研究系统内部各层次、各要素之间以及内部系统与外部系统之间的互动机理，明晰农产品流通体系的发展演进规律，结合数字经济时代的特征和要求，系统构建数字经济时代中国农产品现代流通体系。

（5）定量研究法。基于宏观统计数据，对 2000~2019 年中国农产品流通体系总体规模、市场结构、流通主体、基础设施等方面的发展状况进行了描述性统计分析；采用主成分分析方法实证测度 2014~2018 年中国农产品流通体系的现代化程度；采用基尼系数法、泰尔指标法和对数离差均值法对中国农产品流通体系现代化程度的省际差异进行测度；基于省级面板数据，采用经济计量方法实证研究农产品流通体系对农产品价格波动、农民收入的影响，数字经济对农产品流通主体组织化程度、流通效率、流通产业结构的影响。

第五节　研究思路与技术路线

本书的研究思路是在系统梳理、评述国内外农产品流通相关研究动态及相关基础理论的理论渊源、基本观点及政策主张的基础上，形成数字经济时代农产品流通体系的理论分析框架；通过分析中国农产品流通体系的发展历程及发展现状，明晰其存在的"瓶颈"和问题；通过对农产品流通体系发展的外部经济效应及数字经济驱动农产品流通体系发展的机理进行理论与实证研究，厘清农产品流通体系内外部要素间的互动关系及数字经济时代的发展方向与客观要求，进而构建数字经济时代中国农产品流通体系，并对其建设思路、建设原则、框架结构、主要内容、运行机制和发展路径进行系统设计和详细阐述。本书研究的技术路线如图 1-1 所示。

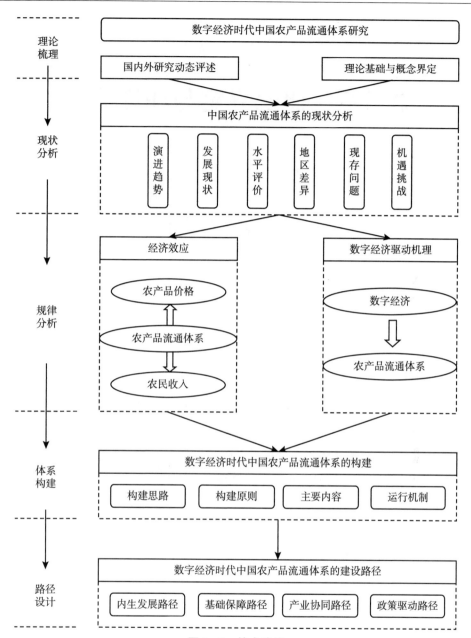

图 1-1　技术路线

第二章 概念界定与理论基础

第一节 相关概念界定

一、农产品流通体系

关于农产品流通体系的概念界定，不同学者给出了不同的定义，如王娜和张磊（2016）认为农产品流通体系是在农产品从生产到消费的流转过程中，流通主体、流通载体、流通中介、流通市场及配套制度等的总和。[①] 王家旭（2013）指出农产品流通体系是由流通主体、流通客体、流通载体、流通环境和流通模式五大类要素共同组成的，相互作用、相互联系的有机整体。[②] 王丽颖和陈丽华（2013）认为农产品流通体系是指覆盖农产品生产、加工、运输、销售和消费等各环节的农产品流通组织和流通渠道的总称。[③] 汪旭晖（2008）认为农产品流通体系是与农产品流通相关的渠道体系要素、流通载体要素和规范支撑要素之间相互作用、相互联系的有机整体。[④] 由以上定义可知，学者们大多从流通渠道的角度，强调了在农产品由生产向消费流转过程中，各流通要素之间的关系。

结合学者们给出的定义，本书将农产品流通体系界定为在农产品由生产端向消费端流转的整个过程中，由农产品流通客体、流通主体、流通模式、流通业态、流通结构、流通政策等要素共同形成的，相互作用、相互联系的系统。

此外，本书将研究的农产品的范围界定为食用农产品。食用农产品是指在农

---

① 王娜，张磊. 农产品流通效率的评价与提升对策研究：基于流通产业链视角的一个分析框架 [J]. 农村经济，2016，(4)：109-114.
② 王家旭. 我国农产品流通体系效率评价与优化路径 [D]. 哈尔滨：哈尔滨商业大学，2013.
③ 王丽颖，陈丽华. 我国发展现代农产品流通体系的对策研究 [J]. 社会科学家，2013 (5)：37-40.
④ 汪旭晖. 农产品流通体系现状与优化路径选择 [J]. 改革，2008 (2)：83-88.

业活动中直接获得的，或经过分拣、去皮、剥壳、粉碎、清洗、切割、冷冻、分级、包装等初级加工，但未改变其基本自然性状和化学性质的用于人们食用的农产品，不包括经过深加工的或非食用的农产品，主要为粮油类、肉禽类、禽蛋类、水产品类、蔬菜类、瓜果类等。

二、数字经济

数字经济最早在 1995 年由唐·泰普斯科特（Don Tapscott）提出，早期这一概念常被认为是互联网经济或信息经济的代名词，随着数字化技术的不断发展，数字经济的内涵不断扩大。本书采用中国信息通信研究院在《中国数字经济发展白皮书（2017 年）》中对数字经济的定义：以数字化的知识和信息为关键生产要素，以数字技术创新为核心驱动力，以现代信息网络为载体，通过数字技术与实体技术的深度融合，不断提高传统产业数字化、智能化水平，加速重构经济发展与政府治理模式的新型经济形态。数字经济是继农业经济、工业经济之后的更高级的经济发展阶段，主要包括两大部分，一是数字化技术向传统产业领域的渗透，利用数字技术赋能传统产业，实现传统产业的数字化转型，即产业数字化；二是数字化技术产业自身的发展，如 5G 通信网络、互联网数据中心、智能终端等数字产业，即数字产业化。

本书的研究背景定于数字经济时代，数字经济时代是代表经济社会发展阶段的一个概念，与农业经济时代、工业经济时代相对应，是指以数字经济为主导的经济社会发展阶段。中国进入数字经济时代的关键基础是移动通信网络的升级换代，尤其是从 2014 年 4G 移动网络的出现所带来的移动网速跨越式提升，基本突破了移动网速不快的"瓶颈"，促使数字经济正式进入高速发展时期，数字经济成为经济增长的主要动力。

第二节　理 论 基 础

一、流通渠道理论

西方早期对流通渠道的研究主要起源于经济学，其将流通视为商品或服务的流动。20 世纪初的研究倾向于将企业之间的互动视为优化或成本最小化问题，而纵向流通系统则被视为企业的延伸。相关的思想流派包括从机构、功能、组织和系统方法来理解流通渠道（Anderson & Coughlan，2002）[①]。

后来的研究更直接地认识到流通系统中存在的非经济因素。巴克林（Buck-lin，1966）的《分销渠道结构理论》（*A Theory of Distribution Channel Structure*）和斯特恩（Stern，1969）的《分销渠道：行为维度》（*Marketing Channels：A Dimension Based on Behavior*）对推动这一变化产生了影响。这两本书引起了对其他流通渠道功能的关注，如分销系统的组织模式以及影响流通组织的行为因素，为研究流通系统中的企业间关系提供了新的理论途径。这两本书也帮助开启了对这些理论的实证研究（Gaski & Nevin，1985）[②]，之后涌现出许多新的解释流通功能和性能的实证文献。这些文献为超越以往经济学主导的研究奠定了基础，并开始使用社会学、社会心理学或政治学的理论来开展综合研究。在 20 世纪 90 年代初，流通研究开始向新的方向转变，尤其是向网络类、后渠道、流通组织治理转变，最重要的是组织间关系观念和特征的变化。此外，交易成本理论和代理理论的产生和发展，补充了基于行为的理论研究，同时也展示了其在流通领域整合经济理论和行为理论的优势。流通渠道理论包括流通渠道行为理论、流通渠道关系理论、流通渠道效率理论等内容。

流通渠道行为理论探讨的是流通渠道成员怎样认识、建立和处理流通渠道关系。在任何组织间系统中，权力的分配都是不均衡的。组织获得和使用权力的方式，以及平衡非对称依赖，决定了流通渠道的结构和性能（Antia et al.，2013）[③]。正如社会学中的社会交换理论所指出的，权力是指影响渠道合作伙伴采取他们本来不会采取的行动的能力。相互依存的渠道成员通常和谐地工作，以保持互利关系，而不对称依赖的渠道成员更有可能受到强制权力的影响。权力的使用或依赖的利用往往会导致矛盾，因为一个渠道成员认为另一个成员是实现自己目标的障碍，就会表现出不和、敌意或分歧（徐健等，2012）[④]。虽然权力不一定会引发冲突，但权力的性质和来源会加剧冲突对渠道表现的负面影响，增加渠道成员对渠道表现的不公平感。低水平的冲突有可能提高渠道绩效，但内部冲突的加剧会加速和谐关系的消亡并有损渠道绩效。随着流通渠道理论的发展，流通渠道行为

① Anderson E, Coughlan A T. Channel Management：Structure, Governance, and Relationship Management [M]. London：Sage Publications，2002.

② Gaski J F, Nevin J R. The differential effects of exercised and unexercised power sources in a marketing channel [J]. Journal of Marketing Research，1985：130 – 142.

③ Antia K D, Zheng X, Frazier G L. Conflict management and outcomes in franchise relationships：the role of regulation [J]. Journal of Marketing Research，2013，50（5）：577 – 589.

④ 徐健，张闯，夏春玉. 契约型渠道关系中农户违约倾向研究：基于社会网络理论和渠道行为理论的视角 [J]. 财经问题研究，2012（2）：97 – 103.

的研究从单纯依靠权力谋取自身利益的竞争关系行为转变为通过合作追求共同利益以谋取渠道整体绩效优化的研究。当两个或多个渠道参与者通过法律、经济或人际关系，共同追求单一利益时，渠道内的合作关系就会出现（Palmatier et al.，2014）①。流通渠道成员改变他们的行为以符合渠道整体绩效的目标，而不是追求他们自己的利益。这个实质性的主题依赖于基于行为的理论，如承诺、信任和权力依赖，并包括对结果的广泛研究，包括合作和冲突，以及描述关系生命周期的概念框架。近年来，渠道行为理论研究还涉及渠道关系的动态以及在多层次和跨层次分析中的关系对于理解渠道现象所具有的能力（Palmatier et al.，2013）②。

流通渠道关系理论主要研究流通渠道系统中各渠道成员之间的相互联系状态。从流通渠道主体之间的相对渠道地位的变化角度来看，流通渠道关系在不断地进行演变。19 世纪 50~80 年代，批发商快速成长和发展逐渐在整个产业链上处于主导地位，从而发展出了以批发商为主导的关系模式；随后的五六十年里，欧美国家的产业革命不断推进，伴随着社会化大生产，制造商的渠道地位不断上升，制造商逐渐主导整个产业链，这一阶段主要是以制造商为主的流通渠道关系；1960 年至今，除农产品外，在工业品流通领域，批发商的地位不断下降，随着制造企业不断涌现，制造业的竞争非常激烈，逐渐丧失了对渠道的控制，零售商由于连锁经营的规模优势以及更接近消费者的环节优势，逐渐成长为产业链的主导者，零售商主导的渠道关系由此出现（李先国和王小洋，2011）③。从影响流通渠道关系的因素来看，沟通、信任和权力是三种主要的影响因素，其中，权力的使用与制造商与分销商之间的合作关系非常密切（张闯等，2012）④。

流通渠道效率理论的研究，学者们从流通成本、消费者满意度、流通速度、资源配置效率、组织运转效率等角度进行了阐释（王晓东和王诗桦，2016）⑤。流通效率的研究最早可追溯到对马克思经典循环理论的研究。马克思在《资本论》中对流通效率的论述主要是从流通成本和流通时间的角度出发，流通成本，

① Palmatier R，Stern L，Elansary A. Marketing Channel Strategy，Global Edition CourseSmart eTextbook [M]. Pearson Schweiz Ag，2014.
② Palmatier R W，Houston M B，Dant R P，et al. Relationship velocity：Toward a theory of relationship dynamics [J]. Journal of Marketing，2013，77（1）：13－30.
③ 李先国，王小洋. 渠道关系理论研究综述及发展趋势 [J]. 经济学动态，2011（5）：94－97.
④ 张闯，张涛，庄贵军. 渠道关系强度对渠道权力应用的影响：关系嵌入的视角 [J]. 管理科学，2012，25（3）：56－68.
⑤ 王晓东，王诗桦. 中国商品流通效率及其影响因素测度：基于非线性流程的 DEA 模型改进 [J]. 财贸经济，2016（5）：119－130，159.

特别是纯流通成本，是对收入的直接扣除，不能为社会创造财富。因此，为了经济发展，应采取适当措施缩短流通时间，最大程度地降低流通成本。然而，流通效率是一个具有多重内涵的复合概念。商品流通效率的提高，一般表现为商品从生产到消费的转移过程更加有效，即资源配置的优化及"经济循环顺畅"（宋则，2003）[①]，具体可以体现在流通成本的降低、流通速度的提高（纪良纲和刘振滨，2004）[②]、流通时间的缩短和资源消耗的减少（李骏阳和余鹏，2009）[③] 以及消费者满意度的提高（Anrooy，2003）[④] 等多个层面。

本书对农产品流通体系的研究，涉及农产品流通主体关系、农产品流通渠道、农产品流通效率、农产品渠道结构等内容，主要以流通渠道理论为基础理论。

二、价值链理论

迈克尔·波特（Michael E. Poter）在 1985 年出版的《竞争优势》（*Competitive Advantage*）一书中首次提出"价值链"的概念，他认为价值活动是企业通过原材料采购、生产作业和产品销售等活动产生的价值增值，企业的经营活动是由企业职能部门或流程环节之间相互关联、相互影响的价值增值活动组成的"链条"。[⑤] 该链条包括两大活动，一是通过生产直接创造价值的基础增值活动；二是为基础增值活动提供保障，不直接创造价值的辅助增值活动。波特提出的价值链理论关注的是企业自身，从内部生产价值创造活动角度入手，结合相关的利益体分析企业价值创造的竞争优势。

随着价值链理论的不断丰富完善，学者约翰·沙恩克（John Kshank）和维贾伊·戈文达拉扬（Vijay Govindarajan）在《战略成本管理》（*Strategic Cost Management*）一书中拓展了价值链研究的范围，提出企业创造价值的过程应包括供应商采购材料、企业进行内部生产、消费者购买产品各环节。企业应从供应链条的角度入手，分析与行业内部上、下游中间商的关系，明确自己的战略定位，选择合适的合作对象，整合上下游资源，改善与供应商的联结关系，通过行业价值链管理降低企业运作成本，实现供需双方双赢目标，提高企业的核心竞争

---

① 宋则. 走有中国特色的流通创新之路 [J]. 财贸经济，2003（11）：11-14.

② 纪良纲，刘振滨. 改革开放以来我国商品流通速度波动的实证研究 [J]. 财贸经济，2004（6）：48-52，97.

③ 李骏阳，余鹏. 对我国流通效率的实证分析 [J]. 商业经济与管理，2009（11）：14-20.

④ Anrooy R V. Vertical cooperation and marketing efficiency in the aquaculture products marketing chain: A national perspective from Vietnam [J]. FAO Working Paper，2003.

⑤ 迈克尔·波特. 竞争优势 [M]. 陈小悦，译. 北京：华夏出版社，1997.

力。企业与上游的供应商、下游的经销商及最终的客户，通过产购销活动形成的垂直链条，被称为行业价值链。[①]

学者蒂姆斯·鲍威尔（Timothy W. Powell，1996）在《情报分析的艺术与科学》（*The Art and Science of Intelligence Analysis*）一书中将企业价值链模型引入对行业竞争对手价值链的分析，提出竞争情报价值链理论用以帮助企业进行自身战略定位。竞争对手价值链也被称为企业横向价值链，即企业通过与合作伙伴、终端客户以及竞争对手之间的相互联系，共同构成完整的价值链。企业通过对横向价值链进行调查研究，获取横向企业相关信息，确定竞争对手的价值链，对其价值链进行剖析与对比，找出双方的优劣势，并挖掘原因，找到更有效的方法提高企业活动的总价值，减少不必要的成本，获得成本领先的竞争优势。

随着互联网等信息技术的飞速发展，价值链的概念也被扩展开来，信息的创造和利用被纳入价值创造范围。约翰·斯维奥克拉和杰弗里·雷鲍特（Sviokla & Rayport，1995）提出虚拟价值链概念，认为互联网条件下企业的竞争不仅存在于现实物质世界，同时还存在于由数据信息构成的虚拟经济世界中。《哈佛商业评论》（*Harvard Business Review*）的专家团队就该理论提出了新的观点，认为虚拟与实物价值链是共同存在且相互联系的，实物价值链各个阶段均可通过互联网对应虚拟价值链以创造新增值，企业应充分利用互联网资源，将实物与虚拟价值链密切链接，开发新的客户资源，提供更多价值创造点，提高企业竞争力。价值链理论最初只涉及具体产品的生产制造，认为只有通过产品装配和制造技术才能实现价值增值，随着第三产业的发展，价值增值已经不再局限于生产环节，而是可以通过提供服务得以实现。数字经济时代，在互联网条件下，价值创造点更依赖于数据和信息，互联网在集成信息流、资金流和物流的同时还可以帮助企业实现供应商、经销商、消费者的高效整合，实现线上线下协同运作，提高服务质量的同时提高顾客满意度（张孟才和楚金华，2004）[②]。

价值链理论认为，价值链的综合竞争力决定产业的竞争力，通过对产业价值链进行分析，找出增值活动和非增值活动，分析价值流通规律，对资源与要素进行合理的调整和配置，降低成本，创造价值增值，实现产业链整体的价值最大化。基于价值链理论，对农产品流通体系的研究可以从产业体系全局视角下，由

[①] Shank J K, Govindarajan V. Strategic Cost Management: The New Tool for Competitive Advantage [M]. New York: The Free Press A Division of Macmillan, Inc 1993. 177 –197.

[②] 张孟才，楚金华. 虚拟价值链理论刍议 [J]. 沈阳农业大学学报：社会科学版，2004（4）：355 –357.

传统的追求流通企业个体利益转向追求农产品产业链整体价值最大化，注重各流通主体间的价值流动与分配，实现整个农产品供应链核心竞争力的提升以及农产品流通效率的提高。依据价值链理论，研究农产品流通问题，必须致力于技术环节、生产环节、营销环节、消费环节的综合治理，实现治理模式升级。在本书研究中，价值链理论为数字经济影响传统农产品流通体系的机理分析、农产品现代流通体系的构建及发展路径的提出，提供了强有力的理论支撑。

三、产业组织理论

产业组织理论是通过研究某特定产业内部的市场结构、行为与绩效，对该产业及要素间的作用与影响进行探究，从而探索特定产业内部组织活动规律。

古典经济学家亚当·斯密在其经典著作《国富论》（*The Wearth of Nations*）中最早讨论了合理的生产组织形式对经济进步所产生的巨大推动作用，论述了在完全竞争状态下，通过市场自发调节，竞争机制可以使市场参与者不自觉地参与到增进社会全体利益的进程中，在均衡价格的推动下，实现社会资源优化配置。这是西方产业组织理论最初的源头。英国经济学家阿尔弗雷德·马歇尔（Alfred Marshall）将产业内部结构定义为产业组织，最早把"产业组织"这一概念引入经济学，认为"组织"是与资本、土地和劳动力并列的第四生产要素。马歇尔在1890年著的《经济学原理》（*Principles of Economics*）一书中剖析了分工和机械对工业组织产生的影响，他认为生产企业在经营过程中追求规模化生产，资源聚集，从而形成市场垄断，削弱了市场配置资源的效率。规模经济与有效竞争之间的矛盾即"马歇尔冲突"就此成为产业组织理论研究的重点问题。

罗宾逊（Joan Robinson）和张伯伦（Edward Chamberlin）围绕着竞争和垄断的关系进行了探索，1933年罗宾逊在其理论著作《不完全竞争经济学》（*The Economics of Imperfect Competition*）中提出，现实中的市场竞争是不完全竞争或垄断状态。张伯伦在《垄断竞争理论》（*The Theory of Monopolistic Competition*）一书中提出，现实中的市场含有垄断因素和竞争市场结构，产业中的企业处于既对立又统一的关系，在差异性因素的影响下，理论中理想市场结构在实际中并不存在，依靠市场自发调节无法实现资源的最优配置，政府对市场的干预必不可少。产业组织理论在两位学者对垄断竞争理论的探索中得到了发展，为该理论向市场结构方向发展打下了基础。

在完全竞争理论、不完全竞争理论、垄断竞争理论等众多研究的基础上，以梅森（Edward Mason）和贝恩（Joe Bain）为代表的哈佛学派（Harvard School）

提出比较完整的产业组织理论体系，即市场结构、行为、绩效三个基本要素与政府的产业政策组成了产业组织理论，提出政府应制定相应公共政策来促进市场结构的调整，从而改善企业行为，促进市场运行的经济绩效。1959 年贝恩在其代表作《产业组织》（*Industrial Organization*）中研究了市场结构对市场行为和市场绩效的影响，提出了"市场结构—企业行为—经济绩效"（structure—conduct—performance，SCP）模式，形成了以 SCP 为核心的产业组织理论，标志着产业组织理论的成熟。结构主义的 SCP 理论范式，为产业经济学提供了一个完整的理论研究框架，之后许多经济学家引入新的理论与研究方法继续对产业组织理论加以完善与创新。经过半个多世纪的发展，产业组织理论已成为可以运用众多工具和方法，既可进行理论分析又有实证研究的跨经济学与管理学的重要研究方法。[1]

产业组织理论研究从竞争状态角度阐述产业内不同企业之间的资源配置是否合理，在分析产业发展问题时具有理论指导性，是建立健康市场经济秩序和提高经济效率的重要理论依据。本书在研究农产品流通体系内在因素之间的互动关系时，探讨了农产品流通市场结构、农产品流通主体行为与农产品流通效率的关系，主要以产业组织理论作为理论基础。在农产品流通体系研究中，主体结构和产业结构在一定程度上决定了农产品流通主体的行为和产业的具体运行，进而影响农产品的流通效率，而农产品流通体系的优化与创新，应进行市场结构调整和公共政策保障的相关研究。

四、供应链管理理论

供应链管理理论兴起于 20 世纪 80 年代，"供应链管理"一词的广泛应用始于开思·奥立夫（Keith Oliver，1982）在《观察》（The Spectater）杂志上发表的《供应链管理：物流的更新战略》一文，由文章标题可以看出该理论重点关注物流配送成本和效率，主要停留在物流管理阶段。随着供应链管理理论的进一步应用和发展，20 世纪 90 年代之后，供应链管理理论不仅研究企业自身价值链，而且着眼于产业价值链整体角度，追求从厂商到最终顾客间整体链条的研究，称之为整合供应链管理阶段。

关于供应链管理的概念，大量学者和专业协会给出了相关定义，如斯蒂文斯（Stevens，1989）提出企业进行供应链管理是通过协调上游供应物流与最终顾客

---

① 高志刚. 产业经济学［M］. 北京：中国人民大学出版社，2016：4.

需求，解决顾客满意与成本、库存控制的关系。[1] 门泽尔（Mentzer，2001）认为通过对供应链进行整合与协同规划，能够保证企业与上下游企业长期的经济效益。[2] 美国物流管理协会（Council of Logistics Management）的定义是："传统业务职能之间系统的、战略的协作，也是跨越一个公司和供应链不同业务职能的战术应用，目的是提高每个公司和供应链整体的长期业绩"。众多学者和专业协会的定义重点强调在供应链上、下游各个相关利益体间应整合资源配置、协同发展，共同提高供应链总体服务水平，提高各个主体的竞争优势。

供应链管理理论有以下主张：一是流程集成化管理，认为传统的管理理念以企业自身为基础，但由于利益冲突、信息分散等原因，无法从整体上发挥潜在效能，实现整体目标最优，而一体化经营管理模式则有效地解决了上述问题，通过建立在流程基础上的价值链优化、集成与整合，实现供应链整体效益最大化；二是强调全过程的战略管理，认为供应链中各环节不是彼此分割的，而是环环相扣的有机整体，只有从总体上考虑才能调节和化解供应链上供应商、生产商、批发商和零售商等主体之间的冲突；三是以终端客户需求为中心，供应链上的组织形式、所有节点、企业都要从终端客户的需求出发，供应链创新的价值依赖于对终端客户需求的满足情况（汤世强等，2008）[3]。

供应链管理理论对农产品流通的研究具有重要的指导意义。实质上，农产品流通环节可以被视作农产品流通供应链，都是关注从生产端到消费端整个过程的集成管理，区别在于供应链管理不仅关注生产后的流通集成，也关注生产及生产前的原材料供应等环节的生产集成。农产品流通主要关注农产品生产后的环节，可以将其视作产后段落供应链（谢莉娟，2013）[4]。本书将供应链管理理论与流通渠道理论相结合，主张从农产品供应链整体上协调农产品生产、加工、仓储、运输、批发、零售和消费等各环节，以实现农产品供应链整体的价值最大化。

第三节　本章小结

本章对本书研究的相关概念进行了界定，阐释了农产品流通体系以及数字

[1] Stevens J. Integrating the supply chain [J]. International Journal of Physical Distribution and Materials Management 1989 (19)，3 – 8.

[2] Mentzer J T. Supply Chain Management [M]. Sage Publications，2001.

[3] 汤世强等. 供应链管理 [M]. 北京：清华大学出版社，2008：11.

[4] 谢莉娟. 流通商主导供应链模式及其实现：相似流通渠道比较转化视角 [J]. 经济理论与经济管理，2013，(7)：103 – 112.

经济的内涵，认为农产品流通体系是在农产品由生产端向消费端流转的整个过程中，由农产品流通客体、农产品流通主体、农产品流通业态、农产品流通结构、农产品流通政策等要素共同形成的，相互作用、相互联系的系统。本章界定了本书研究的农产品主要指食用农产品，不包括经深加工的或非食用的农产品。之后对流通渠道理论、价值链理论、产业组织理论和供应链管理理论的理论渊源、基本观点和政策主张进行了回顾和梳理，为后续的研究提供了重要的理论基础。

第三章　中国农产品流通
体系的发展现状

准确把握中国农产品流通体系的发展历程和发展现状对中国农产品现代流通体系的建设具有重要意义。本章将从流通总体规模、流通市场结构、流通主体、流通基础设施等方面系统分析、客观描述我国农产品流通体系的发展现状与演进趋势，并尝试构建数字经济时代农产品流通体系现代化水平的评价指标体系，对2014～2018年中国农产品流通体系的现代化水平进行实证测度，并分析其时序变化及地区差异。

第一节　中国农产品流通体系的基本现状

一、农产品流通总体规模

相关部门未对进入流通市场的农产品数据进行统计，农产品规模主要由其产量和商品化率共同决定。

（一）农产品产量稳步增长

进入21世纪之后，由于生产技术的不断进步，我国农产品的产量整体上呈逐年增长趋势（见表3－1）。可以看出，2000～2019年，粮食产量从46217.52万吨增长到66384.34万吨，增幅为43.63%；蔬菜产量从44467.94万吨增长到72102.56万吨，增幅为62.15%；增幅最小的是肉类，从6013.90万吨增长到7758.78万吨，增幅为29.01%，从肉类产量年度数据分析可知，2019年较2018年有大幅下降，这主要是由于2019年全球非洲猪瘟的影响，导致猪肉产量大幅下降，若排除异常影响，肉类产量从2000年到2018年，增幅为43.41%；禽蛋产量从2182.01万吨增长到3308.98万吨，增幅为51.65%；

水产品产量从3706.23万吨增长到6480.36万吨，增幅为74.85%；水果产量从6225.15万吨增长到27400.84万吨，增幅为340.16%，实际上，由于统计口径的原因，2003年以前的水果产量仅指园林水果产量，未包含瓜果产量，若排除统计口径影响，2003～2019年，水果产量的增幅为88.74%，增幅仍然是所有品类中最高的。

表3-1　　　　　　　　2000～2019年中国主要农产品产量　　　　　　单位：万吨

年份	粮食	蔬菜	肉类	禽蛋	水产品	水果
2000	46217.52	44467.94	6013.90	2182.01	3706.23	6225.15
2001	45263.67	48422.36	6105.80	2210.10	3795.92	6658.00
2002	45705.75	52860.56	6234.30	2265.70	3954.86	6951.98
2003	43069.53	54032.32	6443.30	2333.10	4077.02	14517.40
2004	46946.95	55064.66	6608.70	2370.60	4246.57	15340.90
2005	48402.19	56451.49	6938.86	2438.12	4419.86	16120.09
2006	49804.23	53953.05	7099.85	2424.00	4583.60	17101.97
2007	50413.85	57537.82	6916.40	2546.70	4747.52	17659.36
2008	53434.29	58669.21	7370.88	2699.62	4895.60	18279.10
2009	53940.86	59139.48	7706.67	2751.88	5116.40	19093.71
2010	55911.31	57264.86	7993.61	2776.88	5373.00	20095.37
2011	58849.33	59766.63	8022.98	2830.36	5603.21	21018.61
2012	61222.62	61624.46	8471.10	2885.39	5502.15	22091.50
2013	63048.20	63197.98	8632.77	2905.55	5744.22	22748.10
2014	63964.83	64948.65	8817.90	2930.31	6001.92	23302.63
2015	66060.27	66425.10	8749.52	3046.13	6210.97	24524.62
2016	66043.51	67434.16	8628.33	3160.54	6379.48	24405.24
2017	66160.73	69192.68	8654.43	3096.29	6445.33	25241.90
2018	65789.22	70346.72	8624.63	3128.28	6457.66	25688.35
2019	66384.34	72102.56	7758.78	3308.98	6480.36	27400.84

资料来源：《中国统计年鉴》（2001～2020）。

（二）农产品商品化率不断提高

农产品商品化率在一定程度上反映农产品的市场化水平，长期以来，相比发达国家，中国农产品商品化率处于较低水平，但自推行家庭联产承包责任制改革以来，尤其是进入 21 世纪之后，中国农产品的商品化率呈现逐年上升趋势，商品化率增长较快，目前已达到较高水平。以粮食（稻谷、小麦、玉米）为例，其商品化率自 2003 年的 48.3% 增长至 2019 年的 92.5%，上升了 44.2 个百分点（见图 3−1）。

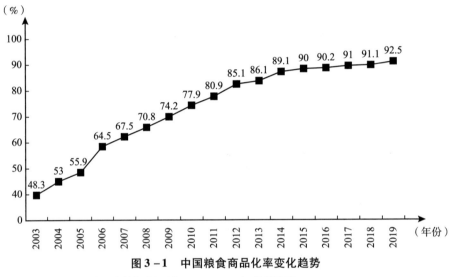

图 3−1　中国粮食商品化率变化趋势

资料来源：根据《中国农村统计年鉴》（2004 ~ 2020）数据绘制。

不同种类农产品的商品化率及其演进速度不尽相同，2013 ~ 2019 年，各类主要农产品的商品化率整体上均呈现逐年上升趋势（见表 3−2）。具体而言，稻谷的商品化率最低，2019 年达到了 85.9%，相比 2003 年的 44.1% 增长了 41.8 个百分点；2019 年小麦的商品化率为 93.2%，相比 2003 年的 44.0% 增长了 49.2 个百分点，增幅最高；商品化率最高的农产品是甘蔗和甜菜，其中，甜菜自 2005 年就已经达到 100%，甘蔗自 2011 年达到 100%；苹果和大豆的商品化率也分别于 2012 年和 2019 年达到 99% 以上。农产品商品化率的不断提高代表着中国农产品的市场化程度在不断提高，当前我国农产品的市场化水平已经处于较高水平，但仍然有一定上升空间，尤其是粮食类农产品。

表 3-2　　　　　　　**2003～2019 年中国主要农产品商品化率**　　　　单位：%

年份	稻谷	小麦	玉米	大豆	花生	油菜籽	甘蔗	甜菜	苹果
2003	44.1	44.0	56.1	72.4	63.5	69.4	98.0	97.1	88.7
2004	46.5	46.0	66.6	86.0	69.6	71.7	97.9	96.7	93.6
2005	50.7	47.3	69.7	85.2	63.5	74.0	98.9	100	91.8
2006	59.7	54.7	81.8	88.6	71.5	71.6	98.8	100	94.8
2007	57.1	58.6	84.1	90.1	71.5	76.1	98.6	100	97.0
2008	64.6	63.1	84.8	91.3	71.0	77.0	98.4	100	96.3
2009	67.8	65.8	89.2	93.6	73.7	79.0	98.5	100	97.4
2010	70.2	70.4	93.2	95.4	77.9	78.4	99.8	100	98.4
2011	72.5	73.9	96.1	95.9	81.5	81.7	100	100	98.9
2012	77.6	81.5	96.3	96.7	83.1	81.0	100	100	99.2
2013	78.5	82.2	97.6	96.9	88.5	83.3	100	100	99.1
2014	81.0	88.2	98.1	97.6	87.7	83.8	100	100	99.1
2015	82.7	89.2	98.3	97.8	87.7	84.7	100	100	99.2
2016	82.7	89.6	98.3	97.6	88.7	84.7	100	100	99.2
2017	83.9	90.9	98.3	97.6	89.0	87.5	100	100	99.2
2018	84.7	90.0	98.6	98.5	90.7	88.5	100	100	99.5
2019	85.9	93.2	98.6	99.1	90.4	91.5	100	100	99.5

资料来源：《中国农村统计年鉴》（2004～2020）。

二、农产品流通市场结构

（一）农产品交易市场结构逐渐改善

从农产品交易市场数量来看，随着时间的推进，亿元以上农产品交易市场数量呈现出不同的变化趋势（见图 3-2）。2000～2019 年，农产品综合批发市场数量除 2005 年有异常大幅波动之外，整体上呈现出缓慢减少趋势；而农产品专业批发市场数量和农产品批发市场数量在 2012 年之前，均呈上升趋势，而在 2012 年之后，则呈下降趋势。

从具体数量上分析（见表 3-3），农产品综合批发市场数量从 2000 年的 820 个减少到 2019 年的 634 个，降幅为 22.68%；农产品专业批发市场的数量先是从 2000 年的 322 个增长到 2012 年的 1044 个，增幅达到了 224.22%，2012 年之后，农产品专业批发市场的数量逐年减少，2019 年仅为 796 个。在农产品专业批发市场中，蔬菜市场的数量最多，2019 年为 224 个，其后是水产品市场、果品市场和肉禽蛋市场，数量分别为 127 个、105 个和 93 个。

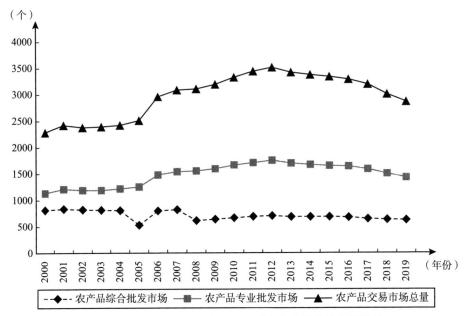

图 3 - 2　2000 ~ 2019 年中国亿元以上农产品交易市场数量

资料来源：根据《中国商品交易市场统计年鉴》（2001 ~ 2020）数据绘制。

表 3 - 3　　　　　　　**2000 ~ 2019 年中国亿元以上农产品交易市场情况**　　　　单位：个

年份	综合批发市场	专业批发市场	粮油市场	肉禽蛋市场	水产品市场	蔬菜市场	果品市场	棉麻土畜烟叶市场	其他农产品市场
2000	820	322	52	23	52	123	56	16	—
2001	858	352	46	23	57	146	61	19	—
2002	834	355	41	25	65	146	57	21	—
2003	820	378	42	32	64	152	65	23	—
2004	816	397	50	29	72	157	66	23	—
2005	539	717	146	111	69	265	162	19	—
2006	811	671	86	119	110	228	82	46	—
2007	830	715	91	86	120	247	126	45	—

年份	综合批发市场	专业批发市场	粮油市场	肉禽蛋市场	水产品市场	蔬菜市场	果品市场	棉麻土畜烟叶市场	其他农产品市场
2008	630	921	99	111	132	280	128	25	146
2009	657	946	102	116	142	289	136	23	138
2010	691	981	109	124	150	295	147	23	133
2011	702	1020	111	114	157	313	147	34	144
2012	715	1044	111	121	160	312	147	24	169
2013	689	1019	103	134	150	312	137	22	161
2014	683	999	105	126	145	304	136	21	162
2015	683	979	103	125	145	299	129	21	157
2016	681	966	106	116	141	293	129	18	163
2017	661	937	100	108	139	274	124	15	177
2018	648	853	85	101	134	244	113	11	165
2019	634	796	81	93	127	224	105	11	155

注："—"表示数据未被统计。

资料来源:《中国商品交易市场统计年鉴》(2001~2020)。

对比可知,2012年之前,农产品综合批发市场数量和农产品专业批发市场数量呈现出此消彼长的趋势,且专业批发市场数量的增长速度超过综合批发市场的下降速度,2008年,专业批发市场数量首次超过综合批发市场数量。在亿元以上农产品批发市场中,专业批发市场的占比逐年上升,从2000年的28.15%增加到2019年的55.66%,这从一定程度上反映出我国农产品批发市场结构演进的趋势,农产品专业批发市场的发展更为迅速,专业化程度更高的专业批发市场更被认可,农产品批发市场的结构得到改善。

2012年以后,农产品批发市场的数量均呈下降趋势,究其原因,一方面,随着数字经济的加速发展,传统农产品批发市场的粗放式增长方式难以为继,新兴业态不断向农产品流通领域延伸,新型的线上交易市场以及新型的农产品零售业态部分替代了传统的农产品批发市场,农产品流通业态结构得以优化;另一方面,随着农产品批发行业的竞争加剧,农产品批发市场进入了"洗牌"的优胜劣汰阶段,一些缺乏竞争优势的批发市场或退出或被兼并,导致其数量下降,农产品从业者的经营规模扩大,规模经济优势更加突出。

（二）农产品交易市场成交规模不断扩大

农产品批发市场在中国农产品流通市场上占据主导地位，绝大多数农产品都经由农产品批发市场进行流通。中国农产品批发市场的交易规模不断扩大（见图3-3），农产品综合批发市场和专业批发市场的成交额均呈上升趋势，农产品专业批发市场中，增长最快的是水产品市场，2019年已经反超蔬菜市场成为成交额最大的农产品专业市场。

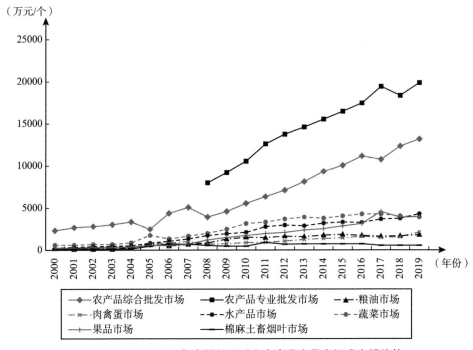

图3-3 2000～2019年中国亿元以上农产品交易市场成交额趋势

资料来源：根据《中国商品交易市场统计年鉴》（2001～2020）数据绘制。

从成交金额来看（见表3-4），农产品综合批发市场成交额从2000年的2273.73亿元增加到2019年的13098.57亿元，增幅为476.08%，年均增长9.65%。2019年，农产品专业批发市场成交额为19785.31亿元，细分市场中，水产品市场规模最大，成交额为4258.19亿元，较2000年的246.13亿元增长16.3倍，年均增长16.19%；蔬菜市场成交额为3879.80亿元，较2000年的546.40亿元增长6.1倍，年均增长10.87%；干鲜果品市场成交额为3871.15亿元，较2000年的186.86亿元增长了19.7倍，年均增长17.3%；肉禽蛋市场成交额为 2104.24 亿元，较 2000 年的 55.46 亿元增长了 36.9 倍，其增幅是最大的，年均增长 21.09%；粮油市场成交额为 1917.29 亿元，较 2000 年的 225.06 亿元增长了 7.51 倍，年均增长 11.94%；棉麻土畜烟叶市场成交金额为 473.00 亿元，较 2000 年的 63.72 亿元增长了 6.4 倍，年均增长 11.13%。

表 3－4　　　　　2000～2019 年中国亿元以上农产品交易市场成交额　　　　单位：亿元

年份	综合批发市场	专业批发市场	粮油市场	肉禽蛋市场	水产品市场	蔬菜市场	果品市场	棉麻土畜烟叶市场
2000	2273.73	—	225.06	55.46	246.13	546.40	186.86	63.72
2001	2607.05	—	188.03	70.75	340.79	559.49	184.67	66.45
2002	2740.62	—	187.70	77.16	413.70	630.72	220.39	69.23
2003	3007.06	—	188.85	99.13	443.76	656.61	278.12	85.97
2004	3300.11	—	306.09	124.61	522.52	800.96	315.09	108.79
2005	2412.04	—	687.63	634.85	729.74	1688.66	522.57	407.68
2006	4339.29	—	520.30	821.99	1039.19	1309.96	468.57	691.62
2007	5047.85	—	720.68	983.77	1293.22	1638.55	674.94	701.60
2008	3910.42	7939.16	849.04	621.27	1716.96	1989.81	1159.45	537.46
2009	4582.41	9108.59	1290.71	707.12	1864.14	2509.22	1404.65	436.82
2010	5477.77	10593.23	1467.73	813.55	2096.63	3062.70	1682.19	450.25
2011	6325.11	12595.26	1437.00	895.22	2739.01	3264.52	1888.80	908.45
2012	7012.87	13713.64	1641.26	1029.07	2974.12	3601.07	2004.46	628.88
2013	8077.13	14584.08	1565.11	1224.21	2808.81	3838.25	2337.88	707.51
2014	9332.00	15507.83	1753.73	1328.26	3157.19	3771.56	2484.55	665.43
2015	10035.42	16483.83	1869.92	1401.20	3319.14	4013.88	2825.63	721.53
2016	11099.73	17466.52	1669.21	1546.42	3233.94	4261.09	3102.67	684.19
2017	10681.71	19346.68	1627.97	1473.27	3661.30	4262.24	4588.74	465.36
2018	12300.63	18327.26	1707.07	1544.60	3738.02	3972.32	3820.93	470.80
2019	13098.57	19785.31	1917.29	2104.24	4258.19	3879.80	3871.15	473.00

注："—"表示数据未被统计。
资料来源：《中国商品交易市场统计年鉴》（2001～2020）。

　　结合农产品交易市场数量分析，尽管自 2012 年之后，农产品综合批发市场和农产品专业批发市场的数量都呈逐年下降趋势，但其交易额依然稳步增加，农产品交易市场的单体交易规模不断扩大。为进一步分析农产品流通从业者的经营规模，下文将从农产品交易市场中单个摊位成交额来考察农产品流通从业者经营规模的演化情况（见表 3－5）。2000～2019 年，农产品交易市场单个摊位的成交额均呈现明显的增长趋势，农产品综合批发市场从 2000 年的 46.12 万元/摊位增长到 2019 年的 354.74 万元/摊位，增长了 6.7 倍；农产品专业批发市场中，单个摊位交易金额最大的是粮油市场，2019 年为 858.73 万元/摊位，较 2000 年的 268.85 万元/摊位增长了 2.19 倍；肉禽蛋市场单个摊位交易金额从 2000 年的 190.45 万元/摊位增长到 2019 年的 526.65 万元/摊位，增长了 1.77 倍，增幅最小；水产品市场从 2000 年的 89.41 万元/摊位增长到 2019 年的 654.05 万元/摊位，增长了 6.31 倍，增幅最大；蔬菜市场从 2000 年的 61.14 万元/摊位增长到 2019 年的 224.71 万元/摊位，增长了 2.68 倍；干鲜果品市场从 2000 年的 104.11 万元/摊位增长到 2019 年的 619.18 万元/摊位，增长了 4.95 倍；棉麻土畜烟叶市场从 2000 年的 43.33 万元/摊位增长到 2019 年的 261.15 万元/摊位，增长了 5.03 倍。

表 3－5　　　　2000～2019 年中国亿元以上农产品交易市场单个摊位成交额

单位：万元/摊位

年份	综合批发市场	专业批发市场	粮油市场	肉禽蛋市场	水产品市场	蔬菜市场	果品市场	棉麻土畜烟叶市场
2000	46.12	—	268.85	190.45	89.41	61.14	104.11	43.33
2001	49.53	—	223.05	225.48	116.97	52.64	98.36	36.26
2002	54.36	—	371.99	127.63	160.99	55.62	115.52	45.15
2003	61.61	—	298.67	284.05	163.33	63.08	138.53	57.75
2004	67.53	—	117.54	145.00	185.75	96.63	124.44	156.31
2005	69.41	—	117.54	145.00	185.75	96.63	124.44	156.31
2006	85.66	—	200.09	321.59	185.88	75.07	82.24	210.22
2007	95.16	—	357.82	356.58	219.39	87.87	102.61	179.78
2008	104.95	163.51	292.25	200.00	250.87	101.65	193.41	467.80
2009	115.59	174.87	507.11	204.92	220.44	112.25	224.31	233.07
2010	128.06	197.34	458.98	213.70	237.32	139.18	219.42	385.75
2011	147.35	223.46	348.04	298.32	274.94	143.11	290.40	426.56
2012	165.42	229.89	364.43	269.12	281.62	153.65	304.10	440.36

续表

年份	综合批发市场	专业批发市场	粮油市场	肉禽蛋市场	水产品市场	蔬菜市场	果品市场	棉麻土畜烟叶市场
2013	191.14	252.91	463.57	277.11	280.35	171.78	337.88	487.77
2014	220.17	274.30	524.60	296.01	320.50	177.36	364.74	451.91
2015	240.58	295.13	587.58	313.22	382.02	186.97	384.99	417.77
2016	260.19	334.04	557.67	368.77	481.03	209.34	463.87	389.25
2017	271.16	381.44	570.34	353.06	530.03	234.11	680.34	269.46
2018	316.05	389.98	831.34	383.01	572.08	234.80	614.73	270.28
2019	354.74	420.40	858.73	526.65	654.05	224.71	619.18	261.15

注："—"表示数据未被统计。
资料来源：《中国商品交易市场统计年鉴》（2001～2020）。

由此可见，伴随着农产品交易市场数量以及摊位数量先扬后抑的波动变化，农产品流通经营从业者的单体交易规模保持着稳步增长，其深层次的原因可能是市场经济中规模经济效应在发挥作用，无论是为了适应总经济规模的发展而扩大交易市场和交易摊位的数量，还是为了适应竞争加剧、优胜劣汰及行业结构优化而减少交易市场和交易摊位的数量，以规模经济优势来降低成本、提高经营效率是一个必然趋势。

（三）农产品交易市场的空间结构仍不平衡

中国农产品交易市场在区域间分布不平衡的问题仍然很突出，中部、西部和东北地区的发展滞后于东部地区（见表3－6）。东部地区的农产品交易市场数量占全国的比重均高于50%，其中综合批发市场比重为64.0%，粮油市场比重为71.6%，肉禽蛋市场比重为59.1%，水产品市场比重为80.3%，蔬菜市场比重为54.9%，果品市场比重为56.2%。东北地区的农产品交易市场数量较少，发展相对滞后。

（四）农产品交易市场的批零比不断扩大

在中国农产品交易市场中，农产品批发和零售的交易额之比（以下简称"批零比"）有逐年增加的趋势（见表3－7）。在农产品综合批发市场中，批零比从2002年的0.74上升到2019年的6.39；农产品专业批发市场的批零比从2008年的9.74上升到2019年的18.83。2019年，在农产品专业批发市场中，批零比最大的是果品市场，达到了1376.63；批零比最小的是肉禽蛋市场，为8.5；粮油市场、水产品市场、蔬菜市场和棉麻土畜烟叶市场的批零比分别为 59.16、32.48、27.35 和 46.78。

表 3-6 　　　　2019 年中国亿元以上农产品批发市场的区域分布情况

市场类型	全国	东部地区		东北地区		中部地区		西部地区	
	数量（个）	数量（个）	比重（%）	数量（个）	比重（%）	数量（个）	比重（%）	数量（个）	比重（%）
农产品综合批发市场	634	406	64.0	27	4.3	110	17.4	91	14.4
农产品专业批发市场	796	500	62.8	48	6.0	122	15.3	126	15.8
粮油市场	81	58	71.6	5	6.2	6	7.4	12	14.8
肉禽蛋市场	93	55	59.1	4	4.3	14	15.1	20	21.5
水产品市场	127	102	80.3	8	6.3	11	8.7	6	4.7
蔬菜市场	224	123	54.9	12	5.4	45	20.1	44	19.6
果品市场	105	59	56.2	8	7.6	18	17.1	20	19.0
其他农产品市场	155	97	62.6	8	5.2	28	18.1	22	14.2

资料来源：根据《中国商品交易市场统计年鉴》（2020）相关数据计算得出。

表 3-7 　　2002~2019 年中国亿元以上农产品交易市场批发零售成交额之比　　单位：%

年份	综合批发市场	专业批发市场	粮油市场	肉禽蛋市场	水产品市场	蔬菜市场	果品市场	棉麻土畜烟叶市场
2002	0.74	—	18.05	3.72	12.00	9.22	32.74	1.88
2003	0.94	—	17.76	7.69	9.81	9.02	32.37	2.11
2004	1.21	—	28.41	9.08	9.82	9.47	14.62	2.15
2005	1.19	—	6.84	2.37	12.06	5.81	9.67	9.37
2006	1.90	—	10.10	4.26	9.51	14.48	8.14	120.16
2007	2.20	—	37.14	5.66	11.25	15.22	53.45	40.87
2008	2.18	9.74	22.26	3.74	10.37	18.67	131.85	11.16
2009	2.36	14.54	26.80	7.44	9.66	40.89	1389.05	364.84
2010	2.42	16.59	28.34	5.22	14.14	57.23	85.35	376.09
2011	2.66	15.45	20.98	5.45	14.98	43.99	74.73	14.73
2012	2.94	13.08	28.60	5.58	18.26	44.12	88.41	326.06
2013	3.31	16.71	25.95	5.25	16.57	27.51	108.25	—

年份	综合批发市场	专业批发市场	粮油市场	肉禽蛋市场	水产品市场	蔬菜市场	果品市场	棉麻土畜烟叶市场
2014	3.84	17.15	26.54	6.50	22.91	31.74	450.25	550.77
2015	4.02	17.26	27.52	5.97	15.38	31.27	1073.39	654.94
2016	4.70	17.84	23.97	6.99	16.45	37.20	310.27	119.67
2017	4.68	18.72	31.90	6.12	20.08	33.04	790.16	58.15
2018	5.56	16.99	75.18	5.81	22.32	30.44	167.78	93.16
2019	6.39	18.83	59.16	8.50	32.48	27.35	1376.63	46.78

注："—"表示数据未被统计。

资料来源：根据国家统计局国家数据库（https：//data. stats. gov. cn/index. htm）中"亿元以上商品交易市场基本情况"中的相关数据计算得出。

从以上数据分析可知，中国农产品交易市场尽管多数都兼营批发和零售业务，但随着时间的推进，大型农产品交易市场越来越聚焦于批发业务，其承载农产品流通环节上的集散功能愈发显著，零售功能更多地交由其他传统或新型零售商承担。

三、农产品流通主体

农产品流通主体指的是在农产品商品交易市场中，承担着将农产品从生产领域到消费领域转移的经济活动主体。农产品流通主体按其性质可划分为农户、农产品经纪人、农民合作组织（农民合作社、合作协会等）、农产品经销企业（含农产品批发企业和农产品零售企业）等。

（一）自产自销的农民主体数量下降

我国耕地实行的是家庭联产承包责任制，农民是农产品生产和流通的重要主体之一，21世纪以来，我国农村人口不断向城镇转移，从事农业生产的人口数量呈逐年下降趋势（见图3－4）。截至2019年末，我国农村人口为5.52亿人，其中，第一产业就业人数为1.94亿人。参与农业生产的农民中有一部分会将生产出的农产品直接销售给消费者或农产品经纪人与经销商，自产自销的农民是农产品流通市场上的交易主体之一。由于生产和经营的农产品规模较小、资金实力弱、信息传递不畅、经营能力不强等原因，自产自销的农民在农产品流通供应链上的地位不高，议价能力低，直接参与农产品流通的竞争力不强，因而自产自销的小农户流通主体数量不断减少。为提高农产品生产和流通效率，国家鼓励农村耕地向生产大户或家庭农场流转，形成适度规模经营，同时鼓励农民加入农民合作社，在形成生产经营规模经济效应的同时，提高其议价能力。

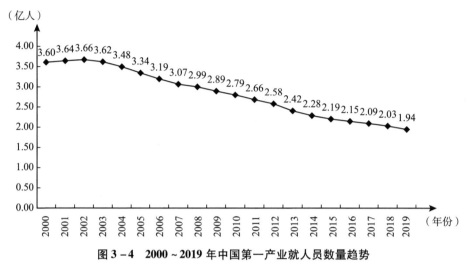

图 3-4 2000～2019 年中国第一产业就业人员数量趋势

资料来源：根据《中国统计年鉴》（2001～2020）数据绘制。

（二）农产品经纪人经营能力逐渐提高

农产品经纪人是指从事农产品收购、储运、销售以及销售代理、信息传递、服务等中介活动的人员。由于农产品从生产端向消费端转移的过程中，经由农产品批发市场流通的比例在 70% 以上，而农产品批发市场的货源供应中，有近 40% 是经由农产品经纪人完成，而这一比例在 2000 年高达 90% 以上，[1] 由此可见，农产品经纪人是中国农产品流通市场上最重要的参与主体之一。

在政府的保护和推动下，农产品经纪人发展迅速，队伍不断壮大，据不完全统计，截至 2019 年，常年从事经纪业务的农产品经纪人超过 600 万人，加上短期或季节性的从业人员，农产品经纪人总数超过 1000 万人。早期的农产品经纪人大多数是从从事农业生产的农民中分离出来的，文化程度普遍较低，经营管理能力不高，组织化程度较低。随着农产品流通市场的不断发展，农产品经纪人的文化程度和经营能力得到大幅提高，不仅有大量乡镇供销合作社经销农副产品的职工加入农产品经纪人队伍中，还有涉农高校设立农产品经纪与代理相关专业，

---

[1] 张玉玺. 农产品流通理论思考与实践探索 [M]. 北京：社会科学文献出版社，2012：7.

培养高素质的新型农产品经纪人才。在现有的农产品经纪人中，70%以上经过长期或短期培训，仅2017就有50万人次以上取得初、中、高级农产品经纪人资格证书，在工商行政部门登记注册的农产品经纪从业人员超过100万人。① 农产品经纪人的组织化程度也不断提高，截至2019年末，全国供销合作系统内的农产品流通经纪人协会已达1250个，吸纳会员人数超过100万人，在经纪人协会的组织、引导、培训下，农产品经纪人的经营能力和组织化程度显著提升。② 但是，从发展趋势来看，为适应新时代农产品流通产业的发展要求，农产品经纪人将从以前的个体经营为主，向以企业、专业合作社、交易市场等经营服务实体为主转型，公司化、集团化将成为农产品经纪人的主要演进方向。

（三）农民专业合作社发展迅猛

自2006年《中华人民共和国农民专业合作社法》颁布之后，中国农民合作社发展迅猛，数量上呈现快速增长态势（见图3-5）。截至2019年末，依法在工商部门注册的农民合作社数量为220.1万家，其中，县级及以上示范社15.71万家，国家农民合作社示范社8470家。农民合作社辐射带动全国近一半的农户，其中，普通小农户占成员总数的80.7%，农民合作社不仅涵盖粮棉油、肉蛋奶、果蔬茶等主要农产品的生产，而且注重产业融合发展，发展休闲农业、农村电商等新产业新业态，超2万家农民合作社开展农产品电子商务。农民合作社逐渐向产后农产品加工、流通领域延伸，涉及仓储、运输、销售等增值服务，其中，提供产加销一体化服务的农民合作社占比达53%，3.5万家合作社创办加工企业等经济实体，8.7万家拥有注册商标，4.6万家通过农产品质量认证，统一组织销售农产品总值超1万亿元。③ 农民合作社数量增长迅速，2007年农民合作社数量仅有2.6万家，12年间增长了86.35倍，但近年来增幅有逐年降低趋势。

从经营服务内容划分数量及比例来看，在2017年农民专业合作社中，以产加销一体化服务为主的有829764个，占比53.12%；以购买服务为主、以仓储服务为主和以运销服务为主的分别有53964个、13787个和37760个，分别占3.45%、0.88%和2.42%（见表3-8）。产加销一体化服务、购买服务、仓储服务、运销服务实际上都属于农产品流通服务的范畴，因此，从事农产品流通服务的农民合作社数量有93.5万个，占农民合作社总数量的59.88%，可以看出，农

---

① 资料来源：中国农产品流通经纪人协会官方网站，http：//richfarm. net/index. php？s =/Show/index/cid/13/id/34. html。

② 资料来源：《全国供销合作社系统2019年基本情况统计公报》。

③ 资料来源：中华人民共和国农业农村部官网，www. moa. gov. cn。

民合作社是农产品流通市场上的主要参与主体之一，其规模有上升趋势。

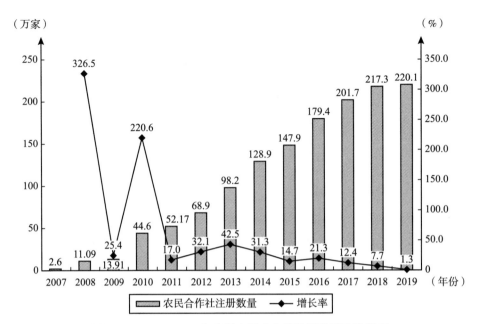

图3-5　2007~2019年中国农民合作社注册数量及增长率

资料来源：根据《中国农业年鉴》（2008~2020）相关数据绘制。

表3-8　　　　　　　　农民合作社按经营服务内容划分数量及比例

经营类别	数量（个）	比重（%）
产加销一体化服务	829764	53.12
生产服务为主	447844	28.67
购买服务为主	53964	3.45
仓储服务为主	13787	0.88
运销服务为主	37760	2.42
加工服务为主	30645	1.96
其他	148200	9.49

资料来源：根据《中国农业年鉴》（2018）相关数据计算得出。

（四）农产品经销企业稳步发展

随着中国农产品市场的快速发展，作为最重要的农产品流通主体，包括农产品批发企业和农产品零售企业在内的农产品经销企业也不断发展壮大，经其参与流通的农产品份额占 90% 以上。根据统计数据显示（见表 3 - 9），2008 ~ 2019 年，各类农产品批发企业数、农产品零售企业数、超市零售门店数均呈稳步增长趋势。截至 2018 年底，限额以上农产品批发企业数为 4841 个，与 2008 年的 2123 个相比，增长了 128.03%；限额以上粮油批发企业数为 1878 个，与 2008 年的 905 个相比增长了 107.51%；限额以上肉、禽蛋、奶、水产品批发企业数为 1884 个，与 2008 年的 473 个相比增长了 298.31%；限额以上超市零售企业为 10346 个，与 2008 年的 5715 个相比增长了 81.03%；限额以上粮油专门零售企业为 949 个，与 2008 年的 294 个相比增长了 222.79%；限额以上肉、禽蛋、奶、水产品专门零售企业为 1352 个，与 2008 年的 275 个相比增长了 391.64%。截至 2019 年底，超市连锁零售门店数量为 88668 个，同比 2008 年增长 54.11%。

表 3 - 9　　　　2008 ~ 2019 年限额以上农产品批发企业和农产品零售企业数　　　单位：个

年份	批发企业（法人企业数）			零售企业（法人企业数）			超市连锁零售门店数
	农产品批发	粮油批发	肉、禽蛋、奶、水产品批发	超市零售	粮油专门零售	肉、禽蛋、奶、水产品专门零售	
2008	2123	905	473	5715	294	275	57534
2009	1931	807	436	5517	314	282	65673
2010	2261	950	540	5949	435	387	71210
2011	2565	1038	611	6768	519	447	71009
2012	2922	1171	830	6980	593	661	71995
2013	4455	1457	1334	8066	771	1101	76887
2014	4853	1592	1384	8661	876	1218	79837
2015	5072	1636	1485	9053	966	1382	81770
2016	5276	1742	1620	9644	1075	1540	93349
2017	4946	1754	1744	9339	1075	1494	90035
2018	4841	1878	1884	10346	949	1352	88205
2019	5341	—	—	—	—	—	88668

注："—"表示数据未被统计。

资料来源：《中国贸易外经统计年鉴》（2009 ~ 2020）和国家统计局国家数据库（https：//data. stats. gov. cn/index. htm）中"连锁零售企业"数据。

农产品经销企业在数量增长的同时，其经营总规模也在不断扩大（见表3－10）。2008～2018年，限额以上粮油批发企业的销售额从1432.8亿元增加到7015.2亿元；限额以上肉、禽蛋、奶、水产品批发企业的销售额从671.7亿元增加到3221.1亿元；限额以上粮油专门零售企业的销售额从92.9亿元增加到348.6亿元；肉、禽蛋、奶、水产品专门零售企业的销售额从112.5亿元增加到610.3亿元。

表3－10　　　　　2008～2018年限额以上农产品经销企业总销售额　　　单位：亿元

年份	粮油批发企业销售额	肉、禽蛋、奶、水产品批发企业销售额	粮油专门零售企业销售额	肉、禽蛋、奶、水产品专门零售企业销售额
2008	1432.8	671.7	92.9	112.5
2009	1476.5	610.9	96.4	135.1
2010	2192.1	931.8	141.3	195.7
2011	2933.4	1081.1	513.8	275.5
2012	3780.7	1556.1	639.6	340.0
2013	4756.5	2463.1	343.3	497.8
2014	5297.1	3016.5	433.7	648.1
2015	5565.3	3393.1	461.4	707.6
2016	6118.7	3262.8	502.2	795.6
2017	6702.0	2874.1	533.8	695.1
2018	7015.2	3221.1	348.6	610.3

资料来源：《中国贸易外经统计年鉴》（2009～2019）。

从以上分析可知，农产品经销企业的数量和总销售额均呈明显的增长趋势，下面将分析单个企业的规模变化趋势（见图3－6）。2008～2018年，单个农产品经销企业的销售规模并未都呈现上涨趋势，仅有粮油批发企业的单体销售规模总体上呈逐年增长趋势，肉、禽蛋、奶、水产品批发企业的单体销售规模在2008～2015年间呈上涨趋势，而此后转为下降；而粮油专门零售企业和肉、禽蛋、奶、水产品专门零售企业的单体销售规模甚至呈下降趋势。由此可以表明，农产品经销行业的集中度不高，集中度有下降趋势，这种趋势不利于农产品流通效率的提升。

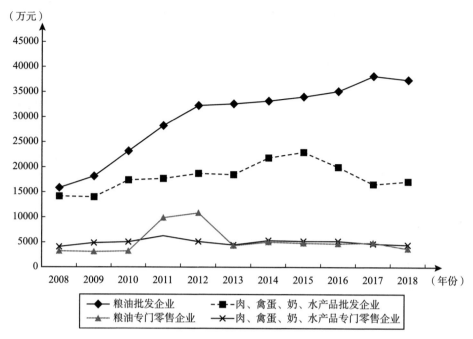

图3-6　2008~2018年限额以上农产品经销企业的平均年销售额变化趋势

资料来源：根据《中国贸易外经统计年鉴》（2009~2019）相关数据计算得出。

四、农产品流通基础设施

（一）道路交通基础设施现状

作为流通产业的重要基础设施，中国的道路交通设施条件发展迅速，运输能力显著增强（见表3-11）。截至2019年底，铁路营业里程达到13.99万千米，比2000年的6.87万千米增加了7.12万千米，增幅为103.64%。国内航空里程达到了948.22万千米，比2000年的150.29万千米增加了797.93万千米，增幅为530.9%。公路里程达到了501.25万千米，比2000年增加333.27万千米，增幅为198.4%，其中，等级公路为469.87万千米，比2000年增加了338.28万千米，增幅为257%；高速公路里程达到14.96万千米，同比2000年增幅高达817.79%；而自2005年之后，国家持续加大对农村道路建设的支持力度，提出实施"五年千亿元规划"，连续五年投资1000亿元修建农村公路，自此中国农村公路建设进程进入"快车道"，年均保持8.5万千米以上的新建长度，截至2019年底，农村公路里程已超420万千米，实现具备条件的乡镇和建制村100%通硬化路，具备条件的乡镇和建制村100%通客车，为城乡农产品物流网络体系建设奠定了重要的基础设施条件。

表 3-11   2000~2019 年中国道路交通线路里程数   单位：万千米

年份	铁路里程	公路里程				航空里程
		公路	等级公路	高速公路	农村公路	
2000	6.87	167.98	131.59	1.63	—	150.29
2001	7.01	169.80	133.60	1.94	—	155.36
2002	7.19	176.52	138.29	2.51	—	163.77
2003	7.30	180.98	143.87	2.97	—	174.95
2004	7.44	187.07	151.58	3.43	—	204.94
2005	7.54	334.52	159.18	4.10	291.53	199.85
2006	7.71	345.70	228.29	4.53	302.61	211.35
2007	7.80	358.37	253.54	5.39	313.44	234.30
2008	7.97	373.02	277.85	6.03	324.44	246.18
2009	8.55	386.08	305.63	6.51	336.91	234.51
2010	9.12	400.82	330.47	7.41	350.66	276.51
2011	9.32	410.64	345.36	8.49	356.40	349.06
2012	9.76	423.75	360.96	9.62	367.84	328.01
2013	10.31	435.62	375.56	10.44	378.48	410.60
2014	11.18	446.39	390.08	11.19	388.16	463.72
2015	12.10	457.73	404.63	12.35	398.06	531.72
2016	12.40	469.63	422.65	13.10	395.98	634.81
2017	12.70	477.35	433.86	13.64	400.93	748.30
2018	13.17	484.65	446.59	14.26	403.97	837.98
2019	13.99	501.25	469.87	14.96	420.02	948.22

注："—"表示数据未被统计。
资料来源：国家统计局国家数据库（https：//data.stats.gov.cn/index.htm）中"运输线路长度"数据。

（二）物流运输基础设施现状

中国物流运输业保持高速发展，物流"降本增效"成果显著，这为农产品流通产业发展提供了很大助力。截至 2019 年底，我国邮政营业网点达到了 318516 个，比 2000 年增加了 260079 个，增幅达 445.06%；平均每一营业网点服务面积从 2000 年的 135.3 平方千米降至 2019 年的 30.1 平方千米；快递业务发展迅猛，2019 年的快递量为 6352291.0 万件，是 2000 年的 575.8 倍（见表 3 - 12）。

表 3 - 12　　　　　　　2000 ~ 2019 年中国物流基本情况

年份	快递量（万件）	营业网点（个）	营业网点服务面积（平方千米）	物流总费用与 GDP 比率（%）
2000	11031.4	58437	135.3	—
2001	12652.7	57100	168.0	—
2002	14036.2	76400	123.8	—
2003	17237.8	63600	148.8	—
2004	19772.0	66400	142.4	18.8
2005	22880.3	65917	145.6	18.6
2006	26988.0	62799	152.9	18.3
2007	120189.6	70655	135.9	18.4
2008	151329.3	69146	138.8	18.1
2009	185785.8	65672	146.2	18.1
2010	233892.0	75739	126.8	17.8
2011	367311.1	78667	122.0	17.8
2012	568548.0	95572	100.4	18
2013	918674.9	125115	76.7	16.9
2014	1395925.3	137562	69.8	16.6
2015	2066636.8	188637	50.9	16
2016	3128315.1	216708	44.3	14.9
2017	4005591.9	278025	34.5	14.6
2018	5071042.8	274635	35.0	14.8
2019	6352291.0	318516	30.1	14.7

注："—"表示数据未被统计。
资料来源：国家统计局国家数据库（https：//data. stats. gov. cn/index. htm）中"快递业务量""邮政业网点及邮递线路"指标和中国物流与采购联合会发布的《全国物流运行情况通报》（2004 ~ 2019）。

中国物流服务水平显著提升，物流成本也呈下降趋势，但仍然具备较大的下降空间（见图 3 - 7）。2004 ~ 2019 年，中国社会物流总费用与 GDP 的比率从

18.8%降至14.7%，2019年美国社会物流总费用与GDP的比率仅为8.1%，比中国低6.6个百分点。但中国在运输效率和运输成本管控方面的优势逐渐显现，中国社会物流总费用与GDP的比率呈下降趋势，而美国近10年始终维持在8%左右，未见下降，中国与美国物流绩效的差距在不断缩小。

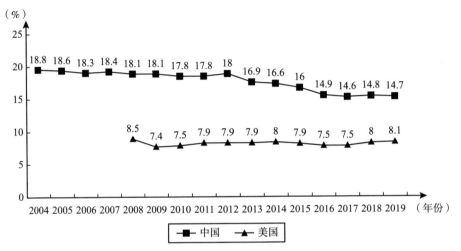

图3-7　中国和美国社会物流总费用与GDP的比率

资料来源：根据中国物流与采购联合会发布的历年《全国物流运行情况通报》和美国供应链管理专业协会（CSCMP）发布的历年《美国物流报告》相关数据绘制而成。

（三）冷链基础设施现状

冷链物流发展相对滞后是长期制约中国农产品流通产业发展的重要因素之一。近年来，随着中国经济的快速发展、居民消费水平升级、冷链物流技术发展以及生鲜电商需求的快速增长，农产品冷链物流呈现加速发展趋势，尤其是自2015年国家提出实施城乡冷链物流基础设施补齐短板的要求后，冷链设施建设加速推进。

从冷库建设规模来看，2019年全国冷库总量为6053万吨，新增库容814.5万吨，同比增长15.6%，比2011年增加了4310万吨，增幅达到247.3%（见图3-8）。

从冷藏车保有量看，2019年全国冷藏车保有量为21.47万辆，较2018年增加了2.47万辆，同比增长19%，比2012年增加了17.38万辆，增幅达到424.9%（见图3-9）。

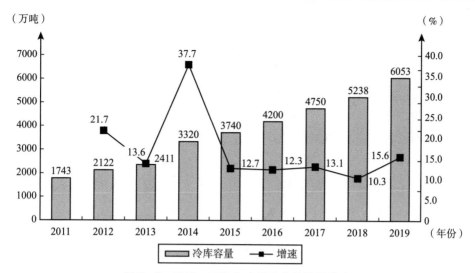

图3-8　2011～2019年中国冷库总量及增速

资料来源：根据商务部公布数据及《中国冷链物流发展报告》绘制。

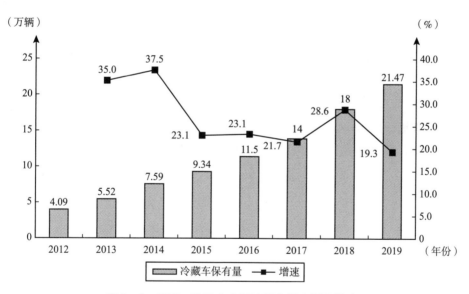

图3-9　2012～2019年中国冷藏车保有量及增速

资料来源：根据商务部公布数据及《中国冷链物流发展报告》绘制。

从农产品冷链基地建设情况来看，根据2020年农业农村部会同财政部出台的《关于加快推进农产品仓储保鲜冷链设施建设的实施意见》的安排，中央安排50亿元财政资金支持河北、山西等16个省（区、市）开展仓储保鲜冷链设施建设，2020年7月7日，国家发展和改革委员会正式印发了首批17个国家骨干冷链物流基地名单。

从全球范围冷链物流发展来看，目前美国、日本及欧洲部分发达国家冷链物流发展处于世界领先地位，冷链物流体系建设较为完善并且在冷链物流技术应用方面也较为先进。根据前瞻产业研究院发布的《中国互联网＋冷链物流行业商业模式创新与投资机会深度研究报告》信息显示，2018年美国人均库容面积达到0.490立方米，日本为0.315立方米，加拿大为0.316立方米，中国为0.132立方米，反映出我国冷库建设规模还有待进一步扩张。根据中国物流与采购联合会冷链物流专业委员会发布的《2019农产品产地冷链研究报告》数据显示，当前我国果蔬、肉类、水产品的冷藏运输率分别为35%、57%、69%，而发达国家平均冷藏运输率高达90%以上。国内冷藏运输率低使得大多数生鲜农产品在运输过程中得不到规范的保温、保湿或冷藏。

（四）通信网络基础设施现状

数字经济时代，通信网络已经成为最重要的基础设施之一，信息获取、沟通互联，生产、流通和消费等各领域都极度依赖互联网络。农产品流通产业发展，尤其是农产品电商新业态的发展，对农村通信网络基础设施建设提出了更高要求。

我国移动互联网基础设施不断升级换代，尤其是3G、4G、5G移动通信网络的建设所带来的移动网速的大幅提升突破了手机、平板电脑等移动智能终端设备的网速"瓶颈"，连入互联网的移动智能设备快速普及，用户的消费场景逐步线上化，这为农产品流通产业的数字化转型奠定了基础设施和用户基础。截至2019年底，中国移动电话普及率已经达到114.4部/百人，移动电话使用量人均超过1部，是2000年的17倍（见表3-13）。

表3-13　　　　　　　　　2000~2019年中国电信通信服务水平

年份	移动电话普及率（部/百人）	互联网普及率（%）	农村互联网普及率（%）	光缆线路长度（万千米）	互联网宽带用户（万户）	农村宽带用户（万户）
2000	6.7	—	—	121.2	—	—
2001	11.5	—	—	181.9	—	—
2002	16.1	4.6	—	225.3	325.3	—
2003	21.0	6.2	—	273.5	1115.1	—

年份	移动电话普及率（部/百人）	互联网普及率（%）	农村互联网普及率（%）	光缆线路长度（万千米）	互联网宽带用户（万户）	农村宽带用户（万户）
2004	25.9	7.3	—	351.9	2487.5	—
2005	30.3	8.5	—	407.3	3735.0	—
2006	35.3	10.5	—	428.0	5085.3	—
2007	41.6	16.0	7.4	577.7	6641.4	—
2008	48.5	22.6	12.3	677.8	8287.9	—
2009	56.3	28.9	15.5	829.5	10397.8	—
2010	64.4	34.3	18.6	996.2	12629.1	2475.7
2011	73.6	38.3	20.7	1211.9	15000.1	3308.8
2012	82.5	42.1	24.2	1479.3	17518.3	4075.9
2013	90.3	45.8	28.1	1745.4	18890.9	4737.3
2014	94.0	47.9	28.8	2061.3	20048.3	4873.7
2015	92.5	50.3	31.6	2486.3	25946.6	6398.4
2016	95.6	53.2	33.1	3042.1	29720.7	7454.0
2017	102.0	55.8	35.4	3780.1	34854.0	9377.3
2018	112.2	59.6	38.4	4316.8	40738.2	11741.7
2019	114.4	64.5	46.2	4741.2	44927.9	13477.3

注："—"表示数据未被统计。

资料来源：根据国家统计局和国家互联网信息办公室公布的数据整理得出。

中国互联网基础设施建设速度非常快，截至 2019 年底，通信光缆线路长度已达 4741.2 万千米，是 2000 年的 39 倍；互联网宽带用户为 44927.9 万户，其中，农村宽带用户为 13477.3 万户；全国互联网普及率达 64.5%，其中，农村互联网普及率为 46.2%，互联网加速向农村地区扩张，这将为农村地区居民获取农产品信息、介入农产品流通环节提供重要的通信设施保障。

第二节　中国农产品流通体系现代化水平的综合评价

作为现代流通体系的重要组成部分，农产品流通体系的现代化建设，不仅关系到农业增效、农民增收、农村振兴的"三农"问题解决，还关系到农产品价格稳定、农产品质量安全等国计民生问题。为更准确把握我国农产品流通体系发展水平的演进情况，本节将结合数字经济时代特征，构建农产品流通现代化水平的评价体系，对 2014～2018 年我国农产品流通体系的现代化水平进行科学测度，并对其时序变化及地区差异进行分析，为有的放矢、因地制宜地推动我国农产品现代流通体系建设提供理论依据。

一、指标体系与数据来源

（一）指标体系构建

学者们在借鉴流通现代化评价指标体系的基础上，从不同的研究视角，构建出具有借鉴意义的指标体系。如涂洪波等（2013）通过理论性分析与实证遴选，从流通规模与效益水平、流通组织与经营方式现代化、流通设施与技术现代化流通体制现代化等四个方面构建了涵盖 11 个三级指标的农产品流通现代化评价体系。[①] 周丹等（2016）从流通基础能力现代化、流通发展状态现代化、流通功能现代化三大方面选取了包含物流配送率、劳动生产率、农产品流通速度等在内的 16 个三级指标。[②] 王伟新和祁春节（2013）从流通规模、流通效率、流通贡献、流通信息化、流通市场化、流通组织化、公平和法治观念八个层面构建了包含 23 个三级指标的评价指标体系。[③] 学者们的现有研究为农产品流通体系的现代化水平评价提供了重要思路和可行方法，具有重要的理论借鉴意义。然而，由于流通现代化是一个动态概念（蓝勋，2020)[④]，具有显著的时效性，会随着时代的发展，呈现出不同的特征。当今社会已经进入数字经济时代，新的时代背景对农产品流通体系的现代化建设提出了新的要求，而农产品流通的数字化水平是其中最为重要的考虑因素。本书在借鉴现有学术成果基础上，结合数字经济时代特征，考虑数据的可获得性，将从农产品流通规模水平、农产品流通结构水平、农产品流通效率水平、农产品流通数字化水平、农产品流通组织化水平、农产品流

---

① 涂洪波，李崇光，孙剑. 我国农产品流通现代化水平的实证研究：基于 2009 年省域的数据［J］. 北京工商大学学报（社会科学版），2013，28（1）：20－27，43.
② 周丹，杨晓玉，姜鹏. 中国重要农产品流通现代化水平测度与实证研究：基于 2000～2014 年度省际面板数据［J］. 贵州财经大学学报，2016（5）：22－28.
③ 王伟新，祁春节. 我国农产品流通现代化评价指标体系的构建与测算［J］. 经济问题探索，2013（1）：128－133.
④ 蓝勋. 我国区域商贸物流现代化水平实证测度［J］. 商业经济研究，2020（13）：105－108.

通体制水平六大方面构建包含人均农产品市场交易额等 13 项细分指标在内的农产品流通现代化水平评价体系（见表 3 – 14）。

表 3 – 14　　　　　　　　农产品流通体系的现代化水平评价指标体系

指标	二级指标	三级指标	指标解释
农产品流通体系的现代化水平	农产品流通规模水平	X_1：人均农产品市场交易额	（亿元商品交易市场农产品综合市场成交额＋亿元商品交易市场农产品专业市场成交额）/地区人口总数
		X_2：农产品流通业产值占 GDP 的比重	（亿元商品交易市场农产品综合市场成交额＋亿元商品交易市场农产品专业市场成交额）/地区 GDP
	农产品流通结构水平	X_3：农产品批零结构	农产品零售市场成交额/农产品批发市场成交额
	农产品流通效率水平	X_4：农产品流通业库存率	限额以上农、林、牧产品年末库存总额/限额以上农产品批发销售总额
		X_5：农产品流通业周转率	限额以上农、林、牧批发业企业主营业务收入/限额以上农、林、牧批发业企业资产总额
		X_6：农产品单位物流周转距离	（物流周转量/物流量）/社会消费品零售总额
	农产品流通数字化水平	X_7：农产品网络零售比重	网上零售额/社会消费品零售总额
		X_8：农产品流通企业电子商务交易占比	（批发、零售、交通运输物流业电商比例×有电子商务交易活动的企业比重）/全国整体电商比例
		X_9：移动互联网普及率	移动互联网用户数量/地区常住人口数
	农产品流通组织化水平	X_{10}：农产品零售业组织化程度	连锁零售企业食品、饮料烟草统一配送商品购进额/连锁零售企业食品、饮料烟草商品购进额
		X_{11}：农产品批发业组织化程度	亿元以上商品交易批发市场成交额/批发业商品销售总额
	农产品流通体制水平	X_{12}：政府干预程度	《中国分省份市场化指数报告》中"减少政府对企业的干预"指标项得分
		X_{13}：地方保护程度	《中国分省份市场化指数报告》中"减少商品市场上的地方保护"指标项得分

（二）数据来源

1. 人均农产品市场交易额

人均农产品市场交易额能够衡量一个地区农产品流通产业的规模大小，是对农产品流通产业运行情况的一个基本衡量指标。理想的指标来源应是地区农产品市场交易总额除以地区人口总量。但是由于地区农产品市场交易总额数据无法从官方统计数据中获取，考虑到中国 70% 以上的农产品经由农产品交易市场参与流通，亿元商品交易市场的农产品交易额能大体上反映出地区农产品市场交易总额情况，因此，本书采用亿元以上商品交易市场的农产品成交额除以人口数量来表征人均农产品市场交易额。具体的运算公式为：

$$人均农产品市场交易额 = \frac{亿元商品交易市场农产品综合市场成交额 + 亿元商品交易市场农产品专业市场成交额^{①}}{地区人口总数}$$

2. 农产品流通业产值占 GDP 的比重

农产品流通业产值占 GDP 的比重能够衡量农产品流通产业对国民经济增长的贡献，也是反映农产品流通产业总体规模水平的重要指标之一。理想的指标来源应是农产品流通业产值除以地区 GDP。但是农产品流通业产值指标无法从官方统计数据中获取，本书采用农产品市场交易额代替农产品流通业产值。具体的运算公式为：

$$农产品流通业产值占 GDP 的比重 = \frac{亿元商品交易市场农产品综合市场成交额 + 亿元商品交易市场农产品专业市场成交额^{②}}{地区 GDP}$$

3. 农产品流通业库存率

农产品流通业库存率是指农产品流通业商品库存额占农产品流通业商品销售总额的比重，是表征农产品流通效率的重要指标之一，农产品流通业库存率越低，表明农产品流通效率越高。理想的指标来源是农产品流通业库存总额除以农产品流通业商品销售总额，但这两项指标没有官方统计数据，本书采用限额以上农、林、牧产品年末库存总额代替农产品流通业库存总额，用限额以上农产品批

---

① 亿元商品交易市场农产品综合市场成交额、亿元商品交易市场农产品专业市场成交额两项数据来源于《中国商品交易市场年鉴》，地区人口总数来源于《中国统计年鉴》。
② 亿元商品交易市场农产品综合市场成交额、亿元商品交易市场农产品专业市场成交额两项数据来源于《中国商品交易市场年鉴》，地区 GDP 数据来源于《中国统计年鉴》。

发销售总额代替农产品流通业商品销售总额。① 具体运算公式为：

$$农产品流通业库存率 = \frac{限额以上农、林、牧产品年末库存总额}{限额以上农产品批发销售总额}$$

4. 农产品流通业周转率

周转率是一项财务分析指标，能体现出产业运行过程中资产从投入到产出的流转速度，是考察产业资产运营效率的一项重要指标，周转率越高，表明资金运用效率越高，进而流通效率也越高。农产品流通业周转率应为农产品流通业销售总额除以农产品流通业资产总额，本书采用限额以上农、林、牧批发业企业主营业务收入代替农产品流通业销售总额，用限额以上农、林、牧批发业企业资产总额代替农产品流通业资产总额。② 具体运算公式为：

$$农产品流通业周转率 = \frac{限额以上农、林、牧批发业企业主营业务收入}{限额以上农、林、牧批发业企业资产总额}$$

5. 农产品单位物流周转距离

商品物流周转距离指的是商品从生产者手中流转到消费者手中的总运输距离。它能反映出商品在流通环节的迂回程度，物流周转距离越短，表明商品流转次数或流通环节越少、流通线路规划越合理，从而流通效率就越高（谢莉娟等，2014）③。商品物流周转距离是表征商品流通效率的一项较为有效的指标。考虑到指标数据的可获得性，本书采用商品流通单位物流周转距离代替农产品单位物流周转距离。具体运算公式为：

$$农产品单位物流周转距离 = \frac{物流周转量/物流量④}{社会消费品零售总额}$$

6. 农产品零售业组织化程度

组织化程度反映的是产业组织的发展程度以及组织体系的严密程度，是产业现代化管理水平的一项重要指标（王晓东，2013）⑤。由于农产品零售业组织化程度是一项定性概念，本书采用农产品零售业商品统一配送比例来表征，运算公式为：

---

① 限额以上农、林、牧产品年末库存总额与限额以上农产品批发销售总额数据均来源于《中国贸易外经统计年鉴》。

② 限额以上农、林、牧批发业企业主营业务收入与限额以上农、林、牧批发业企业资产总额数据来源于《中国贸易外经统计年鉴》。

③ 谢莉娟，王晓东. 中国商品流通费用的影响因素探析：基于马克思流通费用构成的经验识别 [J]. 财贸经济，2014（12）：75 – 86.

④ 物流周转量、物流量、社会消费品零售总额三项数据来源于国家统计局国家数据库（https：// data. stats. gov. cn/index. htm）。

⑤ 王晓东. 中国流通产业组织化问题研究 [M]. 北京：中国人民大学出版社，2013.

$$农产品零售业组织化程度 = \frac{连锁零售企业食品、饮料烟草统一配送商品购进额}{连锁零售企业食品、饮料烟草商品购进额}$$

由于农产品零售业商品统一配送比例这一指标也没有官方直接统计数据，本书用以下运算公式进行推算：

$$农产品零售业组织化程度 = \frac{连锁零售企业食品、饮料烟草统一配送商品购进额}{连锁零售企业商品购进总额}$$

$$\div \frac{连锁零售企业食品、饮料烟草统一配送商品购进额}{连锁零售企业统一配送商品购进总额}（国家整体年度数据）$$

$$\times \frac{连锁零售企业统一配送商品购进额}{连锁零售企业商品购进总额}（分省份年度数据）①$$

7. 农产品批发业组织化程度

农产品批发市场作为我国农产品流通的主要流通渠道，其运营管理水平直接影响我国农产品流通体系的现代化水平。该指标的理想数据应为规模以上农产品批发市场成交额除以农产品批发业商品销售总额。但由于没有分省份年度数据，本书采用批发业整体数据代替。具体的运算公式为：

$$农产品批发业组织化程度 = \frac{亿元以上商品交易批发市场成交额②}{批发业商品销售总额}$$

8. 农产品流通结构水平

产业结构指的是产业内部构成要素、细分产业之间的层次、比例和结构的空间关系。产业结构水平指的是产业结构的合理化和高度化的程度，是衡量产业发展水平的一项重要指标。就农产品流通产业而言，产业内部的农产品批发业和农产品零售业两个细分产业的比例结构是一项重要的衡量指标，虽说在不断演进发展的数字经济时代，批发业和零售业之间的最优比例结构也许并不存在，但当前我国农产品流通环节存在的批发业规模远大于零售业规模的情况，是引致农产品

---

① 连锁零售企业食品、饮料烟草商品购进额、连锁零售企业商品购进总额、连锁零售企业食品、饮料烟草统一配送商品购进额、连锁零售企业统一配送商品购进总额4项国家整体年度数据来源于《中国统计年鉴》，而连锁零售企业统一配送商品购进额（分省份年度数据）、连锁零售企业商品购进总额（分省份年度数据）两项数据来源于国家统计局国家数据库（https：//data. stats. gov. cn/index. htm）。
② 数据均来源于国家统计局国家数据库（https：//data. stats. gov. cn/index. htm）。

流通效率低下、价格剧烈波动的原因之一（孙伟仁等，2019）①。因此，本书选取农产品流通产业的批零结构表征农产品流通产业结构水平，运算公式为：

$$农产品流通结构水平 = \frac{农产品零售市场成交额}{农产品批发市场成交额}$$

由于农产品批发业和零售业缺少分省份年度数据，将由相关数据推算得出。具体的推算公式为：

$$\frac{农产品流通}{结构水平} = \frac{农产品零售市场成交额/零售市场交易总额}{农产品批发市场成交额/批发市场交易总额}（年度全国数据）②$$

$$\times \frac{零售业商品销售总额}{批发业商品销售总额}（分省份年度数据）$$

其中，

农产品零售市场成交额 = 亿元以上商品交易市场农产品综合零售市场成交额 + 亿元以上商品交易市场农产品专业零售市场成交额

零售市场交易总额 = 亿元以上商品交易零售市场成交总额

农产品批发市场成交额 = 亿元以上商品交易市场农产品综合批发市场成交额 + 亿元以上商品交易市场农产品专业批发市场成交额

批发市场交易总额 = 亿元以上商品交易批发市场成交总额

9. 农产品网络零售比重

网络零售作为一种以互联网为媒介进行商品零售交易的新型零售业态，打破了商品交易在时间和空间上的限制，减少了商品流通环节，促进了商品流通效率的提升，是流通产业数字化水平提升的关键途径和重要体现（雷蕾，2018）③。农产品网络零售比重是反映农产品流通产业数字化和现代化的重要指标之一，由于缺少农产品网络零售额分省份年度数据，本书采用普遍商品网络零售比重指标代替。具体的运算公式为：

$$农产品网络零售比重 = \frac{网上零售额④}{社会消费品零售总额}$$

① 孙伟仁，徐珉钰，张平. 渠道势力、流通效率与农产品价格波动：基于中国 2008～2016 年省级面板数据的实证分析 [J]. 农村经济，2019（4）：95－10.
② 以上数据为年度全国数据，均来源于国家统计局国家数据库（https：//data. stats. gov. cn/index. htm）。零售业商品销售总额为亿元以上商品交易零售市场成交额，批发业商品销售总额为亿元以上商品交易批发市场成交额。此两项数据为分省份年度数据，来源于国家统计局国家数据库（https：//data. stats. gov. cn/index. htm）。
③ 雷蕾. 纯实体零售、网络零售、多渠道零售企业效率比较研究 [J]. 北京工商大学学报（社会科学版），2018，33（1）：44－51，113.
④ 网上零售额、社会消费品零售总额数据均来源于国家统计局国家数据库（https：//data. stats. gov. cn/index. htm）。

10. 农产品流通企业电子商务交易占比

由于网络零售属于电子商务的一个细分范畴，同网络零售相似，电子商务企业比重也是反映产业数字化和现代化的重要指标。由于缺少农产品流通产业内有电子商务交易活动的企业数量分省份年度数据，本书采用相关数据进行推算，具体的运算公式为：

$$\frac{\text{农产品流通企业}}{\text{电子商务交易占比}} = \frac{\text{批发、零售、交通运输物流业电商比例}}{\text{全国整体电商比例}} \text{（年度全国数据）}$$

$$\times \text{有电子商务交易活动的企业比重（分省份年度数据）}$$

其中，批发、零售、交通运输物流业电商比例为（批发和零售业有电子商务交易活动的企业数 + 交通运输、仓储和邮政业有电子商务交易活动的企业数）/（批发和零售业企业数 + 交通运输、仓储和邮政业企业数）[①]。

11. 移动互联网普及率

3G、4G、5G 移动通信网络的建设所带来的移动网速的大幅提升突破了手机、平板电脑等移动智能终端设备的网速"瓶颈"，连入互联网的移动智能设备快速普及，用户的消费场景逐步线上化，这为流通产业的数字化转型奠定了基础设施和用户基础。因此，移动互联网普及率是反映产业数字化水平的重要指标之一。具体的运算公式为：

$$\text{移动互联网普及率} = \frac{\text{移动互联网用户数量}[②]}{\text{地区常住人口数}}$$

12. 农产品流通业的政府干预程度

这是反映产业市场化水平的重要指标之一，也是产业体制改革的一项重要内容。《中国分省份市场化指数报告》中有"减少政府对企业的干预"的细分指数，由于这项指标属于产业环境指标，具有较高的普适性，所以本书直接采用这项指标来表征农产品流通业的政府干预程度。

13. 农产品流通业的地方保护程度

由于行政区划的条块分割，各地区为保护本地企业，可能会采取一些措施干预市场运行，从而导致市场竞争不充分和要素资源地区间的流动不通畅，进而产业的运行效率将受到限制。如珠三角一体化、长三角一体化等区域一体化战略正是国家为打破地区间的贸易壁垒所做的战略谋划。《中国分省份市场化指数报告》

---

① 所涉及的各项数据均来源于国家统计局国家数据库（https：//data. stats. gov. cn/index. htm）。

② 移动互联网用户数量和地区常住人口数数据来源于国家统计局国家数据库（https：//data. stats. gov. cn/index. htm）。

中有"减少商品市场上的地方保护"细分指数,同样,这项产业环境指标具有较高的普适性,本书直接采用这项指标表征农产品流通业的地方保护程度。

二、评价方法选择

现有研究常用的经济项目评价方法有因子分析法、主成分分析法、数据包络分析法、模糊综合评价法、灰色综合评价法、优劣解距离法(TOPSIS)等。各种评价方法有不同的适用条件和应用范围,考虑到本书对农产品流通体系的现代化水平评价问题是一个多属性评价问题,构建的评价指标间关系不独立且相关程度较高,因而主成分分析是比较适用且简单有效的评价方法。

主成分分析方法也对指标及数据有要求,需满足一定条件才能进行科学评价,否则会导致错误的结论(林海明和杜子芳,2013)[①]。所以本书选用主成分分析法进行分析,并参照林海明和杜子芳(2013)提出的主成分分析的方法应用条件来判断方法的适用性。

三、实证分析过程

(一) 数据的预处理

在进行主成分分析之前,需对数据进行无量纲化处理,由于标准化法在消除量纲的同时,也消除了指标变异的差异,因而在做多属性综合评价时,容易因为不能准确反映原始数据信息而导致结果不准确;而极差化法容易导致指标权重的变异过大,同样不适合用于多属性指标评价;均值化法在消除量纲的同时,还能更加全面反映原始数据的变异程度,是一种最为理想的无量纲化处理方法。所以本书选择均值化法来进行无量纲化处理。

均值化法的公式为:

$$x_i' = \frac{x_i}{\bar{x}}, \ \bar{x} = \frac{1}{n} \sum_{i=1}^{n} x_i \qquad (3-1)$$

指标体系中的农产品流通产业库存率和农产品流通产业单位货运距离这两项指标是负向指标,按照林海明和杜子芳(2013)的综合评价步骤,应对其取负值进行正向化处理,但考虑到是否正向化处理对评价对象的评分结果没有任何影响,反而能通过显著性的负值结果验证负向指标的有效性,因此此处不做正向化处理。

---

① 林海明,杜子芳.主成分分析综合评价应该注意的问题 [J]. 统计研究,2013,30 (8): 25 – 31.

（二）样本选择

本章主要对中国近几年各地区农产品流通产业体系的现代化水平及其差异进行实证评价，考虑数据可得性，本书选取 2018 年我国 31 个省（自治区、直辖市）的数据，香港、澳门、台湾地区因数据不可得或数据统计标准不一致等原因，不纳入考查范围。

（三）实证评价过程

1. 方法适应性检验

在进行主成分分析之前，应对指标是否可降维进行判定，若指标间有相关系数≥0.8，则认为该指标可降维（林海明和杜子芳，2013），本书选取的 13 项指标均满足此项条件。除此之外，通过 KMO 检验和 Bartlett 球形检验是确定能否采用此种分析的前提条件，KMO 数值在 0 与 1 之间，越接近 1 表明适用性越理想。当 KMO 值≤0.5 时，表明不适合进行主成分分析；当 0.5＜KMO 值≤0.6 时，表明适用性较差；当 0.6＜KMO 值≤0.7，表明适用性一般；当 0.7＜KMO 值≤0.8 时，表明适用性较好；当 0.8＜KMO 值≤0.9，表明适用性很好。Bartlett 球形检验的 Sig. 取值若小于 0.05 则表明可以接受，且数值越小越好。

将预处理后的数据录入 SPSS 软件并进行 KMO 检验和 Bartlett 球形检验，检验结果如表 3－15 所示。KMO 数值为 0.754，表明用主成分分析方法的适用性较好；Sig. 取值为 0.000，表明非常适合进行主成分分析。综合分析可认为，该评价指标体系及其数据比较适合采用主成分分析方法。

表 3－15　　　　　　　　　　　**KMO 检验和 Bartlett 球形检验**

KMO 检验		0.754
Bartlett 球形检验	近似卡方	372.945
	df	78
	Sig.	0.000

2. 求特征值和贡献率

主成分特征值、方差贡献率及累积贡献率如表 3－16 所示。主成分的抽取原则为特征值大于 1，共提取 5 个主成分，累积贡献率达到了 85.043%，表明 5 个主成分能解释超过 85% 的指标信息，结果较为理想。

表 3 - 16   主成分特征值、方差贡献率及累积贡献率

成分	初始特征值			提取平方和载入			旋转平方和载入		
	合计	方差贡献率（%）	累积贡献率（%）	合计	方差贡献率（%）	累积贡献率（%）	合计	方差贡献率（%）	累积贡献率（%）
1	4.394	33.798	33.798	4.394	33.798	33.798	4.004	30.801	30.801
2	3.181	24.471	58.269	3.181	24.471	58.269	2.793	21.485	52.286
3	1.335	10.266	68.535	1.335	10.266	68.535	1.648	12.678	64.964
4	1.187	9.129	77.664	1.187	9.129	77.664	1.326	10.202	75.166
5	1.059	7.379	85.043	1.059	7.379	85.043	1.284	9.877	85.043
6	0.613	4.712	89.755						
7	0.434	3.337	93.092						
8	0.264	2.033	95.125						
9	0.229	1.761	96.886						
10	0.194	1.494	98.380						
11	0.107	0.820	99.200						
12	0.070	0.537	99.737						
13	0.034	0.263	100.000						

3. 计算主成分载荷

分析得出初始成分矩阵（见表 3 - 17），因为各主成分的典型代表变量不突出，指标在几个主成分上均有较高程度的载荷，难以对其经济意义进行合理解释。因此，进一步采用 Varimax 法进行因子旋转，旋转后的因子载荷矩阵如表 3 - 18 所示。

表 3 - 17   初始成分矩阵

指标	成分				
	1	2	3	4	5
X_1：人均农产品市场交易额	0.892	-0.163	-0.282	0.141	0.076
X_2：农产品流通业产值占 GDP 的比重	0.777	0.13	-0.402	0.211	0.295
X_3：农产品批零结构	-0.315	-0.734	0.062	0.161	-0.154
X_4：农产品流通业库存率	-0.374	0.201	-0.199	0.754	-0.349

续表

指标	成分				
	1	2	3	4	5
X_5：农产品流通业周转率	0.403	0.619	0.435	−0.34	0.130
X_6：农产品单位物流周转距离	−0.305	−0.692	0.188	0.078	0.488
X_7：农产品网络零售比重	0.888	−0.287	0.094	0.039	−0.198
X_8：农产品流通企业电子商务交易占比	0.753	−0.355	0.282	0.122	0.113
X_9：移动互联网普及率	0.762	−0.471	0.173	0.092	−0.168
X_{10}：农产品零售业组织化程度	−0.237	0.020	0.680	0.527	0.290
X_{11}：农产品批发业组织化程度	0.111	0.676	−0.296	0.269	0.471
X_{12}：政府干预程度	0.703	0.297	0.208	0.141	−0.193
X_{13}：地方保护程度	0.036	0.849	0.337	0.107	−0.205

表 3 −18   旋转成分矩阵

指标	成分				
	F_1	F_2	F_3	F_4	F_5
X_1：人均农产品市场交易额	0.849*	−0.041	0.368	−0.261	−0.039
X_2：农产品流通业产业占 GDP 的比重	0.624*	0.055	0.690*	−0.214	−0.011
X_3：农产品批零结构	0.025	0.644*	−0.473	0.131	0.187
X_4：农产品流通业库存率	−0.212	0.034	0.061	0.138	−0.917*
X_5：农产品流通业周转率	0.109	0.763*	0.142	0.133	−0.484
X_6：农产品单位物流周转距离	−0.061	−0.766*	−0.100	0.443	−0.236
X_7：农产品网络零售比重	0.938*	0.080	−0.080	−0.136	−0.099
X_8：农产品流通企业电子商务交易占比	0.842*	−0.061	0.003	0.197	−0.222
X_9：移动互联网普及率	0.903*	−0.096	−0.191	−0.013	−0.085
X_{10}：农产品零售业组织化程度	−0.060	0.025	−0.033	0.927*	0.125
X_{11}：农产品批发业组织化程度	−0.155	0.311	0.847*	0.067	0.096
X_{12}：政府干预程度	0.610*	0.547	0.099	0.022	0.034
X_{13}：地方保护程度	−0.167	0.888*	0.094	0.200	0.156

注：旋转法为具有 Kaiser 标准化的正交旋转法；* 表示显著性水平为 5%。

由表 3 − 18 可知，主成分 F_1 与 X_1、X_2、X_7、X_8、X_9 和 X_{12} 显著正相关，相关系数分别为 0.849，0.624，0.938，0.842，0.903 和 0.610；主成分 F_2 与 X_3、X_5 和 X_{13} 显著正相关，相关系数分别为 0.644，0.763 和 0.888，但 F_2 与 X_6 的相

关系数为负值，且 X_6 与其他主成分的相关性均不显著，可以看出 X_6 为负向指标，X_6 指标是农产品流通单位货物距离，单位货物距离越短，代表流通效率越高，流通现代化水平也越高，这与实际经济学现象一致。主成分 F_3 与 X_2 和 X_{11} 显著正相关，相关系数分别为 0. 690 和 0. 847；F_4 与 X_{10} 显著正相关，相关系数为 0. 927；F_5 与 X_4 显著负相关，相关系数为 -0.917，且 X_4 与其他主成分的相关性不显著，也可推断出该指标也是负向指标，X_4 指标是农产品流通业库存率，库存率越高，流通效率越低，也与前面的经济学理论分析一致。

4. 计算主成分得分和综合得分

成分得分系数矩阵如表 3 – 19 所示，据此可得出五个主成分得分的表达式，分别为：

$$F_1 = 0.194X_1 + 0.116X_2 + 0.068X_3 + 0.074X_4 - 0.029X_5 - \cdots - 0.009X_{13}$$

$$F_2 = -0.100X_1 - 0.141X_2 - 0.160X_3 + 0.028X_4 + 0.283X_5 - \cdots + 0.369X_{13}$$

$$F_3 = 0.214X_1 + 0.461X_2 - 0.208X_3 + 0.005X_4 - 0.039X_5 + \cdots - 0.128X_{13}$$

$$F_4 = -0.103X_1 - 0.046X_2 + 0.053X_3 + 0.065X_4 + 0.140X_5 + \cdots + 0.141X_{13}$$

$$F_5 = 0.069X_1 + 0.040X_2 + 0.169X_3 + 0.747X_4 - 0.388X_5 + \cdots + 0.127X_{13}$$

表 3 – 19　　　　　　　　　　成分得分系数矩阵

指标	成分				
	F_1	F_2	F_3	F_4	F_5
X_1：人均农产品市场交易额	0. 194	-0. 100	0. 214	-0. 103	0. 069
X_2：农产品流通业产值占 GDP 的比重	0. 116	-0. 141	0. 461	-0. 046	0. 040
X_3：农产品批零结构	0. 068	-0. 160	-0. 208	0. 053	0. 169
X_4：农产品流通业库存率	0. 074	0. 028	0. 005	0. 065	0. 747
X_5：农产品流通业周转率	-0. 029	0. 283	-0. 039	0. 140	-0. 388
X_6：农产品单位物流周转距离	-0. 020	-0. 328	0. 189	0. 360	-0. 249
X_7：农产品网络零售比重	0. 252	0. 064	-0. 155	-0. 047	0. 061
X_8：农产品流通企业电子商务交易占比	0. 224	-0. 030	0. 000	0. 230	-0. 082
X_9：移动互联网普及率	0. 258	0. 013	-0. 182	0. 038	0. 064
X_{10}：农产品零售业组织化程度	0. 070	0. 010	0. 072	0. 733	0. 064
X_{11}：农产品批发业组织化程度	-0. 080	-0. 077	0. 598	0. 134	0. 008
X_{12}：政府干预程度	0. 181	0. 224	-0. 102	0. 065	0. 127
X_{13}：地方保护程度	-0. 009	0. 369	-0. 128	0. 141	0. 127

由各主成分的得分乘以相应的权重可计算得出综合得分：

$$F = (F_1 \times 0.30801 + F_2 \times 0.21485 + F_3 \times 0.12678$$
$$+ F_4 \times 0.10202 + F_5 \times 0.09877)/0.85043$$

通过上式计算得出 2018 年我国 31 个省份和 4 个区域的主成分得分和综合得分（见表 3 - 20）。

表 3 - 20　　　　2018 年中国分省份和区域农产品流通体系的现代化水平得分

省份和区域	F_1	F_2	F_3	F_4	F_5	F	综合排名
北京	3.5905	− 0.6206	1.4522	0.8904	1.1692	1.6025	1
浙江	2.4942	0.2995	1.3159	1.3076	1.0251	1.4509	2
上海	2.4484	0.2901	0.3117	2.0297	0.2373	1.2774	3
河南	1.2801	0.5678	0.9826	1.4301	2.4843	1.2135	4
河北	1.1248	0.4048	2.7932	1.8316	0.4740	1.2007	5
江苏	1.6215	0.6047	1.4118	1.5274	0.3242	1.1713	6
天津	1.7506	0.6055	0.4036	1.3602	1.3748	1.1699	7
广东	1.8448	0.8073	− 0.3083	1.2468	0.7798	1.0662	8
江西	1.0630	0.4560	1.5048	1.8177	0.9001	1.0470	9
湖南	1.1017	0.5806	1.3467	1.8876	0.5024	1.0311	10
内蒙古	1.1021	0.1034	0.2836	1.4503	3.3222	1.0273	11
重庆	1.3383	0.4302	1.3317	1.6822	0.2121	1.0182	12
山东	1.2163	0.5416	1.0938	1.5458	0.4822	0.9817	13
安徽	1.0981	0.4066	0.9148	1.6037	1.1038	0.9572	14
新疆	1.0657	0.2004	1.1666	1.7341	0.8788	0.9205	15
四川	1.1082	0.6916	0.8542	1.4448	0.2287	0.9032	16
福建	1.4431	0.5979	− 0.1685	1.4401	0.5901	0.8898	17
黑龙江	1.0238	− 0.0430	0.8747	1.6269	1.6813	0.8807	18
山西	0.9182	0.5351	− 0.0071	1.2825	2.0356	0.8568	19
贵州	0.9777	0.2895	0.9478	1.8197	0.3698	0.8297	20
吉林	1.0265	− 0.2216	− 0.4806	1.8968	2.9267	0.8115	21
广西	0.9474	0.4761	0.3777	1.7719	0.5567	0.7968	22
宁夏	1.1120	− 0.1620	1.5162	1.8163	− 0.0881	0.7954	23
辽宁	0.9189	0.2762	0.9931	1.3187	0.4293	0.7586	24

续表

省份和区域	F_1	F_2	F_3	F_4	F_5	F	综合排名
甘肃	1.1134	0.2360	-0.1239	1.8418	0.4394	0.7163	25
云南	0.8842	0.4880	-0.2440	1.5881	0.6088	0.6683	26
湖北	0.9273	0.3215	-0.1115	1.2693	0.6632	0.6296	27
陕西	0.9895	0.2805	-0.2044	1.6056	0.2521	0.6206	28
海南	1.0711	-0.2929	-0.2915	2.5761	-0.4007	0.5329	29
青海	0.6637	-0.5653	0.5502	2.7633	-1.0079	0.3940	30
西藏	0.8680	-3.4608	2.4039	5.1401	-1.4260	0.2494	31
东部地区	1.8605	0.3238	0.8014	1.5756	0.6056	1.1343	1
中部地区	1.0647	0.4779	0.7717	1.5485	1.2816	0.9559	2
东北地区	0.9897	0.0039	0.4624	1.6142	1.6791	0.8169	3
西部地区	1.0142	-0.0827	0.7383	2.0548	0.3622	0.7450	4

从综合得分来看，排在前五位的分别是北京、浙江、上海、河南和河北，得分分别为 1.6025、1.4509、1.2774、1.2135 和 1.2007。排在最后五位的是湖北、陕西、海南、青海和西藏，得分分别为 0.6296、0.6206、0.5329、0.3940 和 0.2494。全国平均分为 0.9184，有 15 个省份超过全国平均水平，16 个省份低于全国平均水平。

分区域来看，东部地区的平均得分最高，为 1.1343 分，在排名前十位的省份中，有七个是东部省份，可以看出东部地区的农产品流通体系的现代化水平最高。排在第二位的是中部地区，平均得分为 0.9559 分，中部六省中，排名最前的是河南（第 4 位），排在最后的是湖北（第 27 位）。排在第三位的是东北地区，平均得分为 0.8169 分，东北地区排名最前的是黑龙江（第 18 位）。西部地区的平均得分最低，仅有 0.7450 分，西部地区排名最前的是内蒙古（第 11 位），在排名后十位的省份中，有七个是西部地区省份，表明中国西部地区的农产品流通体系的现代化水平较低，落后于其他地区。东部地区和中部地区的平均得分超过了全国平均水平，东北地区和西部地区的平均得分低于全国平均水平，区域间的发展较不均衡。

四、时序变化分析

前文仅对 2018 年各省份农产品流通体系的现代化水平进行了测度，未能反映出各省份农产品流通体系现代化水平的时序变化情况以及地区差异的演化情况。为了更全面地剖析中国农产品流通体系现代化水平的时空演进情况，本节尝试对多个年度的数据进行综合评价分析。至于时间跨度的选取，由于本书的研究背景定于数字经济时代，而中国进入数字经济时代的关键基础是移动通信网络的升级换代，尤其是 2014 年 4G 网络的出现所带来的移动网速的跨越式提升，基本突破了移动网速不足的"瓶颈"，促使数字经济正式进入高速发展时期，并且考虑到本书构建的评价指标体系中的关键指标"移动互联网普及率"所需要的"移动互联网用户数"官方数据也刚好是从 2014 年才开始统计。因此，本书将中国进入数字经济时代的时间节点定为 2014 年，选取的研究时间跨度定为 2014 ~ 2018 年。

（一）评价方法的确定

由于上文对 2018 年中国各省份农产品流通体系的现代化测度采用的是主成分分析方法，该方法能对各对象在某一次评价中的相对水平进行对比，以确定各对象的排序情况，但其得分没有绝对意义，若想比较各对象在不同截面的得分高低情况，简单地对每一年份的截面数据运用主成分分析方法进行测度，再来比较各年度的得分高低情况，是没有实际意义的。为了在不改变农产品流通体系现代化水平评价方法的前提下，还能对不同年份的时序变化情况进行比较，本书将以2018 年的测算结果为基准，对 2014 ~ 2017 年的数据进行处理，使其量纲与权重保持一致。具体方法如下：

在无量纲化方法的选择上，由于 2018 年选择的是均值化方法，若 2014 ~ 2017 年同样简单采用均值化方法处理，数据均值都为 1，不同年份之间的数据差异就被完全消除，无法对其进行时序比较，因而采用以 2018 年各指标的均值为基准进行量纲处理，既可消除量纲不一的问题，又能体现出数据的时序差异。具体方法是：

$$x'_{i,j} = \frac{x_{i,j}}{\overline{x}_{2018}} \qquad\qquad (3-2)$$

其中，j 代表年份，j = 2014，2015，2016，2017，$\overline{x}_{2018}$ 代表 2018 年 x_i 的均值 $\overline{x}$。

在指标权重的确定上，为保证不同截面结果的可比性，不再对 2014 ~ 2017 年的数据单独进行主成分分析来确定权重，而是选择 2018 年测算出的指标权重进行计算。

$$\begin{pmatrix} F_{1,j} \\ F_{2,j} \\ \vdots \\ F_{m,j} \end{pmatrix} = (X_{1,j}, \ X_{2,j}, \ \cdots, \ X_{n,j}) \begin{pmatrix} a_{11} & \cdots & a_{1n} \\ \vdots & \ddots & \vdots \\ a_{m1} & \cdots & a_{mn} \end{pmatrix} \qquad (3-3)$$

其中，j 代表年份，$j = 2014$，2015，2016，2017，$\begin{pmatrix} a_{11} & \cdots & a_{1n} \\ \vdots & \ddots & \vdots \\ a_{m1} & \cdots & a_{mn} \end{pmatrix}$ 代表 2018 年的成分得分矩阵。

采用上述方法测算的结果，既可保证得分的客观性和合理性，又可保证不同年份间数据的可比性，克服了主成分分析方法所得结果无绝对意义的局限。

（二）时序结果分析

通过以上方法的测算，2014～2018 年中国各省份和区域农产品流通体系现代化水平综合得分结果如表 3-21 所示。

表 3-21　　　2014～2018 年中国各省份和区域农产品流通体系现代化水平综合得分

省份和区域	2014 年	2015 年	2016 年	2017 年	2018 年	平均
北京	1.1703	1.2440	1.4260	1.5840	1.6025	1.4054
天津	0.9371	1.0389	1.0595	1.1205	1.1699	1.0652
河北	0.7656	0.8780	0.9812	1.1036	1.2007	0.9858
山西	0.7369	0.7420	0.7613	0.7889	0.8568	0.7772
内蒙古	0.5299	0.8692	1.1540	0.9809	1.0273	0.9122
辽宁	0.5811	0.5936	0.6363	0.8495	0.7586	0.6838
吉林	0.9833	1.0749	1.1177	1.0818	0.8115	1.0139
黑龙江	0.8772	0.9504	1.1070	1.0843	0.8807	0.9799
上海	1.0565	1.1070	1.1151	1.1897	1.2774	1.1492
江苏	1.1308	1.1298	1.1495	1.1643	1.1713	1.1491
浙江	1.3821	1.4184	1.4591	1.4627	1.4509	1.4346
安徽	0.8494	0.8355	0.8259	0.9360	0.9572	0.8808
福建	0.8156	0.7849	0.7253	0.7953	0.8898	0.8022
江西	1.0465	1.1246	1.2571	1.1558	1.0470	1.1262
山东	0.9047	0.9138	0.9357	0.9275	0.9817	0.9327

省份和区域	2014 年	2015 年	2016 年	2017 年	2018 年	平均
河南	0.8719	0.8784	0.9338	1.1785	1.2135	1.0152
湖北	0.6950	0.7125	0.7450	0.6423	0.6296	0.6849
湖南	0.7906	0.8705	0.9387	0.9929	1.0311	0.9248
广东	1.0092	1.0202	1.0583	1.0582	1.0662	1.0424
广西	0.7459	0.7848	0.7848	0.7800	0.7968	0.7785
海南	0.5797	0.7258	0.5628	0.6313	0.5329	0.6065
重庆	0.9345	1.0178	1.0166	0.9908	1.0182	0.9956
四川	0.8826	0.9902	0.9824	0.8927	0.9032	0.9302
贵州	0.6940	0.6834	0.8247	0.7863	0.8297	0.7636
云南	0.5467	0.6580	0.7689	0.6731	0.6683	0.6630
西藏	−0.4819	−0.2460	0.0661	0.1998	0.2494	−0.0425
陕西	0.5013	0.5593	0.6224	0.6275	0.6206	0.5862
甘肃	0.4891	0.5694	0.6620	0.6932	0.7163	0.6260
青海	−0.1055	0.1784	0.3230	0.2872	0.3940	0.2154
宁夏	0.9654	0.8408	0.7509	0.7671	0.7954	0.8239
新疆	0.6105	0.7343	0.8336	0.9235	0.9205	0.8045
东部地区	0.9752	1.0261	1.0472	1.1037	1.1343	1.0573
中部地区	0.8317	0.8606	0.9103	0.9491	0.9559	0.9115
东北地区	0.8139	0.8730	0.9537	1.0052	0.8169	0.8925
西部地区	0.5260	0.6366	0.7324	0.7168	0.7450	0.6714
全国平均	0.7579	0.8285	0.8898	0.9145	0.9184	0.8618

从表 3-21 可以看出，2014~2018 年，随着时间的推进，除少数省份在个别年份有下降之外，各省份农产品流通体系的现代化水平呈逐年上升趋势，全国的平均得分也呈逐年增长趋势。分区域来看，东部地区、中部地区和西部地区的平均得分都呈逐年上升趋势，而东北地区的平均得分在 2015~2017 年的增长势头较强，且平均得分超过了中部地区，但在 2018 年有较大幅度下降，又被中部地区超越。整体而言，东部地区农产品流通体系的现代化水平最高，其后依次是中部地区、东北地区，水平最低的是西部地区。

下面将进一步分析各省份的排名变化及增长幅度情况（见表 3-22）。

表 3 - 22　　　2014～2018 年中国各省份农产品现代体系的现代化水平排名变化

省份	现代化水平（分）					现代化水平排名					得分升降（分）	位次升降
	2014年	2015年	2016年	2017年	2018年	2014年	2015年	2016年	2017年	2018年	2018年较2014年	2018年较2014年
北京	1.17	1.24	1.43	1.58	1.60	2	2	2	1	1	0.43	1
浙江	1.38	1.42	1.46	1.46	1.45	1	1	1	2	2	0.07	-1
上海	1.06	1.11	1.12	1.19	1.28	4	5	7	3	3	0.22	1
河南	0.87	0.88	0.93	1.18	1.21	14	13	16	4	4	0.34	10
河北	0.77	0.88	0.98	1.10	1.20	18	14	13	8	5	0.44	13
江苏	1.13	1.13	1.15	1.16	1.17	3	3	5	5	6	0.04	-3
天津	0.94	1.04	1.06	1.12	1.17	9	7	9	7	7	0.23	2
广东	1.01	1.02	1.06	1.06	1.07	6	8	10	11	8	0.06	-2
江西	1.05	1.12	1.26	1.16	1.05	5	4	3	6	9	0.00	-4
湖南	0.79	0.87	0.94	0.99	1.03	17	15	14	12	10	0.24	7
内蒙古	0.53	0.87	1.15	0.98	1.03	27	16	4	14	11	0.50	16
重庆	0.93	1.02	1.02	0.99	1.02	10	9	11	13	12	0.08	-2
山东	0.90	0.91	0.94	0.93	0.98	11	12	15	16	13	0.08	-2
安徽	0.85	0.84	0.83	0.94	0.96	15	18	18	15	14	0.11	1
新疆	0.61	0.73	0.83	0.92	0.92	23	22	17	17	15	0.31	8
四川	0.88	0.99	0.98	0.89	0.90	12	10	12	16	16	0.02	-4
福建	0.82	0.78	0.73	0.80	0.89	16	19	25	20	17	0.07	-1
黑龙江	0.88	0.95	1.11	1.08	0.88	13	11	8	9	18	0.00	-5
山西	0.74	0.74	0.76	0.79	0.86	20	21	22	21	19	0.12	1
贵州	0.69	0.68	0.82	0.79	0.83	22	25	19	22	20	0.14	2
吉林	0.98	1.07	1.12	1.08	0.81	7	6	6	10	21	-0.17	-14
广西	0.75	0.78	0.78	0.78	0.80	19	20	20	23	22	0.05	-3
宁夏	0.97	0.84	0.75	0.77	0.80	8	17	23	24	23	-0.17	-15
辽宁	0.58	0.59	0.64	0.85	0.76	24	27	27	19	24	0.18	0
甘肃	0.49	0.57	0.66	0.69	0.72	29	28	26	25	25	0.23	4
云南	0.55	0.66	0.77	0.67	0.67	26	26	21	26	26	0.12	0
湖北	0.70	0.71	0.75	0.64	0.63	21	24	24	27	27	-0.07	-6

省份	现代化水平（分）					现代化水平排名					得分升降（分）	位次升降
	2014年	2015年	2016年	2017年	2018年	2014年	2015年	2016年	2017年	2018年	2018年较2014年	2018年较2014年
陕西	0.50	0.56	0.62	0.63	0.62	28	29	28	29	28	0.12	0
海南	0.58	0.73	0.56	0.63	0.53	25	23	29	28	29	-0.05	-4
青海	-0.11	0.18	0.32	0.29	0.39	30	30	30	30	30	0.50	0
西藏	-0.48	-0.25	0.07	0.20	0.25	31	31	31	31	31	0.73	0

注：得分升降表示得分提高（降低）的分数，正值表示提高，负值表示下降。位次升降表示排名位次上升（下降）的位数，正值表示排名位次提高，负值表示排名位次降低。因表格篇幅限制，现代化水平得分仅保留小数点后两位。

2014～2018年，在得分升降方面，吉林、宁夏、湖北和海南四个省份的农产品流通体系的现代化水平得分有一定程度下降，分别降低了0.17分、0.17分、0.07分和0.05分，而其他省份的得分都有不同程度的上升，其中，上升程度最高的三个省份是西部地区的西藏、青海和内蒙古，得分分别提高了0.73分、0.50分和0.50分。这反映出虽然西部地区的整体水平较低，但增长速度较快，地区间的不平衡程度有改善趋势。在排名变化方面，排名位次上升最快的五个省份分别是内蒙古、河北、河南、新疆和湖南，位次分别上升了16位、13位、10位、8位和7位；排名位次下降最多的四个省份是宁夏、吉林、湖北和黑龙江，分别下降了15位、14位、6位和5位。从综合得分和排名变化情况来看，东北三省的情况不容乐观，黑龙江、吉林和辽宁在2018年的排名分别是第18位、第21位和第24位，较2014年分别降低了5位、14位和0位，而得分也没有明显提高，农产品流通体系的现代化发展速度明显慢于其他地区，这与近几年东北三省的经济发展情况基本符合。

五、地区差异分析

通过上节的分析，能粗略了解到地区间的发展情况存在较大差异，地区间存在着较明显的发展不平衡现象，那么随着时间的推进，地区间的不平衡状况是否有所改善呢？为更清晰地了解这一情况，本节将对各地区农产品流通体系现代化水平的地区差异进行测度。

（一）测度方法的选择

本节参照张平等（2017）[①] 对中国农村服务业发展水平地区差异分析的方法，选择基尼系数（Gini）、泰尔指标（GE_1）和对数离差均值（GE_0）三个指标来测度农产品流通体系现代化水平的地区差异。反映农产品流通体系现代化水平地区差异的基尼系数计算公式为：

$$Gini = \frac{-(n+1)}{n} + \frac{2}{n^2 \mu_y} \sum_{i=1}^{n} i y_i \qquad (3-4)$$

其中，n 代表样本的数目，y_i 表示经过农产品流通体系现代化水平由低到高排列后第 i 个个体的得分水平，μ_y 是农产品流通体系现代化水平的平均值。

泰尔指数是用来计算收入不平等时采用的方法，其使用的指标为对数离差均值（GE_0）和泰尔指标（GE_1）。泰尔指数也经常被用来衡量地区间不平等度。对数离差均值（GE_0）和泰尔指标（GE_1）能够直接分解为组间和组内的水平差距。其计算公式为：

$$GE_0(y) = \frac{1}{N} \sum_{i=N} \ln \frac{\mu}{y_i} \qquad (3-5)$$

$$GE_1(y) = \frac{1}{N} \sum_{i=N} \frac{y_i}{\mu} \ln \frac{y_i}{\mu} \qquad (3-6)$$

其中，N 为地区个数，μ 为全国农产品流通体系现代化水平的平均值，y_i 为各地区农产品流通体系现代化水平的变量值。

这三种方法对不同水平数据的变化敏感度不同，泰尔指标一般对上等水平的数据变化比较敏感，对数离差均值对下等水平的数据变化较为敏感，而基尼系数对中等水平的数据变化比较敏感，同时选用这三种方法能够较为全面地度量农产品流通体系现代化水平的地区差异。

（二）地区差异结果分析

通过上述方法对 2014～2018 年农产品流通体系现代化水平的地区差异进行测度，结果如表 3-23 所示。

2014～2018 年，伴随着中国农产品流通体系现代化平均水平的提高，地区间的差异也呈逐年缩小趋势。不考虑 2014 年和 2015 年（因这两年的西藏数据做了处理），2016 年 Gini、GE_0 和 GE_1 三个指标分别为 0.1757、0.0944 和 0.0618，

[①]　张平，孙伟仁，邹德林等 . 中国农村服务业发展的理论与实证研究［M］. 大连：东北财经大学出版社，2017.

2018 年分别缩小到 0.1706、0.0578 和 0.0503，缩小幅度分别为 2.87%、38.71% 和 18.59%。由此可以看出，中国农产品流通体系现代化水平的地区不平衡状况在不断改善，但改善程度呈逐年降低趋势。

表 3 − 23　　　　　2014 ~ 2018 年中国农产品流通体系现代化水平的地区差异

指标	2014 年	2015 年		2016 年		2017 年		2018 年	
	数值	数值	降幅（%）	数值	降幅（%）	数值	降幅（%）	数值	降幅（%）
最大值	1.3821	1.4184		1.4591		1.5840		1.6025	
最小值	− 0.4819	− 0.2460		0.0661		0.1998		0.2494	
平均值	0.7579	0.8285		0.8898		0.9145		0.9184	
Gini	0.2322	0.1889	18.65	0.1757	7.01	0.1704	3.04	0.1706	− 0.17
GE_0	0.4783	0.2778	41.93	0.0944	66.02	0.0667	29.32	0.0578	13.28
GE_1	0.1280	0.0846	33.86	0.0618	26.97	0.0539	12.74	0.0503	6.71

　　注：西藏在 2014 年和 2015 年的得分是负值，无法直接进行分析，对其值做了近似于 0 的正向处理；降幅表示与上一年度数值的同比降低幅度。

第三节　中国农产品流通体系现存的问题

　　中国农产品流通体系在信息传导、流通模式、流通产业结构、流通基础设施、农产品质量安全等方面仍存在一些问题，如何解决这些问题，成为数字经济时代中国农产品流通体系建设的关键。

一、农产品市场信息传导不畅

　　完善的农产品流通体系要求实现适销对路的农产品有效供给，这样才能使农民生产的农产品畅销，在满足消费者需求的同时，提高农民收入。要做到适销对路，农产品流通环节应充分发挥信息传导（包括传递和导向）的职能，传递准确的市场供求信息和农产品价格信息，从而引导农户调整农产品生产规模和生产结构。但我国农产品流通产业长期存在信息化程度低下、供求信息不准确、价格形成功能不健全、信息传递不通畅等问题，农户在不了解市场需求的情况下盲目生产，信息的不对称导致生产与消费脱节。近些年，农产品市场出现了"蒜你狠"和"蒜你惨"等价格"过山车"现象，以蔬菜零售价格为例，2011 年 1 月 ~

2020 年 12 月，与上月同期比，蔬菜价格上涨或下跌幅度高于 10% 的月份达 36 个，占样本总数的 30%；与上年同期比，其价格上涨或下跌幅度高于 10% 的月份达 47 个，占样本总数的 39.02%。① 农产品价格非理性剧烈波动的现象就是典型的"价格上涨—跟风种植—价格下跌—种植减少"恶性循环局面。同时，由于流通商与消费者之间的信息不对称，流通商可以利用其信息优势在农产品进货价格下跌时，不下调农产品的销售价格或者使销售价格下降幅度小于进货价格下降幅度，以获取超额利润，这也是"菜贱伤农、菜贵伤民"同时出现现象的原因之一。在此过程中，农产品产量的大起大落也给一些贸易商和社会游资投机的机会，通过囤积来"调控"供给，制造供不应求的假象来哄抬产品价格以获取超额收益，这样既损害了消费者和农户的利益，也对农业生产和农产品流通产业的健康发展不利。这一局面的出现正是由于供给端（包括生产与流通）与需求端的信息不对称导致的。

二、农产品流通模式亟待创新

完善的农产品流通体系需要实现促进农民增收的目标，需要以农产品流通成本的降低、农产品流通效率的提高作为保障。有数据显示，2017 年我国农产品批发市场在农产品交易中的占有率为 66.9%，而这一比例在 2012 年为 75% 左右。② 这就意味着绝对多数的农产品流通都是采用"农户—产地经销—批发市场—零售商—消费者"的模式。出现这种情况的原因主要是缘于我国农产品"小生产"与"大市场"的矛盾。由于我国户均耕地面积小、土地分散，我国九大农业区③劳均种植面积最大的东北平原区为 0.89 公顷，最小的华南区为 0.22 公顷，而美国、法国、日本的劳均承担耕地资源面积为 56.51、28.98、2.64 公顷。④ 我国碎片化的农业产能，也孕育出了较为复杂的流通体系。由于以农产品批发市场为核心的流通模式能有效解决农产品"小生产"与"大市场"的矛盾，所以其在我国农产品流通体系中具有极其重要的地位。但是，由于当前主要农产品流通模式普遍存在流通环节过多、渠道过于冗长的问题，经层层加价，加之流

---

① 根据国家统计局国家数据库"月度数据"中的"鲜菜类居民消费价格指数"整理计算得出。

② 参阅前瞻产业研究院发布的《2018 年农产品流通市场现状与发展前景分析》，https://www.qianzhan.com/analyst/detail/220/180308 - e060dd88.html。

③ 中国九大农业区包括：北方干旱半干旱区、东北平原区、云贵高原区、华南区、四川盆地及周边地区、长江中下游地区、青藏高原区、黄土高原区、黄淮海平原区。

④ 苏昕，王可山，张淑敏．我国家庭农场发展及其规模探讨：基于资源禀赋视角［J］．农业经济问题，2014，35（5）：8 – 14.

通成本高（人工费、运输费、存储费、加工费、卫生费、摊位费、进场费以及农产品的损耗等）、流通效率低等弊端，导致"菜贱伤农、菜贵伤民"现象，所以在当前数字经济时代背景下，农产品市场呈现的农产品"三量齐增"怪象、"高品质农产品短缺、劣质农产品过剩"悖论以及农民"增产不增收"困局，并不能依靠现有的流通模式予以解决。

三、农产品流通产业结构有待优化

中国农产品流通市场上，农产品批零规模结构对农产品流通效率有显著负向影响，对农产品价格波动有显著正向影响（孙伟仁等，2019）。当前，我国生鲜农产品近70%是通过批发市场进行流通，批发市场的经由率过高，且我国绝大多数农产品批发市场仍然没有摆脱摊位制、粗放式的低组织化运行状态，并且农产品批发商的组织化程度也较低，批发环节的综合管理运营能力较弱，这在一定程度上制约着农产品流通效率的提升，从而引致了农产品价格的剧烈波动。尽管在流通技术不断发展的数字经济时代，批发商和零售商之间的最优比例结构也许并不存在，即使是在流通效率较高的欧美国家和日本，批零结构数值本身也存在巨大差异，但当前我国农产品流通结构不合理导致农产品流通效率低下、农产品价格剧烈波动也是无法忽视的现实问题。

四、农产品流通产业链集成程度较低

完善的农产品流通体系需要实现农产品产业链的高效整合和顺畅运转。农产品因其鲜活易腐的特性，要求流通环节比工业品更加顺畅和高效，所以更应该对农产品产业链进行有效集成和管理。但是，农产品流通主体规模小、实力弱，流通商组织化程度低，缺少发挥产业链核心作用的流通主体，导致农产品产业链管理难以实现。农产品流通主体包括农民合作社、农产品批发商、农产品零售商、物流服务提供商及消费者合作社等。尽管经过长期发展，各农产品流通主体的规模与实力都有所增加，但在我国农产品流通渠道中，绝大多数都是小规模的流通商，农产品专业物流服务企业数量极少，农产品流通组织的规模化程度偏低。农民合作社的发展取得了一定成效，截至2019年末，依法在工商部门注册的农民合作社数量为220.1万家，入社农户超过1亿户，占全国总农户数近50%，社均成员约60户。① 但农民合作社的运营管理能力普遍偏低，与产业链上、下游的合

---

① 农业农村部：全国登记合作社220万家 辐射近半农户［N］.新京报，2019－09－29.

作不紧密，致使整个农产品产业链上各主体的合作较为松散，缺乏长期合作的动力，亦没有流通主体具备协调供应链的能力，农产品产业链之间衔接不畅，导致无法通过农产品产业链的整合来降低流通成本，实现流通环节保值增值。

五、农产品流通基础设施建设滞后

农产品流通基础设施是农产品流通体系发展的重要基础保障。农产品流通基础设施主要包括道路交通设施、仓储物流设施、交易场地设施、商务服务设施等。随着我国新农村建设的推进，农村的道路交通条件得到了大幅改善，尽管农产品流通的道路交通条件仍有较大提升空间，但这已然不是最薄弱的环节，最薄弱及最迫切需要改善的是仓储物流、交易场所及其配套服务环节。在农产品流通中起主导作用的农产品批发市场管理中，大多都仅停留在出租摊位以提供交易场所的模式上，服务功能单一，在农产品分拣整理、冷藏储运、质量检测、电子核算、金融服务、信息发布等方面的设施建设严重滞后（许军，2013）[1]；在仓储物流环节，普遍缺乏冷冻冷藏设备和技术以及现代化的储运设施，有数据显示，当前我国果蔬、肉类、水产品的冷藏运输率分别为35%、57%、69%，而发达国家平均冷藏运输率高达90%以上，而发达国家（部分欧洲国家、美国、日本等）肉禽冷链流通率已经达到100%，蔬菜、水果冷链流通率达90%以上。[2] 流通基础设施建设滞后已经严重制约我国农产品流通体系的现代化发展，是急需攻克的难题。

六、农产品质量安全追溯功能不完善

近年来，中央对农产品质量安全问题持续关注，如2018年《中共中央 国务院关于实施乡村振兴战略的意见》强调"实施食品安全战略，完善农产品质量和食品安全标准体系，加强农业投入品和农产品质量安全追溯体系建设，健全农产品质量和食品安全监管体制，重点提高基层监管能力"，2020年强调"强化全过程农产品质量安全和食品安全监管，建立健全追溯体系，2021年再次强调"加强农产品质量和食品安全监管"。农产品安全不仅涉及农业生产环节，加工与流通环节也是安全问题产生的主要源头。尽管我国政府早已制定了农产品质量安全市场准入制度和追溯制度，但对于农产品质量安全来说，机制比制度更重要，而

---

[1] 许军. 我国农产品流通面临的突出问题与应对思路 [J]. 经济纵横，2013（3）：92-95，99.
[2] 数据来源：中国物流与采购联合会冷链物流专业委员会公开数据。

我国现阶段的农业生产方式、农产品经营模式及流通形式导致农产品质量认证和安全追溯工作很难开展，食品安全监控机制仍不健全。农产品流通作为农产品从"田头到餐桌"过程中最重要的中间环节，其对农产品质量安全应发挥监测、控制、溯源作用，但由于我国农产品流通秩序混乱、渠道过宽、信息化程度低、安全管理体系不完善等方面的原因，其对农产品的安全监控功能没能有效发挥，这也是当前我国农产品流通体系发展的主要困境之一。

第四节　数字经济时代中国农产品流通体系面临的机遇与挑战

一、发展机遇

（一）政策导向提供了良好发展环境

围绕农产品流通体系中存在的冷链建设滞后、农产品质量追溯不完善、交易市场建设粗放等短板问题，2020年《中共中央 国务院关于抓好"三农"领域重点工作确保如期实现全面小康的意见》提出了启动农产品仓储保鲜冷链物流设施建设工程，强化全过程农产品质量安全和食品安全监管，建立健全追溯体系等政策措施；2021年《中共中央 国务院关于全面推进乡村振兴加快农村现代化的意见》提出了推进公益性农产品市场和农产品流通骨干网络建设，推进田头小型仓储保鲜冷链设施、产地低温直销配送中心、国家骨干冷链物流基地建设等指导意见；习近平总书记2020年9月9日主持召开的中央财经委员会第八次会议强调流通体系在国民经济中发挥着基础性作用，构建以国内大循环为主体、国内国际双循环相互促进的新发展格局，必须把建设现代流通体系作为一项重要战略任务来抓。[①] 农产品流通体系作为现代流通体系的重要组成部分，将迎来一系列重要的政策利好。

（二）数字技术提供了全新发展动力

移动互联网、物联网、大数据、人工智能等新型数字技术快速迭代发展，数字产业化应用深入推进，数字技术不断向农产品流通领域延伸，以往制约其发展的"瓶颈"不断被打破，技术创新促进流通业态创新和流通模式创新，"互联网＋"

---

① 林火灿. 打通经济循环堵点 建设现代流通体系 ［N］. 经济日报, 2020 – 10 – 19 （001）. DOI: 10. 28425/n. cnki. njjrb. 2020. 010273.

"大数据＋"等产业数字化应用将驱动农产品流通产业的数字化转型，为农产品流通体系的现代化建设注入全新动力。

（三）消费升级提供了广阔发展空间

2020 年，中国人均 GDP 连续两年超过 1 万美元，居民人均可支配收入 32189 元。[①] 随着经济的不断增长和收入的不断提高，居民的消费水平和消费结构发生了深刻变化，消费者对农产品的质量、品牌和相关服务更加关注，农产品消费需求呈现绿色化、生态化、多元化、便捷化趋势，从而对农产品流通中冷链仓储、物流配送、质量追溯、营销体验等提出了更高要求，农产品的消费升级将引导农产品流通体系的变革，以适应消费市场的需求。

（四）乡村振兴提供了扎实发展基础

随着乡村振兴战略的全面推进，农村地区作为农产品生产和流通主阵地，其道路交通、通信网络、仓储物流等基础设施水平大幅提升，为农产品流通畅通运行提供了重要的基础条件；农业现代化水平显著提高，农产品的规模、种类、质量等得到有效保证，农产品商品化率不断提升，流通客体的稳步发展为农产品流通体系的发展提供了商品保障。

二、面临挑战

（一）农产品流通体系现存问题依然严峻

农产品流通渠道长、环节多、损耗大、成本高、效率低等问题依然突出，农产品市场上质量安全、价格剧烈波动、"卖难买贵"等问题仍不鲜见，传统流通模式仍然占据绝对主导地位，产业粗放发展方式未从根本上改变，现代交易方式应用程度不高，从业者的文化程度和组织化程度较低，反映出我国农产品流通体系仍然很不完善。

（二）农产品流通数字化转型相对滞后

以电子商务、新零售为代表的新业态快速推动了流通领域的数字化转型，降低了流通成本，提高了流通效率，而相对工业品流通领域而言，农产品流通领域的数字化转型则较为滞后。受制于农产品标准化程度不高、易腐等特性，农产品领域采用电子商务、生鲜配送等方式的成本相对较高，且质量的参差不齐难以保证为消费者提供良好体验。具备成熟盈利模式的农产品电商企业数量不多，农产

---

① 《中华人民共和国 2020 年国民经济和社会发展统计公报》。

品流通商的信息化程度普遍不高，数据采集与利用率较低，其数字化转型仍处于起步阶段。

（三）农产品国际竞争日益加剧

近年来，国际贸易环境更加复杂，多边主义受到较大冲击，国际农产品市场的波动性、不确定性更加突出，给中国农产品市场带来了重大挑战，使农产品流通体系应对复杂国际环境、实现供需平衡的难度更大。中国大宗农产品缺乏国际竞争力，特色农产品的附加值不高，农产品进出口长期处于贸易逆差状态，农产品国际循环不通畅。

第五节　本章小结

本章首先从流通规模、流通市场结构、流通主体、流通基础设施、流通政策等方面系统分析、客观描述我国农产品流通体系的发展现状与演进趋势；并从规模水平、结构水平、效率水平、数字化水平、组织化水平和政策体制水平六个层面系统构建数字经济时代农产品流通体系现代化水平的评价指标体系，对2014～2018年中国农产品流通体系的现代化水平进行实证测度，分析其时序变化与地区差异。其次，在此基础上，对我国农产品流通体系现存的问题进行了梳理。最后，对数字经济时代中国农产品流通体系面临的机遇与挑战进行了分析。

通过对中国农产品流通体系发展历程和发展现状的定量分析，结果表明：在总体规模方面，中国农产品产量稳步增长，商品化率不断提高。在流通市场结构方面，农产品交易市场结构逐步改善，其中，综合市场数量在2000～2019年，总体上呈逐年下降趋势，而专业市场数量在2012年之前呈上升趋势，2012年之后呈下降趋势，专业市场占农产品批发市场的比例自2000年的28.15%上升到2019年的55.66%；同时，农产品交易市场上，总成交规模和单体成交规模均呈上升趋势，但我国农产品交易市场的空间布局仍不平衡，东部地区的各类农产品批发市场占全国的比例均在50%以上，东北地区、中部地区和西部地区分布较少。在流通主体方面，自产自销的农民数量逐年减少；农产品经纪人的经营能力逐渐提高，农民合作社发展迅猛，2019年末，在工商部门注册的农民合作社数量为220.1万家；农产品经销企业稳步发展，其数量和经营总规模呈逐渐上升趋势，但单个农产品经销企业的销售规模并未明显扩大，行业集中度有下降趋势。在流通基础设施方面，我国道路交通设施和通信网络基础设施发展迅速；物流运输高速发展，物流"降本增效"成果显著；冷库、冷藏车、冷链基地等农产品冷链基础设施虽发展较快，但相比发达国家而言仍有一定差距。

通过对2014～2018年中国农产品流通体系现代化水平的综合评价，结果表明：从2018年综合得分来看，排在前五位的分别是北京、浙江、上海、河南和河北，得分分别为1.6025、1.4509、1.2774、1.2135和1.2007，排在最后五位的是湖北、陕西、海南、青海和西藏，得分分别为0.6296、0.6206、0.5329、0.3940和0.2494。分区域来看，东部地区的平均得分最高，为1.1343分，并且排在前十位省份中，有七个是东部省份；排在第二位的是中部地区，平均得分为0.9559分；排在第三位的是东北地区，平均得分为0.8169分，排名最靠前的是黑龙江（第18位）；西部地区的平均得分最低，仅有0.7450分。

通过对2014～2018年的时序动态分析发现，随着时间的推进，除少数省份在个别年份有下降之外，各省份农产品流通体系的现代化水平呈逐年上升趋势，全国的平均得分也呈逐年增长趋势。通过地区差异分析发现，2014～2018年，伴随着中国农产品流通体系现代化平均水平的提高，地区间的差异也呈逐年缩小趋势，地区间的不平衡状况在不断改善，但改善程度呈逐年降低趋势。

通过对我国农产品流通体系现存问题的梳理，本书认为我国农产品流通体系在信息传导、流通模式、流通产业结构、流通基础设施、农产品质量安全等方面仍存在一些问题，亟待对其进行变革或重构。

第四章　中国农产品流通体系
发展的经济效应研究

　　流通业作为国民经济的基础产业、支柱产业和先导产业，其发展对国民经济增长（马强文和申田，2017)[1]、产业结构调整（王敬斋，2017[2]；彭红丽和张无畏，2017[3]）以及就业（黄雨婷，2017)[4] 等方面产生了着重要经济效应，而农产品流通作为连接农民农业生产和居民农产品消费的关键枢纽环节，除了在经济增长、产业结构调整和就业等方面产生重要影响之外，还关系到国计民生问题，在农民增收和农产品价格稳定方面发挥着重要作用。当前，我国农产品市场上，最为严峻的问题就是农产品价格的剧烈波动以及"两头叫、中间笑"（农民抱怨不增收，消费者抱怨菜价高，流通中间商挣钱多）现象，而学者们普遍认为此问题的根源在于农产品流通环节（孙侠和张闯，2008[5]；李世杰等，2016[6]；李连英和郭锦墉，2017[7]）。然而，对农产品流通体系发展的农民增收效应和价格稳定效应作用机理的深入研究并不多见，实证研究则更少。本章将从农产品市场上现象性问题的分析入手，对农产品流通体系对农产品价格波动和农民收入的影响机理进行深入分析，并对相关理论假说进行实证检验，以明晰为实现农产品价格稳定和农民增收的经济目标对农产品流通体系提出的要求，从而为数字经济时代中国农产品现代流通体系的建设提供方向和理论依据。

---

　　① 马强文，申田. 中国流通业的经济增长效应分析：理论与实证 [J]. 宏观质量研究，2017，5 (1)：35 -46.
　　② 王敬斋. 供应链视角下商贸流通业集聚对产业转型升级的作用研究 [J]. 商业经济研究，2017 (6)：193 -195.
　　③ 彭红丽，张无畏. 论商贸流通业对我国产业结构的优化作用 [J]. 商业经济研究，2017 (2)：177 -179.
　　④ 黄雨婷. 我国流通业外资进入的就业效应研究 [J]. 财经研究，2017，43 (3)：121 -132，145.
　　⑤ 孙侠，张闯. 我国农产品流通的成本构成与利益分配：基于大连蔬菜流通的案例研究 [J]. 农业经济问题，2008 (2)：39 -48.
　　⑥ 李世杰，校亚楠，沈媛瑶，高健. 农民专业合作社能增大农户在流通渠道中的影响力吗：基于海南8个市县的问卷调查 [J]. 农业技术经济，2016 (9)：50 -59.
　　⑦ 李连英，郭锦墉. 蔬菜流通渠道信任、承诺、关系行为与合作绩效：基于零售商的视角 [J]. 农业技术经济，2017 (3)：25 -32.

第一节　农产品流通对农产品价格波动的影响研究

近年来，农产品市场出现的"蒜你狠"和"蒜你惨"等价格"过山车"以及"贱卖贵买"现象引发了社会各界的广泛关注，农产品价格的非理性剧烈波动对农业良性发展、农民收入增长、物价水平稳定和社会秩序和谐等有较大危害。据国家统计局发布的商品零售价格分类指数显示，2005~2019 年，农产品零售价格波动幅度较大，年平均波动幅度达到 7.02%，其中，生鲜农产品价格波动更加剧烈（见图 4-1）。

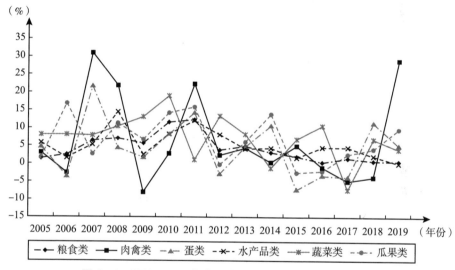

图 4-1　2005~2019 年中国农产品零售价格指数变化趋势

注：纵坐标数据为各年的零售价格指数减去 100 所得数值，用以表征价格同比变化比例。
资料来源：国家统计局国家数据库（https：//data. stats. gov. cn/index. htm）。

供需失衡、游资炒作、货币因素、大宗商品金融化等被视为农产品价格剧烈波动的几大主要原因（周明华，2014[①]；刘国栋和苏志伟，2018[②]；陈丹妮，

[①]　周明华. 中国农产品价格波动：供需因素还是货币因素？[J]. 财经问题研究，2014（8）：125-129.
[②]　刘国栋，苏志伟."菜篮子"农产品价格投机泡沫：证据、特征与启示[J]. 上海财经大学学报，2018，20（2）：100-115.

2014①；李书彦，2014②）。然而，作为连接产销、调节供求矛盾的流通环节在此过程中起到什么样的作用呢？平抑还是加剧了价格波动？为此，本书对比分析了农产品零售价格波动变化与农产品批发价格波动变化（见图4-2）。2005年1月~2018年4月，与农产品批发价格呈"锯齿状"较剧烈波动的特征不同的是，农产品零售价格呈现出较为平缓的震荡上升趋势，其波动幅度明显小于农产品批发价格波动幅度。这是否意味着零售端对批发端的价格波动起到了一定的平抑作用？针对这一现象，朱勤和俞航东（2013）通过实证研究发现，零售商与批发商之间存在市场势力不对等情况，零售商可以通过信息的不对称提升其市场势力的溢价水平，当价格处于上升阶段时，零售商跨期价格上涨幅度大于价格处于下降阶段时零售商跨期价格的下跌幅度，因而会导致零售价格波动幅度小于批发价格波动幅度，起到一定的平抑作用。③

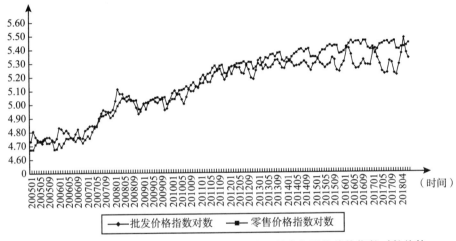

图4-2 2005年1月~2018年4月中国农产品批发与零售价格指数对数趋势

资料来源：农产品批发价格指数来自原农业部信息中心主办的全国农产品批发市场价格信息系统（http：//pfscnew. agri. gov. cn/），农产品零售价格指数用国家统计局国家数据库（https：//data. stats. gov. cn/index. htm）中的食品零售价格指数表示。

在此，有两个问题引起了笔者的兴趣：（1）既然已有研究表明零售商对价格波动有一定的平抑作用，那么现实中时常发生的生鲜农产品市场的零售价格剧烈

---

① 陈丹妮. 货币政策、通胀压力与农产品价格 [J]. 中国软科学，2014 (7)：185-192.
② 李书彦. 大宗商品金融化对我国农产品贸易条件的影响 [J]. 农业经济问题，2014，35 (4)：51-57，111.
③ 朱勤，俞航东. 零售市场中的价格波动与市场势力 [J]. 中国工业经济，2013 (10)：121-133.

波动是什么因素引起的呢？① 流通端（包括零售端和批发端）对价格波动所发挥的作用及其影响机理是怎样的呢？（2）虽然零售商能够在商品价格处于下跌通道的时候，运用其市场势力缩小零售价格下跌幅度来提升溢价水平，但这并不能完全解释生鲜农产品市场上时常发生的"贱卖贵买"（指生产端卖出价格很低，而消费者购买价格即零售端售出价格却很高）的现象。因为在大量零售商之间存在激烈竞争、互联网时代信息搜寻成本大幅降低以及政府政策对非法扰乱市场的行为加大管控的情况下，零售商的渠道势力所带来的定价能力并不足以达到操控"贱卖贵买"的程度。"贱卖贵买"现象出现的原因主要还是农产品流通效率低下、流通成本高企（陈耀庭等，2015②；彭新宇和李孟民，2017③）。那么，流通渠道势力是否会影响流通效率，进而影响农产品价格波动呢？这是一个值得深入探讨的重要研究问题。

关于流通商的市场势力对农产品价格波动影响的研究，学者们的观点并未达成一致。一方面，一些学者认为农产品领域，流通商具备一定的规模势力和信息优势，为获取更大利润，可能加剧农产品价格波动。主要观点有：大型流通企业的发展使得流通领域日益集中，流通商在农产品市场的垄断力量逐渐形成，尤其是大型粮食加工业的集中度明显提高，畜禽加工企业也出现了巨头企业，这些企业的规模势力将具备一定能力来操纵市场价格，从而对农产品价格波动产生影响（张晓敏和周应恒，2012④；洪岚，2009⑤）。流通商相对于小规模离散的农产品生产者而言，具有明显的信息优势，使其能够利用信息势力实现农产品价格非对称传递（郭利京等，2014）⑥，流通商为实现超额利润，可能会加剧农产品的价格波动。另一方面，有学者认为，农产品市场，尤其是生鲜农产品流通市场中，流通商的市场势力较小，并不能操控农产品价格波动，甚至有可能平抑价格波

① 此处需要说明的是，图4-2中显示的食品零售价格指数波动较为平缓与生鲜农产品市场零售价格剧烈波动并不矛盾，原因在于国家统计局发布的食品零售价格指数统计口径除包括生鲜农产品之外，还包含了粮食类及食用油类农产品等价格比较稳定的食品，如图4-1中所示，生鲜农产品价格波动幅度明显高于粮食类农产品，因此，食品零售价格指数波动幅度比生鲜农产品价格波动幅度要小。
② 陈耀庭，戴俊玉，管曦. 不同流通模式下农产品流通效率比较研究 [J]. 农业经济问题，2015，36（3）：68-74，111.
③ 彭新宇，李孟民. 现代服务业影响农产品价格的机理研究 [J]. 农业经济问题，2017，38（10）：78-83.
④ 张晓敏，周应恒. 基于易腐特性的农产品纵向关联市场间价格传递研究：以果蔬产品为例 [J]. 江西财经大学学报，2012（2）：78-85.
⑤ 洪岚. 粮食供应链整合的量化分析：以北京地区粮食供应链上价格联动为例 [J]. 中国农村经济，2009（10）：58-66.
⑥ 郭利京，韩刚，胡联，等. 信息不对称、纵向市场特征与猪肉价格传递非对称性 [J]. 农林经济管理学报，2014，13（4）：414-419.

动。代表性观点有：对于蔬菜、水果等农产品而言，更多的是通过农贸市场或超市的渠道进行流通，几乎处于完全竞争市场状态（董晓霞等，2011）①，并且蔬菜、水果流通中，加工企业的集中度并没有明显提高的趋势，垄断势力的影响很小（郭利京等，2010）②。也有研究表明，对猪肉、蔬菜等易腐商品来说，在批发环节涨价的情况下，零售商为了避免因产品变质带来的经济损失，有可能不愿意提高零售价格（王思舒等，2010③；高扬，2011④）；同时，在批发环节跌价的情况下，为提高其利润水平，零售商可能会利用信息非对称优势，不降低零售价格或者降价幅度小于批发环节的降价幅度（朱勤和俞航东，2013），零售商就对农产品零售价格波动起到了一定平抑作用。

已有研究成果较为丰硕，对本书研究有较大启示，本书主要关注流通环节对农产品价格波动的影响，在此方面，仍有较大深入研究的空间：（1）流通环节对农产品价格波动的影响及其作用机理未有定论，仍需进一步进行系统分析；（2）渠道势力对农产品价格波动影响的研究，大多停留在规范性的理论分析，缺少实证研究的支撑；（3）就我国生鲜农产品市场而言，生产者几乎不具备市场势力，流通环节中的批发商与零售商之间的相对市场势力对价格波动产生何种影响，鲜有学者对其进行研究；（4）在研究渠道势力对价格波动的影响机制中，流通效率是否发挥作用，发挥何种作用，未有学者进行研究。

本书拟从理论与实证两方面深入研究流通商的市场势力、流通效率与农产品价格波动之间的相互关系及其影响机理，以期对现有的研究成果起到补充和丰富的作用。

一、理论分析与假设提出

（一）渠道势力的界定

渠道势力是指流通渠道中的流通商（批发商⑤和零售商）的市场势力。市场势力则是指市场参与主体影响商品价格的能力。而市场势力来源于什么？朱勤和

---

① 董晓霞，许世卫，李哲敏，李干琼. 完全竞争条件下的中国生鲜农产品试产价格传导：以西红柿为例 [J]. 中国农村经济，2011（2）：22-32.
② 郭利京，胡浩，张锋. 我国猪肉价格非对称性传递实证研究：基于产业链视角的考察 [J]. 价格理论与实践，2010（11）：52-53.
③ 王思舒，郑适，周松. 我国猪肉价格传导机制的非对称性问题研究：以北京市为例 [J]. 经济纵横，2010（6）：84-87.
④ 高扬. 我国蔬菜价格传导非均衡性的原因及对策研究 [J]. 价格理论与实践，2011（5）：40-41.
⑤ 本书农产品批发商指农产品批发行业企业，包括农产品批发交易市场.

俞航东（2013）认为，对于行业或企业来说，市场势力主要源自三个方面：一是源自企业本身的优势，例如市场份额、产品差异、品牌溢价、技术壁垒及渠道控制所形成的市场势力；二是源自政府政策，例如受政府规制政策保护，构成行政壁垒而导致的市场势力；三是源自市场本身，例如产品空间分布、消费者信息不完全等因素引发的市场势力。现阶段我国农产品市场上，对于流通商来说，由产品差异、品牌价值、技术壁垒及政府规制方面的原因形成的市场势力并不明显，因而本书将流通商的渠道势力概括为两个方面：一是规模势力，主要指因流通商自身的经营规模或所占的市场份额优势而形成的市场势力，流通商的规模越大，所占市场份额越高，其对商品的定价能力越强；二是运营势力，主要指因流通商自身的组织化程度、管理能力、信息获取运用能力等方面的优势而形成的市场势力。流通商的组织化程度高，管理能力、信息获取运用能力强，此类软实力将使得流通商在提高运营效率、降低运营成本及有效利用信息非对称性等方面获得优势。

从经济学的角度分析，流通商作为谋求利益最大化的"经济人"，自然会运用其具备的渠道势力来影响商品的价格。相较于研究流通商渠道势力对价格的形成作用，本书认为研究流通商之间（即批发商与零售商之间）的相对市场势力对农产品价格波动的影响更有理论和现实意义。在我国农产品市场中，农产品批发商及批发市场的价格形成功能非常突出，农产品批发市场承载着70%以上农产品的流通。此种情况下，批发商所具有的市场势力将高于零售商的市场势力，这种市场势力不平衡的状态对农产品价格波动是否有影响、有何种影响？对这个问题的探讨对我国农产品流通产业的结构改革和优化升级具有重要的借鉴意义。

因此，本书研究渠道势力主要研究批发商和零售商的相对市场势力，批发商和零售商的相对市场势力是指批发商的市场势力与零售商的市场势力的比值，并进一步将批发商和零售商的相对市场势力分为批发商对零售商的相对规模势力（以下简称"批零相对规模势力"）和批发商对零售商的相对运营势力（以下简称"批零相对运营势力"）。

（二）渠道势力对农产品价格波动的影响机理

在我国农产品流通市场上，批发商的销售规模大于零售商的销售规模，意味着在规模势力上，批发商要高于零售商，基于近年来我国农产品市场上出现的价格剧烈波动的现实，可以假定批发商的相对规模势力较大加剧了农产品的价格波动。这种情况可以从三个方面进行推理：第一，当农产品生产价格上涨时，批发商出于对更大利润目标的追求，凭借自己的相对规模势力，使批发价格上涨幅度大于生产价格上涨幅度，在这种情况下，价格的形成并不仅仅是由供求关系决定的，而是因批发商的相对市场势力的存在而出现的市场失灵。这种因市场失灵而产生的价格信息再传递给生产者时，生产者可能会被农产品价格大幅上涨的信息所误导，而扩大生产规模。对于下个周期而言，生产规模的扩大导致的产量增加，供过于求，使得农产品生产价格出现大幅下跌，由此导致了农产品价格的剧烈波动。第二，批发商掌控着绝大多数的农产品，使得"热钱"进入批发环节的投机成为可能。正如马克思指出："危机最初不是在和直接消费相关的零售商业暴露和爆发的，而是在批发商业和向它提供社会货币资本的银行中暴露和爆发的"。[①] 考虑到批发商业内生的投机风险，这种投机经常会夸大市场供求失衡的程度，哄抬价格，加剧农产品价格波动。第三，当批发环节掌控着农产品流通市场时，批零市场势力悬殊，传统批发商单纯依靠粗放发展也能获得较大利益（王晓东和张昊，2011）[②]，他们往往不愿意投入更多精力和成本在改善经营环境和提高服务质量上，由此导致农产品批发环节的市场运行效率低下，并对农产品价格波动带来不利影响。

基于此，可以提出研究假设：

假设 H1a：批零相对规模势力越大，农产品价格波动幅度越大；反之亦然。

已有研究表明，零售商对农产品价格波动有一定平抑作用，生产价格的波动幅度又明显小于零售价格波动幅度，因而，造成农产品价格剧烈波动的主要原因很可能在批发环节。我国 70% 以上的农产品是经由农产品批发市场参与流通，批发市场在农产品流通中占有主导地位（黄福华和蒋雪林，2017）[③]，承载着商品集散、价格形成、信息传导、供求调节等多种职能（张闯等，2015）[④]，因而其综合运营能力对农产品流通市场影响极大。虽然我国农产品批发商的经营规模较大，但伴随着批发市场的总量扩张，批发主体的组织化程度不但没有提高，反而遭到极大破坏（王晓东和谢莉娟，2011）[⑤]，农产品批发市场仍处于初级阶段，

---

① 马克思. 资本论：第 3 卷 [M]. 北京：人民出版社，1966.
② 王晓东，张昊. 论独立批发商职能与流通渠道利益关系的调整 [J]. 财贸经济，2011（8）：81 –86.
③ 黄福华，蒋雪林. 生鲜农产品物流效率影响因素与提升模式研究 [J]. 北京工商大学学报（社会科学版），2017，32（2）：40 –49.
④ 张闯，夏春玉，刘凤芹. 农产品批发市场公益性实现方式研究：以北京新发地市场为案例 [J]. 农业经济问题，2015，36（1）：93 –100，112.
⑤ 王晓东，谢莉娟. 新时期流通结构优化升级之再认识 [J]. 中国流通经济，2011，25（7）：21 –25.

组织化程度低，大多数的农产品批发市场管理也基本停留在出租摊位和交易场地的单一功能物业管理模式上（章胜勇等，2016）[①]，整体来说，批发主体的综合管理运营能力较弱，导致了农产品流通秩序混乱、专职批发功能落后及流通效率低下等问题。随着我国流通领域里大型连锁超市、生鲜超市的不断发展，农产品零售商的组织化程度越来越高，而批发环节的发展速度显得比较缓慢，整体管理水平较低。批发商的流通组织化程度高，普遍体现在物流整合、市场开发、质量监测、信息集成等新型流通职能（Olsson et al.，2013）[②]，而这些新型管理职能的发挥能有效调节农产品价格的波动。例如，当农产品批发市场内某种农产品价格上涨，当信息发布职能完善时，出于逐利动机，批发商会迅速反应，利用其遍布全国的供应网络增加该产品的上市量，其结果就是上涨的价格会在短期内趋于稳定（张闯等，2015）[③]，并且信息集成等职能的有效发挥，能够使信息的获取和运用更加灵活，从而降低企业的市场交易成本（冯鹏程，2018）[④]，有利于稳定农产品价格。

基于此，可以提出研究假设：

假设 H1b：批零相对运营势力越大，农产品价格波动幅度越小；反之亦然。

（三）流通效率对农产品价格波动的影响机理

市场失灵所引起的价格剧烈波动实际上就是市场无效率的表现。流通效率包括两个方面，一是流通时间；二是流通成本。流通时间即从生产者手中到达最终消费者手中所用的时间，对农产品流通而言，流通时间更加重要，因为农产品尤其是生鲜农产品，存在不宜储存和易腐性问题，流通时间越长，损耗越大，商品新鲜度越低，销售价格自然也会受影响（曹裕等，2018）[⑤]；流通成本即商品流通过程中所产生的费用，包括运输费、装卸费、储存费、人工费、包装费等，我国农产品的流通成本较发达国家而言处于较高水平，占农产品零售价格的60%

① 章胜勇，时润哲，于爱芝．农业供给侧改革背景下农产品批发市场的功能优化分析［J］．北京工商大学学报（社会科学版），2016，31（6）：10－16．

② Olsson R，Gadde L E，Hulthén K. The changing role of middlemen：Strategic responses to distribution dynamics［J］．Industrial Marketing Management，2013，42（7）：1131－1140．

③ 张闯，夏春玉，刘凤芹．农产品批发市场公益性实现方式研究：以北京新发地市场为案例［J］．农业经济问题，2015，36（1）：93－100，112．

④ 冯鹏程．大数据时代的组织演化研究［J］．经济学家，2018（3）：57－62．

⑤ 曹裕，李业梅，万光羽．基于消费者效用的生鲜农产品供应链生鲜度激励机制研究［J］．中国管理科学，2018，26（2）：160－174．

以上（徐健和李哲，2015）[①]，远远超过了农产品生产成本，如此高的流通成本使得其成为影响农产品价格的主要因素。我国农产品流通中存在的流通环节冗余问题较为突出，尤其是在批发环节，专职批发职能的分散化以及小微型中间商的大量存在，加之绝大多数的交易为现货交易，中间环节的增多使得商品转运次数增加，仓储等待及运输时间明显延长，不仅会导致运输费、装卸费、仓储费及人工费等生产性流通费用的上升，也会提高买卖费用、簿记费用、货币费用及信息搜寻、沟通谈判成本等商流交易成本（谢莉娟和王晓东，2014）[②]，流通成本的居高不下对我国农产品价格波动造成不良影响。通过规模化定制、共同物流、流通方式变革等模式来提升农产品流通效率，可以有效降低流通成本，并形成合理的农产品价格（黄福华和蒋雪林，2017）。

基于此，可以提出研究假设：

假设 H2：流通效率越高，农产品价格波动幅度越小；反之亦然。

二、模型设定与变量选取

（一）模型设定

为验证假设 H1，本书采用面板数据模型进行计量分析，模型可以表示为：

$$\ln ConsPrice_{it} = \beta_0 + \beta_1 SizePower_{it} + \beta_2 ManaPower_{it} + \beta_3 X_{it} + \varepsilon_{it} \qquad (4-1)$$

其中，i 表示省份，t 表示年份，模型中的被解释变量 $\ln ConsPrice_{it}$ 为农产品零售价格指数对数。解释变量 $SizePower_{it}$ 为批零相对规模势力，$ManaPower_{it}$ 为批零相对运营势力，X_{it} 为控制变量。本书选取农产品生产价格指数对数（$\ln ProdPrice_{it}$）作为控制变量，由于本书的研究重点是考察渠道势力对农产品价格波动的影响，不是研究农产品价格波动的影响因素，而农产品生产价格指数在很大程度上反映了农产品市场供需关系的影响，同时也能控制通货膨胀的影响，因此，农产品生产价格指数是一个理想的控制变量。

为验证假设 H2，设定以下计量模型：

$$\ln ConsPrice_{it} = \beta_0 + \beta_1 CircEffic_{it} + \beta_2 X_{it} + \varepsilon_{it} \qquad (4-2)$$

其中，模型中的解释变量 $CircEffic_{it}$ 为商品流通效率。其他变量的含义和设定与式（4-1）相同。

---

① 徐健，李哲. 价格高涨背景下的我国农产品流通成本解构研究：以大连市油菜市场为例 [J]. 财经问题研究，2015（6）：93-99.

② 谢莉娟，王晓东. 中国商品流通费用的影响因素探析：基于马克思流通费用构成的经验识别 [J]. 财贸经济，2014（12）：75-86.

在验证假设 H1 和假设 H2 之后，为进一步考察解释变量渠道势力与流通效率之间及两者与农产品零售价格波动之间的关系，设定以下两个计量模型：

$$CircEffic_{it} = \beta_0 + \beta_1 SizePower_{it} + \beta_2 ManaPower_{it} + \varepsilon_{it} \qquad (4-3)$$

$$\ln ConsPrice_{it} = \beta_0 + \beta_1 SizePower_{it} + \beta_2 ManaPower_{it} + \beta_3 CircEffic_{it} + \beta_4 X_{it} + \varepsilon_{it}$$

$$(4-4)$$

式（4-3）和式（4-4）中的变量的含义和设定均与式（4-1）和式（4-2）相同。

（二）变量及数据说明

考虑数据的可获取性，变量可以用以下数据来表示：

（1）批零相对规模势力（$SizePower_{it}$）。可采用批发和零售企业平均销售类值之间的比值来表示，具体计算公式为：

批零相对规模势力（$SizePower_{it}$）={限额以上批发业商品销售类值/限额以上批发业企业法人单位数（农林牧产品）}/{限额以上批发业商品销售类值/限额以上零售业企业法人单位数（综合零售）}[1]

（2）批零相对运营势力（$ManaPower_{it}$）。运营势力可以用利润率或组织化程度来表征，但在生鲜农产品领域，利润率并不一定代表其具备高效的运营管理能力，也许正是流通领域的投机获取暴利才导致农产品价格非理性波动。因此，这里用组织化程度来表征更为合理，组织化程度越高，运营管理势力越强。批发业的组织化程度用亿元以上商品批发市场成交额占批发业商品销售总额的比值来表示，因为大规模的商品交易市场相较一般批发企业和小批发商户而言，在综合服务功能和企业间的合作紧密程度上有明显优势。而零售业的组织化程度可用连锁经营零售企业的商品销售额占商品零售总额的比重来表示，因为连锁经营具有较为典型的组织化网络特征（谢莉娟和王晓东，2014）。批零相对运营势力用批发业的组织化程度与零售业的组织化程度的比值来表示，具体计算公式为：

批零相对运营势力（$ManaPower_{it}$）=（亿元以上商品批发市场成交额/限额以上批发企业商品销售总额）/（连锁经营零售企业商品销售额/限额以上零售业销售总额）

---

[1]　由于后文会按照不同种类农产品（如粮食类、蔬菜类、鲜果类、水产品类）分别展开验证，所以在验证粮食类时，限额以上批发业商品销售类值以限额以上批发业商品销售类值（粮油类）进行计算，而蔬菜类、鲜果类、水产品类则以限额以上批发业商品销售类值（食品类）进行计算；需要说明的是《中国贸易外经统计年鉴》统计数据中的食品类与粮油类是分开统计的，食品类不包括粮油类。

（3）商品流通效率（$CircEffic_{it}$）。本书选用单位产出货运距离来表征商品流通效率，因为单位产出货运距离能够反映出在商品流通环节由迂回程度、流转次数等交易特征所决定的流转效率，单位产出货运距离越大，商品流通效率越低。因为单位产出货运距离为反向指标，在此取负值，具体计算公式为：

商品流通效率（$CircEffic_{it}$）＝ -（货运周转量/货运量）/社会消费品零售总额

本书用于计算的限额以上批发业商品销售类值、限额以上零售业商品销售类值、限额以上批发业企业法人单位数（农林牧产品）、限额以上零售业企业法人单位数（综合零售）等数据均取自《中国贸易外经统计年鉴》；用于计算的亿元以上商品批发市场成交额、限额以上批发企业商品销售总额、连锁经营零售企业商品销售额、限额以上零售业销售总额、货运周转量、货运量、社会消费品零售总额、商品零售价格分类指数、农产品生产价格指数等数据均来源于国家统计局国家数据库（https：//data. stats. gov. cn/index. htm）的分省份年度数据。本书采用的是 2008 ~ 2016 年的省级面板数据，因西藏和青海的部分数据缺失，香港、澳门、台湾数据未被统计，因而实际包括 29 个省（自治区、直辖市）的数据，样本量为 261。

（三）模型选取及检验方法

对于本书采用的此类面板数据，通常需要在混合面板模型（Pool）、固定效应模型（FE）及随机效应模型（RE）之间进行选择，一般主要通过 F 检验和 Hausman 检验来共同完成。针对省级面板数据可能存在的异方差、同步相关问题，本书首先对变量进行取对数处理，降低异方差性，然后采用面板校正标准误（PCSE）估计方法。内森奈尔·贝克和乔纳森·凯兹（Beck & Katz, 1995)[1] 引入的 PCSE 估计方法是面板数据模型估计方法的一个创新，可以有效处理复杂的面板误差结构，如同步相关、异方差、序列相关等问题。此外，本书选取的面板数据在时间跨度上较短，时序相关问题不突出。

三、实证结果分析

（一）渠道势力对农产品价格波动的影响

首先，根据前述方法验证了渠道势力对蔬菜类农产品价格波动的影响，计量结果如表 4 - 1 所示。结果显示，蔬菜类农产品生产价格波动的变量（*VeProd-*

---

[1] Beck N L, Katz J N. What to do（and not to do）with time-series cross-section data [J]. American Political Science Review, 1995（89）：634 - 647.

Price）回归系数显著为正，表明生产价格的波动会正向影响零售价格的波动，此结果符合一般的理论预期。

表 4 - 1　　　　　　　　　　渠道势力对蔬菜类农产品价格波动的影响

模型设定		因变量（VeConsPrice）蔬菜类农产品零售价格指数		
		回归（1）	回归（2）	回归（3）
		RE	FE	FE
自变量	*SizePower*	0.0015 ** (2.3281)		0.0016 ** (2.0526)
	ManaPower		− 0.014238 ** (− 2.2323)	− 0.01424 ** (− 2.1647)
	VeProdPrice	0.5559 *** (12.9799)	0.573418 *** (5.9731)	0.5748 *** (5.9404)
	常数项	2.0727 *** (10.3095)	2.0049 *** (4.4520)	1.9898 *** (4.3595)
	省份	不控制	控制	控制
	年份	控制	控制	控制
整体显著性		86.6620 ***	5.7174 ***	5.6232 ***
检验	FE 检验（F）	0.32	0.53	0.41
	Hausman 检验	4.19	6.57 **	6.91 *

注：括号中的数字是 t 值；*、**、*** 分别表示显著性水平 p 值在 10%、5% 和 1% 以下显著。

　　此部分关注的重点是渠道势力对农产品零售价格波动的影响。从表 4 - 1 中逐步回归的结果回归（1）~ 回归（3）可以看出，批零相对规模势力（*SizePower*）回归系数显著为正，说明批零相对规模势力越大，蔬菜类农产品的零售价格波动幅度越大，反之亦然；而批零相对运营势力（*ManaPower*）回归系数显著为负，表明批零相对运营势力越大，蔬菜类农产品的零售价格波动幅度越小，反之亦然。估计结果与前文研究假设 1 相一致，符合基本的理论预期。

　　为进一步验证其他类别农产品（鲜果类、水产品类、粮食类）的情况，表 4 - 2 列出了这几大类农产品的估计结果。由表 4 - 2 可以看出，蔬菜、鲜果、水产品等生鲜类农产品的估计结果都在不同水平上显著，批零相对规模势力正向影响生鲜类农产品价格波动，批零相对运营势力负向影响生鲜类农产品价格波动，这与前述理论假设一致；但粮食类农产品的批零相对规模势力、批零相对运营势力变量均不显著，表明渠道势力对粮食类农产品的价格波动影响并不显著，相应的解释在于我国对粮食类农产品实行了粮食收储制度和最低收购价政策，这类行政干预降低了流通渠道商影响粮食物价的能力，即使渠道商拥有影响粮食价格剧烈波动的能力，因粮食价格稳定关系到社会稳定，渠道商不敢去触碰危害社会稳定的法律底线，因此渠道势力对粮食类农产品的价格波动并没有显著影响。

表 4 - 2   **渠道势力对各类农产品价格波动的影响**

模型设定		因变量（农产品零售价格指数）			
		蔬菜类	鲜果类	水产品类	粮食类
		回归（1）	回归（2）	回归（3）	回归（4）
		FE	FE	FE	FE
自变量	- SizePower	0.0016 ** (2.0526)	0.0020 ^{C} (1.4996)	0.0012 * (1.7501)	0.0007 (1.1832)
	- ManaPower	- 0.0142 ** (- 2.1647)	- 0.0137 ** (- 2.0886)	- 0.0021 * (- 1.8672)	0.0005 (0.1012)
	- ProdPrice	0.5748 *** (5.9404)	0.3479 *** (5.8136)	0.4066 *** (7.0499)	0.6682 *** (20.7092)
	常数项	1.9898 *** (4.3595)	3.0267 *** (5.6880)	2.7655 *** (10.4197)	1.5482 *** (10.3088)
	省份	控制	控制	控制	控制
	年份	控制	控制	控制	控制
	整体显著性	5.6232 ***	17.0572 ***	4.4599 ***	14.3125 ***
检验	FE 检验（F）	0.41	0.30	0.29	0.53
	Hausman 检验	6.91 *	6.21 *	5.21 *	6.49 *

注：括号中的数字是 t 值；C、*、**、*** 分别表示显著性水平 p 值在 15%、10%、5% 和 1% 以下显著。

（二）流通效率对农产品价格波动的影响

从表 4 - 3 的回归结果中可以看出，估计结果（1）、（3）、（5）和（7）中流通效率（CircEffic）自变量的回归系数都显著为负，并且在进一步将渠道势力（SizePowert 和 ManaPower）自变量引入回归过程中之后，估计结果（2）、（4）、（6）和（8）中流通效率依然显著为负，表明流通效率负向影响农产品（包括生鲜农产品和粮食类农产品）价格波动，即流通效率越高，农产品价格波动幅度越小；反之亦然。此结果与前述研究假设一致。但值得注意的是，在将流通效率自变量和渠道势力自变量同时引入回归过程之后，渠道势力（*SizePower* 和 *Mana-Power*）自变量的回归系数变得不再显著。可能的解释是回归存在共线性问题，即自变量流通效率与渠道势力之间存在高度相关关系，为进一步研究渠道势力、流通效率与农产品价格波动之间的关系，接下来将继续实证分析渠道势力对流通效率的影响。

表 4 - 3　　　　　　　　　流通效率对农产品价格波动的影响

模型设定		因变量（农产品零售价格指数）							
		蔬菜类		鲜果类		水产品		粮食类	
		回归 (1)	回归 (2)	回归 (3)	回归 (4)	回归 (5)	回归 (6)	回归 (7)	回归 (8)
		FE	FE	FE	FE	FE	FE	FE	FE
自变量	*CircEffic*	-0.0734 **	-0.0762 **	-0.1104 **	-0.1246 **	-0.0875 **	-0.0920 **	-0.0231 **	-0.0615 **
		(-2.0865)	(-2.0424)	(-2.0481)	(-1.9516)	(-2.1798)	(-2.3221)	(-2.0301)	(-2.3954)
	SizePower		0.0020^C		0.0022		0.0013 *		0.0010 *
			(1.5041)		(1.4225)		(1.7326)		(1.7303)
	ManaPower		-0.0122^C		-0.0172		-0.0045		-0.0013
			(-1.5843)		(-1.4645)		(-0.7849)		(-0.2738)
	ProdPrice	0.5589 ***	0.5608 ***	0.3451 ***	0.3342 ***	0.3836 ***	0.3847 ***	0.6497 ***	0.6327 ***
		(10.6794)	(10.6727)	(6.7001)	(12.7890)	(10.6066)	(10.7188)	(7.4693)	(19.1558)
	常数项	2.0724 ***	2.0455 ***	3.0580 ***	3.1029 ***	2.8688 ***	2.8571 ***	1.6354 ***	1.7052 ***
		(8.5090)	(8.3665)	(12.7836)	(12.7885)	(17.1670)	(17.2091)	(4.0423)	(11.1636)
	省份	控制	控制	控制	控制	控制	控制	控制	控制
	年份	控制	控制	控制	控制	控制	控制	控制	控制
整体显著性		5.7685 ***	5.6474 ***	7.9248 ***	7.9458 ***	5.0244 ***	4.8323 ***	234.43 ***	14.7955 ***
检验	FE 检验 (F)	0.58	0.56	0.37	0.49	0.65	0.65	0.62	0.71
	Hausman	7.22 **	12.54 ***	5.35 *	7.68 *	5.42 *	9.32 **	5.92 *	7.86 *

注：括号中的数字是 t 值；C、*、**、*** 分别表示显著性水平 p 值在 15%、10%、5% 和 1% 以下显著。

（三）渠道势力对流通效率的影响

渠道势力对流通效率的影响如表 4 - 4 所示，由回归（1）可知，自变量批零相对规模势力（*SizePower*）的回归系数显著为负，表明批零相对规模势力负向影响流通效率；自变量批零相对运营势力（*ManaPower*）的回归系数显著为正，表明批零相对运营势力正向影响流通效率。此结果与一般理论预期一致。为进一步检验结果的稳健性，采用增加控制变量的方式进行检验，加入的控制变量是交通网密度（*TrafDensity*），数值用铁路、公路和河道总里程数与对应省份面积的比值表示（Démurger，2001）[①]。由回归（2）可知，渠道势力回归系数的符号没有发生变化，并且结果依然显著，说明该结论具有较好的稳健性。

表 4 - 4 　　　　　　　　　　渠道势力对流通效率的影响

因变量 *CircEffic*（流通效率）				
模型设定			回归（1）	回归（2）
			RE	RE
自变量	*SizePower*		-0.0046 ** （-2.2341）	-0.0042 ** （-2.1751）
	ManaPower		0.0265 *** （2.3955）	0.01984 *** （2.4247）
	TrafDensity			1.8347 *** （6.2785）
	常数项		0.1277 *** （6.0658）	0.1079 *** （5.7483）
	省份		不控制	不控制
	年份		控制	控制
整体显著性			120.0782 ***	128.3643 ***
检验	FE 检验（F）		20.4883 ***	23.2754 ***
	Hausman 检验		0.08	0.03

注：括号中的数字是 t 值；**、*** 分别表示显著性水平 p 值在 5% 和 1% 以下显著。

（四）渠道势力、流通效率与农产品价格波动关系的进一步分析

由前三步实证分析结果可知：第一，在不引入自变量流通效率的情况下，渠道势力（包括批零相对规模势力和批零相对运营势力）对生鲜农产品价格波动有

① Démurger S. Infrastructure development and economic growth：An explanation for regional disparities in China？ [J]. Journal of Comparative Economics，2001，29（1）：95 - 117.

显著影响；第二，在不引入渠道势力的情况下，流通效率对农产品价格波动有显著影响；第三，渠道势力对流通效率有显著影响；第四，在同时引入自变量流通效率和渠道势力的情况下，流通效率对农产品价格波动有显著影响，而渠道势力的影响则不显著。

基于以上结论，根据中介效应因果步骤检验法（Baron & Kenny，1986）[1] 可以推断，流通效率在渠道势力影响生鲜农产品价格波动过程中起完全中介作用（见图 4 - 3）。

图 4 - 3　渠道势力、流通效率与农产品价格波动关系

四、结论与启示

本节集中地探讨了流通环节对我国农产品价格波动的影响，主要对渠道势力、流通效率与农产品价格波动之间的关系进行了理论分析和实证检验，结果表明：第一，渠道势力对生鲜类农产品价格波动有显著影响，具体而言，批零相对规模势力对生鲜类农产品价格波动有显著正向影响，批零相对运营势力对生鲜类农产品价格波动有显著负向影响，而渠道势力（包括批零相对规模势力和批零相对运营势力）对粮食类农产品价格波动的影响并不显著；第二，渠道势力对农产品流通效率有显著影响，具体而言，批零相对规模势力对农产品（包括生鲜类和粮食类）流通效率有显著负向影响，批零相对运营势力对农产品（包括生鲜类和粮食类）流通效率有显著正向影响；第三，进一步研究发现，流通效率在渠道势力影响生鲜类农产品价格波动这一过程中起完全中介作用。

本节的研究结论对于如何抑制我国生鲜农产品价格剧烈波动、提高我国农产品流通效率具有重要的政策启示意义。

第一，当前我国生鲜农产品的70% ～80%是通过批发市场进行流通，批发环节规模过大，在一定程度上制约着农产品流通效率的提升，从而引致农产品价格

---

① Baron R M, Kenny D A. The moderator-mediator variable distinction in social psychological research: Conceptual, strategic, and statistical considerations [J]. Journal of Personality and Social Psychology, 1986 (51): 1173 - 1182.

的剧烈波动。针对这个问题，一方面，应该鼓励农产品流通新模式及新业态的发展，如"农超对接""生鲜电商""生鲜超市"等，以提高农产品生产者与零售商或消费者直接交易的比例，适度降低农产品批发环节的规模；另一方面，在引入流通新模式、新业态以减少流通环节的同时，应该注重流通技术与流通模式、流通业态的融合，以现代流通技术引导、驱动模式和业态的创新来实现整个流通环节的效率提升。

第二，当前我国绝大多数农产品批发市场仍然没有摆脱摊位制、粗放式的低组织化运行状态，并且农产品批发商的组织化程度也较低，批发环节的综合管理运营能力较弱，这也是我国农产品流通效率低下、农产品价格剧烈波动的主要原因之一。针对这一问题，一是政府应加强农产品批发市场的标准化建设，政策引导农产品批发市场完善现代商品交易职能，尤其注重农产品批发市场的信息化建设；二是应加大公益性农产品批发市场建设的支持力度，以财政资金快速推动农产品批发市场的现代化改造，提高农产品批发市场的管理运营水平；三是应加大力度培育和孵化具备先进批发职能的现代批发企业，强化农产品批发商的现代化交易功能，完善其信息集成、物流整合、采购代理、市场开发等职能，并采用集团化、连锁化、专业化的发展方式提高农产品批发商的综合管理运营能力，进而提高批发环节的流通效率。

第三，在流通技术不断发展的新时代，批发商和零售商之间的最优比例结构并不存在，即使是在流通效率较高的欧美国家和日本，批零结构数值本身也存在巨大差异（周伟，2013）[①]。但当前我国农产品市场所面临的流通规模加速扩张与流通效率相对低下的矛盾亟待找到突破口，在批零结构适度调整、提高流通主体管理运营能力之外，还应做到以下三点：一是为避免"头痛医头，脚痛医脚"，政府应该出台具有前瞻性和整体性的农产品流通发展总体规划，为产业的发展提供正确的导向和示范；二是应健全农产品流通宏观管理机制，坚持将影响经济社会稳定和发展的宏观问题进行重点计划，而微观问题主要以市场机制予以解决，避免对市场进行过度干预；三是完善大宗农产品的流通体制，尽管对粮食类农产品进行收储政策和最低价收购政策能够起到稳定农产品物价总水平的作用，但也引致了弱化市场调节作用、国内外粮食价格倒挂、粮食加工企业成本高企等问题，应进一步完善大宗农产品流通体制，优化粮食托市政策；而对生鲜类的小宗农产品不应进行过多的直接行政干预，应以政策引导流通结构优化升级来提高流

---

① 周伟. 生产商、批发商及零售商关系实证检验 [J]. 商业时代, 2013 (34)：29 – 30.

通效率，以此解决生鲜农产品价格剧烈波动问题。

第二节　农产品流通对农民收入的影响研究

"三农"问题是我国经济社会发展中的焦点问题，农民问题是"三农"问题的核心，而如何促进农民增收是农民问题的实质。农产品流通是连接农产品的生产和消费的枢纽，发挥着农民农业生产价值实现、加速农业社会化大生产的作用，进而承载着促进农民增收的重要功能。事实上，农产品流通不仅可以通过引导带动农业生产效率的提高促进农民农业生产的收入，农民作为农产品流通主体，还可以通过参与流通环节分享流通环节的利润。然而，不完善的农产品流通体系存在的诸多问题，导致其促进农民增收的功能发挥得并不顺畅，农产品流通中存在着"两头叫、中间笑"（农民抱怨收入低，消费者抱怨菜价高，流通商挣钱多）现象（孙侠和张闯，2008）[①]，农产品利润在各流通主体间的分配不均衡，生产者在利益分配中处于劣势，农民获取的利润相对较少（席恺媛等，2013）[②]，抑制了农民增收。健全完善的农产品流通体系有利于促进农民增收得到了学者们的一致认可，然而，具体农产品流通体系中的哪些内部因素对农民收入的影响更为显著，哪些方面的问题抑制了农产品流通的农民增收效应的发挥，流通的数字化转型趋势对农民收入有怎样的影响，数字经济时代应从哪些方面去完善农产品流通体系才能更好地促进农民增收，是值得深入研究的问题。

对农产品流通体系影响农民收入的经验性、理论性分析文章较多，但实证研究较少，代表性的仅有少数几篇。如曾慧敏和谢珊珊（2014）采用广义矩估计（GMM）方法实证研究了城镇化、农产品流通效率与农民收入增长的关系，结果表明农产品流通效率的提高有利于促进农民增收，城镇化对农民收入增长有直接效应，也通过促进农产品流通效率的提高对农民收入增长有间接促进效应。[③] 刘根荣和慈宇（2017）实证分析了农产品流通组织创新和农产品流通技术对农民收入的影响，认为农产品流通组织创新和技术创新对农民收入都有正向促进作用，

① 孙侠，张闯. 我国农产品流通的成本构成与利益分配：基于大连蔬菜流通的案例研究 [J]. 农业经济问题，2008（2）：39-48.
② 席恺媛，柯巧，王滢淇. 农产品流通环节的利益分配研究：以武汉市蔬菜市场为例 [J]. 安徽农业科学，2013，41（8）：3696-3698，3712.
③ 曾慧敏，谢珊珊. 城镇化、农产品流通效率与农民收入增长关系研究 [J]. 商业时代，2014，655（36）：44-45.

而农产品流通技术的应用和推广的影响不显著。① 李思霖（2014）② 实证分析了农产品流通基础设施投入对农民收入的影响，结果表明农产品流通基础设施投入的增加有利于促进农民增收，并且受教育程度发挥调节作用，受教育程度越高，农产品流通基础设施投入的增收效应越显著。郭韶伟等（2011）采用协整分析和误差修正模型方法实证分析了农产品流通市场化对农民经营性收入的影响，结果表明农产品流通市场化程度与农民经营性收入存在稳定的长期均衡关系。③ 夏春玉等（2009）采用案例研究的方法，对农产品流通的市场结构、市场行为和农民收入的关系进行了分析，结果表明农产品流通市场中，农产品流通中间商的规模扩张及市场集中度的提高不会带来垄断对农民利益的压榨，反而会因为规模经济效应降低流通成本、降低市场风险，从而有利于农民增收。④

从以上文献梳理可知，关于农产品流通体系对农民收入影响的实证研究成果较少，且多是从农产品流通效率、农产品流通基础设施、农产品流通组织创新等某一细分层次入手，分析其对农民收入的影响，缺乏对农产品流通体系整体角度以及从农产品流通体系内更全面的细分层次上进行实证分析，尤其是缺乏流通数字化对农民收入的影响研究，因而，对数字经济时代如何优化和完善农产品流通体系才能更好促进农民增收的理论指导不足。

本节将从理论和实证两方面去分析农产品流通体系整体水平，以及农产品流通基础设施、农产品流通主体组织化程度、农产品流通数字化水平、农产品流通效率、农产品流通产业结构等细分层次对农民收入的影响，揭示农产品流通体系促进农民增收的影响机理，为数字经济时代农产品流通体系的重构与优化提供理论指导。

一、理论分析与假设提出

（一）农产品流通体系的整体发展水平对农民收入的影响

农产品流通体系的发展水平代表着农产品流通体系的完善程度，完善的农产品流通体系能促进农民增收。机理可从以下四个方面进行阐释：一是完善的农产

---

① 刘根荣，慈宇. 中国农产品流通创新及其对农民收入影响研究［J］. 中国经济问题，2017, 302（3）：113–122.
② 李思霖. 农产品流通公共投入与农民收入关系分析［J］. 商业时代，2014, 628（9）：4–5.
③ 郭韶伟，唐成伟，张昊. 农产品流通市场化与农业收入增长：理论与实证［J］. 中国流通经济，2011, 25（11）：107–112.
④ 夏春玉，徐健，薛建强. 农产品流通市场结构、市场行为与农民收入：基于 SCP 框架的案例研究［J］. 经济管理，2009, 31（9）：25–29.

品流通体系能使得农民生产出的农产品顺利进入消费市场，提高农产品的商品化率，促进销售转化，还可有效引导农业生产，促进农业生产结构优化，提高农业生产效率，从而促进农民农业收入的增加；二是完善的农产品流通体系注重对农产品产后初加工、分级分类、包装、冷链仓储、品牌营销等环节的建设，重视保质保鲜，强化品牌管理，有利于实现优质优价（丁声俊和夏英，2019）[①]，提高农产品附加值，进而促进农民收入的增加；三是完善的农产品流通体系能减少流通环节，提高流通速度，减少流通损耗，降低流通成本，从而促进农民增收；四是完善的农产品流通体系能让农民有更多机会和途径有效介入农产品产后流通环节，分享流通环节的增值利润，从而促进农民增收（涂传清，2014）[②]。

基于此，可以提出研究假设：

假设 H3：农产品流通体系的发展水平越高，农民收入越高；反之亦然。

（二）农产品流通基础设施对农民收入的影响

农产品流通基础设施包括道路交通设施、通信网络设施、冷链物流设施、交易场所设施等。道路交通基础设施的改善，能促进农产品的便捷运输，提高农产品商品化率和流通速度，降低物流成本，畅通农产品的销售通道，从而增加农民收入；通信网络基础设施的改善，提高信息可及性、降低信息成本，降低农产品市场上的信息不对称，促进农产品供需有效对接，引导农业高效生产，使得农产品"适销对路"，从而增加农民收入；冷链物流基础设施的改善，能提高农产品的冷链仓储运输能力，可以实现农产品的保质保鲜、调节市场余缺、增强商品周转等功能，也可以避免农产品集中上市造成的价格大幅下跌风险，从而促进农民增收（李思霖，2014）[③]；农产品交易场所设施的改善，能为农产品进入商品市场提供更好的交易场所，提高农产品的市场交易效率，也能为农民直接参与农产品的销售、获取流通增值利润提供场所和途径，从而促进农民增收。

基于此，可以提出研究假设：

假设 H4：农产品流通基础设施水平越高，农民收入越高；反之亦然。

（三）农产品流通主体组织化程度对农民收入的影响

一方面，农民作为农产品流通主体之一，农民组织化程度的提高，使得其生

---

① 丁声俊，夏英. 农产品优质优价市场机制的建立与制度创新 [J]. 价格理论与实践，2019（4）：4-10，167.

② 涂传清. 基于农户增收的生鲜农产品流通价值链分工与组织优化研究 [D]. 广州：华南理工大学，2014.

③ 李思霖. 农产品流通公共投入与农民收入关系分析 [J]. 商业时代，2014，628（9）：4-5.

产经营能力及其在农产品供应链上的议价能力增强，从而可在农产品价值链上分配到更多利润，从而促进农民增收；另一方面，农产品零售企业、批发企业等流通商组织化程度的提高，使得其具备经营管理能力、信息获取运用能力等方面的优势（孙伟仁等，2019）[①]，并更倾向于开发出物流整合、市场开发、质量监测、信息集成等新型流通职能（Olsson et al.，2013）[②]，从而提高农产品供应链运行效率，促进农产品供需有效对接，进而提高农民收入。

基于此，可以提出研究假设：

假设H5：农产品流通主体的组织化程度越高，农民收入越高；反之亦然。

（四）农产品流通数字化水平对农民收入的影响

数字化水平是指运用移动互联网、大数据、云计算、人工智能等新一代信息技术赋能产业和企业，实现产业链、供应链、价值链的优化，促进企业的业务创新、管理变革，从而提高运营效率和竞争优势，实现可持续发展的能力。数字经济时代，产业的运行体系发生了根本性变革，针对农产品流通而言，其数字化转型成为主旋律，农产品流通的数字化水平是衡量农产品流通体系现代化程度的重要指标，也会对农民增收产生重要影响。一是农产品流通数字化体系能促进农产品生产数字化管理，以大数据分析精准掌控市场需求信息，以数字化技术提高农产品生产效率和品质，提高农产品附加值，从而提高农业生产收入（刘元胜，2020）[③]；二是数字化驱动农产品产后初加工、分选、仓储、运输、销售、配送等环节的转型升级，以数字化、智慧化提升农产品流通效率，降低流通成本，畅通农产品流通渠道，从而促进农民增收；三是虽然互联网等数字化技术具有"精英俘获"现象，农村居民因受教育程度低、经济能力不足导致其参与数字经济机会不多（Bonfadelli，2002）[④]，利用电子商务的能力不足（Shimamoto et al.，2015）[⑤]，但随着农产品平台型电商、直播电商等新型数字化流通渠道的不断渗透和发展，使得农民用便捷的、低成本的方式介入农产品流通环节，分享价

① 孙伟仁，徐珉钰，张平. 渠道势力、流通效率与农产品价格波动：基于中国2008～2016年省级面板数据的实证分析［J］. 农村经济，2019（4）：95－102.

② Olsson R，Gadde L E，Hulthén K. The changing role of middlemen：Strategic responses to distribution dynamics［J］. Industrial Marketing Management，2013，42（7）：1131－1140.

③ 刘元胜. 农业数字化转型的效能分析及应对策略［J］. 经济纵横，2020（7）：106－113.

④ Bonfadelli H. The internet and knowledge gaps：A theoretical and empirical investigation［J］. European Journal of Communication，2002，17（1）：65－84.

⑤ Shimamoto D，Yamada H，Gummert M. Mobile phones and market information：Evidence from rural Cambodia［J］. Food Policy，2015，57：135－141.

值增值（曾亿武等，2018）①，并且通过构建广泛的数字化网络，有利于农民创业，从而增加农民收入（Correa et al.，2017②；Barnett et al.，2019③）。

基于此，可以提出研究假设：

假设 H6：农产品流通数字化水平越高，农民收入越高；反之亦然。

（五）农产品流通效率对农民收入的影响

农产品流通效率可从流通速度、流通成本和流通效益三个层面予以衡量。农产品流通速度越快，表明农产品从生产领域向消费领域流转所需的时间越短，从而农产品因变质、损耗等导致价值损失的程度越小，进而增加农民收入；农产品商流成本和物流成本越低，农产品的供需对接就越通畅，不容易出现"卖难买贵"的困境，从而农民因农产品的稳定销售以及成本的降低而实现收入增加；农产品流通效益越大，表明农产品供应链上的整体剩余价值越多，通过建立合理的利益分配机制，农民作为农产品供应链上最重要的参与主体之一，其分配到的利润也将增加，从而实现农民增收。

基于此，可以提出研究假设：

假设 H7：农产品流通效率越高，农民收入越高；反之亦然。

（六）农产品流通产业结构对农民收入的影响

农产品流通产业结构是指农产品流通产业运行各要素的比例关系和经济联系，包含批零行业结构、业态结构、空间结构、技术结构等方面。农产品流通产业结构的合理化，能促进农村居民增收、缩小城乡收入差距（赵立文等，2018）④。一是前文的研究结果表明，农产品批零规模结构不合理，会导致农产品流通效率的损失，适当提高农产品零售规模，促进农产品批零结构合理化，有利于提高农产品流通效率（孙伟仁等，2019）⑤，从而促进农民增收；二是农产品流通业态结构的丰富化，能改变以往农产品流通渠道单一的情形，为农产品的销售提供更

①　曾亿武，郭红东，金松青. 电子商务有益于农民增收吗：来自江苏沭阳的证据 [J]. 中国农村经济，2018（2）：49–64.

②　Correa T，Pavez I，Contreras J. Beyond access：A relational and resource-based model of household Internet adoption in isolated communities [J]. Telecommunications Policy，2017，41（9）：757–768.

③　Barnett W A，Hu M，Wang X. Does the utilization of information communication technology promote entrepreneurship：Evidence from rural China [J]. Technological Forecasting and Social Change，2019，141：12–21.

④　赵立文，郭英彤，许子琦. 产业结构变迁与城乡居民收入差距 [J]. 财经问题研究，2018（7）：38–44.

⑤　孙伟仁，徐珉钰，张平. 渠道势力、流通效率与农产品价格波动：基于中国 2008～2016 年省级面板数据的实证分析 [J]. 农村经济，2019（4）：95–102.

多平台和途径，满足消费者多样化购物需求，改善消费者体验，实现价值增值，从而增加农民收入；三是农产品流通空间结构的均衡化，能为农村地区提供相对平等的发展机会，促进农产品的顺畅流通，推动农民有效介入农产品流通供应链，分享流通环节价值增值，从而实现增收。

基于此，可以提出研究假设：

假设 H8：农产品流通产业结构越合理，农民收入越高；反之亦然。

二、模型设定与变量选取

（一）模型设定

为验证假设 H3 ~ H8，本节采用面板数据模型进行计量分析，由于各核心解释变量之间存在着较高的相关性，且数据的时间跨度不长，全部纳入一个模型会导致自由度不够，因而本书将采用分开逐一回归的方式进行计量分析，模型分别设定为：

$$REV_{it} = \beta_0 + \beta_1 TOT_{it} + \beta_2 EDU_{it} + \beta_3 URB_{it} + \varepsilon_{it} \qquad (4-5)$$

$$REV_{it} = \beta_0 + \beta_1 INF_{it} + \beta_2 EDU_{it} + \beta_3 URB_{it} + \varepsilon_{it} \qquad (4-6)$$

$$REV_{it} = \beta_0 + \beta_1 SYS_{it} + \beta_2 EDU_{it} + \beta_3 URB_{it} + \varepsilon_{it} \qquad (4-7)$$

$$REV_{it} = \beta_0 + \beta_1 DIG_{it} + \beta_2 EDU_{it} + \beta_3 URB_{it} + \varepsilon_{it} \qquad (4-8)$$

$$REV_{it} = \beta_0 + \beta_1 EFF_{it} + \beta_2 EDU_{it} + \beta_3 URB_{it} + \varepsilon_{it} \qquad (4-9)$$

$$REV_{it} = \beta_0 + \beta_1 STR_{it} + \beta_2 EDU_{it} + \beta_3 URB_{it} + \varepsilon_{it} \qquad (4-10)$$

其中，i 表示省份、t 表示年份，模型中的被解释变量 REV_{it} 为农民收入。解释变量 TOT_{it} 为农产品流通体系的整体发展水平，INF_{it} 为农产品流通基础设施水平，SYS_{it} 为农产品流通主体的组织化程度，DIG_{it} 为农产品流通的数字化水平，EFF_{it} 为农产品流通效率，STR_{it} 为农产品流通的结构水平。EDU_{it} 和 URB_{it} 为控制变量，分别代表农民受教育程度和城镇化率。本节的研究重点是考察农产品流通环节对农民收入的影响，而大量研究证实了农民受教育程度和城镇化率对农民收入有直接且显著的影响，因此是理想的控制变量。

（二）变量及数据说明

考虑数据的可获取性，变量可用以下数据表示：农民收入（REV_{it}）用农村居民人均可支配收入表示；农产品流通体系的整体发展水平（TOT_{it}）用第三章对农产品流通体系现代化水平的实证评价结果表示；农产品流通基础设施水平（INF_{it}）用公路交通密度作为代理变量；农产品流通主体的组织化程度（SYS_{it}）

用农产品连锁零售企业统一配送商品比例表示，公式为：SYS_{it} = 连锁零售企业食品、饮料烟草统一配送商品购进额/连锁零售企业食品、饮料烟草商品购进额；农产品流通数字化水平（DIG_{it}）用移动互联网普及率作为代理变量，公式为：DIG_{it} = 移动互联网用户数量/地区常住人口数；农产品流通效率（EFF_{it}）用农产品单位物流周转距离作为代理变量，为反向指标，公式为：EFF_{it} =（货运周转量/货运量）/社会消费品零售总额；农产品流通的产业结构水平（STR_{it}）用农产品批零结构作为代理变量，公式为：STR_{it} = 农产品零售市场成交额/农产品批发市场成交额；控制变量农民受教育程度（EDU_{it}）用农村居民平均受教育年限表示[1]；城镇化率（URB_{it}）用城镇人口占城市总人口的比例表示。

以上数据除 TOT_{it} 源于前面研究结果外，均来源于《中国贸易外经统计年鉴》《中国商品交易市场统计年鉴》《中国统计年鉴》《中国农村统计年鉴》及国家统计局国家数据库（https：//data. stats. gov. cn/index. htm）的分省份年度数据。本书采用的是 2014 ~ 2018 年的省级面板数据，实际包括我国 31 个省（自治区、直辖市）的数据，香港、澳门和台湾地区因数据不可得未被纳入，总样本量为155。

（三）模型选择及检验方法

对于本书采用的此类面板数据，通常需要在混合面板模型（Pool）、固定效应模型（FE）及随机效应模型（RE）之间进行选择，一般主要通过 F 检验和 Hausman 检验来共同完成。估计方法采用面板校正标准误（PCSE）估计方法。内森奈尔·贝克和乔纳森·凯兹（Beck & Katz，1995）引入的 PCSE 估计方法是面板数据模型估计方法的一个创新，可以有效处理复杂的面板误差结构，如同步相关、异方差、序列相关等问题。本书选取的面板数据在时间跨度上较短，时序相关问题不突出。

三、实证结果分析

实证检验支持选择固定效应模型，农产品流通体系对农民收入的影响的估计结果如表 4 - 5 所示。由模型（1）~ 模型（5）可知，农产品流通体系的整体发展水平（TOT）的回归系数在 1% 的显著性水平下为正，表明农产品流通体系的整体发展水平正向影响农民收入；农产品流通基础设施水平（INF）的回归系数

---

① 由相关公式计算得出，具体计算方法为：小学以下记为 1 年，小学 6 年，初中 9 年，高中及中职中专 12 年，大专及以上 16 年。

在1%的显著性水平下为正,表明农产品流通基础设施水平正向影响农民收入;农产品流通主体的组织化程度（SYS）的回归系数在1%的显著性水平下为正,表明农产品流通主体的组织化程度正向影响农民收入;农产品流通数字化水平（DIG）的回归系数在1%的显著性水平下为正,表明农产品流通数字化水平正向影响农民收入;农产品流通效率（EFF）的回归系数在1%的显著性水平下为负,因采用的代理变量为负向指标,这表明农产品流通效率正向影响农民收入。此结果与前文研究假设相一致,符合基本的理论预期。

表 4 - 5　　　　　　　　　农产品流通体系对农民收入的影响

因变量		REV						
模型设定		(1)	(2)	(3)	(4)	(5)	(6)	(7)
		FE	FE	FE	FE	FE	FE	FE
自变量	TOT	0.2800 *** (2.8798)						
	INF		1.5758 *** (5.4859)					
	SYS			0.4564 *** (3.4249)				
	DIG				0.7689 *** (7.7095)			
	EFF					−0.1362 *** (−3.2014)		
	STR						0.2955 (1.5414)	0.0573 *** (3.1839)
	STR × SYS							0.8018 *** (4.8703)
	EDU	0.1619 ** (2.0808)	0.1458 ** (2.0335)	0.2193 *** (2.8757)	0.1714 *** (2.6283)	0.1616 ** (2.3454)	0.2201 *** (2.7575)	0.1822 *** (2.6759)
	URB	5.8124 *** (9.7422)	3.7855 *** (5.3448)	5.4755 *** (8.8707)	2.5675 *** (3.7265)	3.8307 *** (11.0320)	6.2491 *** (10.8398)	3.4703 *** (10.0865)
	常数项	−3.6825 *** (−5.7514)	−3.3781 *** (−5.7221)	−4.0586 *** (−6.6241)	−2.2628 *** (−3.9098)	−2.3080 *** (−4.4092)	−4.1359 *** (−6.5301)	−2.1788 *** (−4.3715)
	省份	控制	控制	控制	控制	控制	控制	控制
	年份	控制	控制	控制	控制	控制	控制	控制

续表

因变量	REV						
模型设定	(1)	(2)	(3)	(4)	(5)	(6)	(7)
	FE	FE	FE	FE	FE	FE	FE
R^2	0.9552	0.9616	0.9563	0.9679	0.9414	0.9533	0.9559
整体显著性	78.1316 ***	91.9243 ***	80.3056 ***	110.4875 ***	59.4363 ***	74.8032 ***	76.4472 ***
检验　FE 检验	20.5334 ***	25.8999 ***	19.8016 ***	28.8033 ***	19.3101 ***	21.3105 ***	19.9796 ***
检验　Hausman 检验	34.9918 ***	71.0951 ***	19.4258 ***	6.2481 *	45.0739 ***	37.6813 ***	25.1609 ***

注：括号中的数字是 t 值，＊、＊＊、＊＊＊分别表示显著性水平 p 值在 10%、5% 和 1% 水平下显著。

而模型（6）的估计结果显示，农产品流通产业结构水平（STR）的回归系数虽为正值，但并不显著，此结果与前面假设不一致。可能的原因是本书使用农产品流通批零规模结构代替农产品流通产业结构水平，而批零规模结构并不直接影响农民收入，并不是农产品零售行业规模越大越好，还需要考虑零售业的组织化程度，若组织化程度不高，大规模的农产品零售行业并不一定有利于促进农民增收。比如，农民选择将生产的农产品直接零售卖给最终消费者，若农民的组织化程度低，不仅不会使其增收，反而会使得农产品滞销，导致收入下降。

因此，不仅需要考虑批零规模结构，同时还需要考虑流通主体的组织化程度，因而在模型（7）中引入 STR 和 SYS 的交叉项。估计结果显示，STR 和 STR × SYS 的回归系数均在 1% 的显著性水平下为正，表明农产品流通的批零规模结构和组织化程度同时优化时，才有利于农民收入的增长。

四、结论与启示

本节全面、系统地探讨了农产品流通体系对农民收入的影响，对农产品流通体系的整体发展水平、农产品流通基础设施水平、农产品流通主体组织化程度、农产品流通数字化水平、农产品流通效率、农产品流通产业结构等因素的农民增收效应进行了理论分析和实证检验，结果表明，农产品流通体系的整体发展水平、农产品流通基础设施水平、农产品流通主体组织化程度、农产品流通数字化水平和农产品流通效率都对农民收入有显著正向影响；而农产品流通产业结构对农民收入的直接影响不显著，当农产品流通的批零规模结构和农产品流通主体的组织化程度同时考虑时，才显著正向影响农民收入。

以上研究结论对如何完善农产品流通体系才能有效促进农民增收具有重要的

启示意义。

第一，当前我国农产品流通基础设施，尤其是农村地区的流通基础设施水平较低，严重抑制了农产品流通体系的农民增收效应，应注重加强农产品流通基础设施建设，特别是要改善乡村道路基础设施、农产品交易场所设施、通信网络基础设施以及冷链物流基础设施条件。

第二，在数字经济时代，应大力推动农产品流通体系的数字化建设，用新一代信息技术赋能农产品流通产业，驱动农产品流通产业互联网的发展，在农产品流通企业经营、农产品供应链管理及农产品产业链运行等方面实现数字化转型，全面提升农产品流通体系的数字化水平。

第三，农产品流通效率低是当前我国农产品流通体系存在的关键问题之一，也是制约农民增收的主要原因。应通过优化农产品流通模式、创新农产品流通业态、整合农产品供应链、加强农产品流通信息化建设等多种方式降低农产品流通成本，加快农产品流通速度，扩大农产品流通环节的价值增值，全面提高农产品流通效率。

第四，当前我国农产品市场上，农产品批发商发挥主导供应链的作用，绝大多数农产品都经由农产品批发市场进行流通，农产品流通环节较多，且农产品批发市场未摆脱摊位制、粗放式、低组织化运行状态，批发商的组织化程度也较低，农产品批零结构亟待优化。应通过"农超对接""农餐对接""农产品电子商务"等方式减少农产品流通环节，创新农产品零售业态，优化农产品流通产业结构。

第五，提高农产品流通主体的组织化程度是提高农产品流通效率、优化农产品流通体系，进而促进农民增收的关键路径之一。应通过注重农民合作社建设、加强农产品流通人才培训培养、促进流通商采用现代企业制度、鼓励连锁化经营等途径，提高农产品流通主体的组织化程度。

第三节　本章小结

本章主要研究了农产品流通体系发展的价格稳定效应和农民增收效应，对农产品流通体系影响农产品价格波动和农民收入的机理进行了深入分析，并对相关理论假说进行实证检验。

在价格稳定效应方面，从中国农产品市场上出现的农产品价格剧烈波动的现象入手，从渠道势力的视角，对流通环节影响农产品价格的机理进行了理论分析，并基于2008～2016年中国省级面板数据，对渠道势力、流通效率与农产品价格波动的关系进行了实证检验，结果表明：第一，渠道势力对生鲜类农产品价格波动有显著影响，具体而言，批零相对规模势力对生鲜类农产品价格波动有显著正向影响，批零相对运营势力对生鲜类农产品价格波动有显著负向影响，而渠道势力（包括批零相对规模势力和批零相对运营势力）对粮食类农产品价格波动的影响并不显著；第二，渠道势力对农产品流通效率有显著影响，具体而言，批零相对规模势力对农产品（包括生鲜类和粮食类）流通效率有显著负向影响，批零相对运营势力对农产品（包括生鲜类和粮食类）流通效率有显著正向影响；第三，进一步研究发现，流通效率在渠道势力影响生鲜类农产品价格波动这一过程中起完全中介作用。基于上述结论，本章提出应从优化农产品批零结构、创新农产品流通模式、加强政府引导、推动体制机制改革等方面予以应对。

在农民增收效应方面，本章全面、系统地探讨了农产品流通体系对农民收入的影响，对农产品流通体系的整体发展水平、农产品流通基础设施水平、农产品流通主体组织化程度、农产品流通数字化水平、农产品流通效率、农产品流通产业结构等因素影响农民收入的机理进行了理论分析，提出了理论假设，并基于2014～2018年中国省际面板数据进行了实证检验，结果表明：农产品流通体系的整体发展水平、农产品流通基础设施水平、农产品流通主体组织化程度、农产品流通数字化水平和农产品流通效率都对农民收入有显著正向影响；而农产品流通产业结构对农民收入的直接影响不显著，当农产品流通的批零规模结构和农产品流通主体的组织化程度同时考虑时，才显著正向影响农民收入。基于上述结论，本章从加强农产品流通基础设施建设、推动农产品流通数字化转型、提高农产品流通效率、优化农产品流通结构、提升农产品流通主体组织化程度等方面提出了政策建议。

第五章　数字经济驱动农产品流通体系发展的机理

移动互联网等新一代信息技术的不断迭代发展，驱动了新的数字科技革命，全球加速迈向万物互联、数据驱动、智能主导的数字经济新时代。据中国信息通信研究院发布的《中国数字经济发展白皮书（2020）》数据显示，2019年，我国数字经济的总体规模达35.84万亿元，占GDP的比重提升至36.2%，对GDP的贡献率达67.7%。

在数字经济时代，新一代信息技术正加快扩张和渗透，不断颠覆旧的思维和发展模式，已成为当前推动产业革命深入发展的主导力量，引发了经济、社会、生产、生活、流通等领域的深度变革，产业的发展环境及运行体系发生了本质变化。就流通领域而言，作为数字经济的主要内容和重要载体，以电子商务、新零售为代表的新业态的创新发展快速推动了流通领域的数字化转型，极大地降低了流通成本，提高了流通效率，而农产品流通领域的数字化转型则较为滞后。2020年，全国网上零售额达117601亿元，同比增长10.9%，其中，实物商品网上零售额达97590亿元，同比增长14.8%，占社会消费品零售总额的比重达24.9%。[①]2019年，我国农产品网络零售额达3975亿元，同比增长27%，增速高出全国网上零售整体增速10.5个百分点，但农产品网络零售整体规模仍然偏小，占实物商品网上零售额的比重仅为4.7%。[②]

数字经济正在以前所未有的速度渗透到产业运行体系中，驱动产业在质量、效率和动力层面的变革。以电子商务、新零售为代表的数字经济新业态推动了流通领域的深度变革，数字经济也必将推动农产品流通体系的变革与重构。然而，数字经济驱动农产品流通体系创新发展的路径有哪些？其作用机理是怎样的？学者们在此方面的探讨较为鲜见。本章将聚焦这个问题，剖析数字经济驱动农产品

---

① 中国互联网络信息中心发布的第47次《中国互联网络发展状况统计报告》。
② 资料来源于商务部公开数据，http://www.mofcom.gov.cn/。

流通体系创新发展的机理及路径，以明确数字经济时代农产品流通体系建设的新方向和新要求。

第一节 数字经济驱动农产品流通主体创新发展

农产品流通主体按性质可划分为农户、农产品经纪人、农民合作组织（农民合作社、合作协会等）、农产品交易市场、农产品经销企业等。

一、数字经济驱动小农户经营能力提升

我国农产品商品交易过程中，自产自销的农户以及个体工商户经营的农产品经纪人等个体性质的流通主体仍然占较高的比例。由于农户和农产品经纪人的经营能力相对较弱，伴随着农产品流通产业的现代化转型发展，个体性质的小型流通主体的比例将会降低，组织化程度较高、具有现代经营管理和规模优势的企业性质的流通主体比例会提高，然而，个体性质的小型流通主体在可预见的未来，仍将是我国农产品流通市场上不可或缺且至关重要的参与主体。因此，如何补齐农户以及农产品经纪人等个体流通主体的经营能力短板，是亟待解决的重要问题。随着数字经济的发展，农民的数字化应用能力逐渐提升。截至 2020 年 3 月，我国农村网民规模达 2.55 亿人，农村地区的互联网普及率为 46.2%，较 2018 年底提升 7.8 个百分点。[①] 随着农村宽带互联网、智能手机终端设备以及 5G 移动通信网络的逐步覆盖，农户和农产品经纪人可更轻松通过网络参与获取市场信息，借助第三方电商平台开展销售经营等活动，经营数字化水平不断提高，且可通过互联网接受远程教育、网络培训或自主学习，其个人综合素质和业务能力会不断提升，将驱动传统的个体流通主体逐渐向具备数字化应用能力的新型职业农产品经纪人衍变，其经营管理能力将显著提升。此外，随着新一代互联网技术的应用深化，农产品经纪人之间也可以通过组建虚拟联盟，以彼此所处农产品产地或销地优势、细分产业的专业优势、物流服务优势、客户信任优势等参与合作，促进资源能力互补，发挥协同效应，来扩大经营规模、拓展业务范围。

二、数字经济驱动农民合作组织管理能力提升

农民合作社在解决我国农业生产经营分散、组织化程度低、信息传递不畅等

---

① 《CNNIC：第47次中国互联网络发展状况统计报告》。

方面有明显优势，是提高我国农业标准化、规模化、市场化程度的重要组织形式，在提升我国农业生产经营效率等方面发挥了重要作用。据农业农村部数据显示，截至 2019 年底，全国依法登记的农民合作社达到 220.1 万家，覆盖全国近一半农户。作为农产品生产、流通的重要主体，农民合作社的运营管理能力提升，对农产品的生产流通效率提升至关重要。

随着我国数字经济不断向农业农村领域延伸，农民合作社无论是主动选择，还是被动接受，其数字化转型势在必行。截至 2018 年底，全国有近 2 万家农民合作社开展了电子商务活动。一方面，农民合作社的服务对象是参与其中的众多农民，农民的数字化服务需求驱动农民合作社的数字化转型。随着智能手机等移动数字终端设备、宽带网络和 4G、5G 移动通信网络的快速普及，以及电子商务不断向农村地区渗透，农民已经充分认识到包括互联网在内的新一代信息技术的便捷和高效性，其数字心智水平在不断提高，网络已经成为农民生活、消费、生产和经营活动中非常重要的元素。农民合作社要想更好地服务广大农民，不得不提高自身的数字化水平，在数字农业生产、数字化管理、数字化营销等方面积极探索，打造数字化农民合作社。另一方面，作为下游农产品流通商或终端消费者的供应方，下游客户的数字化商务需求驱动农民合作社数字化转型。由于下游客户多在城镇地区，其数字化发展比农村地区起步更早、发展更快、水平更高，数字化转型步伐更大，农民合作社为更好融入农产品供应链，更好对接市场需求，将不得不在生产、经营各环节进行数字化改造。

数字化应用所带来的优势和价值是驱动农民合作社数字化转型的本质动因。如在农业生产方面，运用物联网、遥感监测、人工智能等技术，推进数字农业、数字养殖、数字鱼塘等应用（吴彬，2020）[①]；在信息管理方面，运用移动互联网技术、大数据技术，对接、应用国家农民合作社管理信息系统和农业大数据平台，及时掌握农产品市场需求及价格变动信息，精准指引社员农户调整生产，减小信息不对称的负面影响；在供应链管理方面，对接下游农产品流通商的数字信息系统，在交易前期的产品询价、议价、订单签订等环节进行网络化改造，降低交易成本，在交易后期的农产品包装、加工、运输等环节加强数字采集和信息共享，在降低流通成本的同时，提高供应链透明度，实现农产品追踪溯源；在农产品营销方面，积极开展数字化营销，通过自建 App、小程序或进驻第三方互联网电商平台，开辟线上推广、销售渠道，拓展市场的同时，可打造特色农产品品

---

① 吴彬. 数字乡村建设背景下打造数字化合作社正当时［J］. 中国农民合作社，2020（7）：54.

牌，提高产品辨识度和附加值。

三、数字经济驱动农产品交易市场数字化转型

我国70%以上的农产品经由全国4000多个农产品批发市场进行流通，[①] 其运营管理能力直接影响我国农产品流通效率。我国农产品批发市场大多没有摆脱摊位制、粗放式管理的低组织化状态，流通效率受到极大制约（谢莉娟和王晓东，2014）[②]。随着移动互联网、大数据、云计算、物联网、人工智能等技术的广泛推广和深度应用、生鲜农产品消费渠道多元化需求以及2020年新型冠状病毒肺炎疫情加速推动传统农产品零售渠道线上化经营，作为农产品流通最重要环节的农产品批发市场的数字化转型势在必行。

从农产品批发市场自身发展来看，传统粗放式的发展方式难以为继，随着数字经济的深化发展，数字技术应用范围不断扩大，覆盖采购、运输、仓储、冷链、交易、支付等各个环节，技术"瓶颈"将被不断突破。为跟上时代步伐，增加自身经济效益，获得可持续发展，农产品批发市场亟须依托移动互联网、大数据等新一代信息技术来拓展农产品价格形成、物流整合、信息传导、生产指导、商品溯源、金融支持等现代流通服务职能，完成信息化、数字化改造。

从外部市场竞争环境来看，随着互联网企业加大线下渗透步伐、第三方电商平台为农户或产地农产品经纪人提供便捷低成本的销售渠道、农产品电商企业蓬勃发展以及社区团购、基地直采等新型模式不断出现，农产品批发市场的市场份额在不断被稀释，来自其他主体的竞争愈发激烈。作为近几十年农产品流通市场上的绝对主力，农产品批发市场"凭借着专业化优势、规模经济优势实现更高流通效率"的传统范式依然有效（Rosenbloom，2007）[③]，其与其他农产品零售渠道商之间的竞争也不应是零和竞争，完全可以形成一种健康的、协同发展的竞合关系，农产品批发市场仍然可以成为零售商重要的上游供应商。而随着消费者线上消费习惯的养成和农产品零售商数字化转型步伐的加快，将倒逼农产品批发市场进行数字化转型，以对接下游的需求。随着农产品批发市场实现对货物、场地、渠道、车辆、人员、客户等要素数据化，由此产生的大数据将会为其带来巨

[①] 　资料来源于中国网·新闻中心，http：//news. china. com. cn/txt/2020 – 07/03/content_76233707. htm。
[②] 　谢莉娟，王晓东. 中国商品流通费用的影响因素探析：基于马克思流通费用构成的经验识别 [J]. 财贸经济，2014（12）：75 –86.
[③] 　Rosenbloom B. The wholesaler's role in the marketing channel：Disintermediation vs. reintermediation [J]. International Review of Retail Distribution & Consumer Research，2007，17（4）：327 –339.

大的商业价值，也能为下游客户提供更优质的服务。

四、数字经济驱动农产品流通企业创新发展

数字经济主要通过推动组织架构变革、业务流程重组、商业模式创新以及产品价值增值驱动农产品流通企业的创新发展。

（一）数字经济驱动农产品流通企业组织架构变革

科斯（Ronald H. Coase）在 1937 年发表的《企业的性质》（*The Nature of the Firm*）中指出企业的本质是一种资源配置方式，市场和企业是两种可以互相替代的资源配置方式，而企业的边界是企业内部的交易成本低于市场的交易成本。在工业经济时代，经济活动的专业化分工越来越细，市场交易日趋频繁，市场交易成本急剧上升，此时，具有适度规模的企业内部交易成本相对较低，企业的重要性日益突出，企业的组织模式也快速演进，逐渐形成了以职能为导向的科层式组织架构。而进入数字经济时代之后，高效的信息交互以及电子化的交易方式，极大地提高了交易的速度和效率，市场交易成本降低的同时，企业内部的交易成本也在明显下降，这从根本上动摇了原有的传统科层式组织架构的基础。为适应数字经济时代的发展特征，企业的组织架构模式亟待变革。从企业组织的构成形态、管理机制和运行方式等不同角度观察，企业将向网络化、扁平化、柔性化特征演变。[1]

相比工业品流通企业而言，我国农产品流通企业的现代化进程较为滞后，现代化的批发或零售主体占比较少，绝大多数都是传统分散、小型的流通企业，其组织化程度普遍较低。

对现代化进程较快、已形成现代经营管理方式的农产品流通企业来说，它们往往已经形成了以职能为导向的科层式组织架构，在互联网、大数据等新一代信息技术驱动下，技术、人才、资金等要素的配置方式发生重大变革，要素的流动在网络平台这一虚拟空间上更加迅速、便捷，消除了以往各职能部门之间的信息壁垒，网状短渠道的信息传递、共享方式便于形成跨领域、跨部门的网络化协同创新模式。同时，在数字经济时代，移动互联网等新技术在企业管理中的广泛使用，信息的传递成本越来越低，传递速度越来越快，为快速应对复杂的市场环境变化，一线员工及时的信息反馈以及参与决策变得必要且可行，科层式高耸的组

---

[1] 中国信息化百人会课题组. 数字经济：迈向从量变到质变的新阶段 [M]. 北京：电子工业出版社，2018.

织架构无法适应新的要求，组织将向层级减少、管理幅度扩大的扁平化方向发展。此外，数字经济加速推动了消费需求的多样化需求，就农产品的种类、新鲜度、质量安全、配送方式及时间要求等方面更加关注，原有的以满足标准化、批量化需求的运营方式无法满足这种需求的变化，而以农产品品类或服务对象为单位组建项目小团队的"创客"模式能够充分调动员工积极性，并快速捕捉、响应消费者的需求变化，能够极大提高企业的运营效率，并改善消费者体验，而项目小团队可以根据需要随时进行重组，破除部门间人才资源流动的壁垒，以柔性化的组织架构模式充分发挥资源的配置效率。

对现代化进程较慢、规模较小、尚未形成职能分工明确的科层式组织架构的小型流通企业来说，在数字经济加速发展的驱动下，新一代信息技术在企业管理中的应用也将不断深化，这为小型农产品流通企业在运营管理效率上实现跨越式追赶提供了绝佳契机。由于企业规模较小，员工数量不多，员工间的分工原本并不十分明确，员工更多时候是以一个团队的形式相互协助、相互配合地开展工作，这种工作方式类似于新型的"创客"团队模式，组织架构模式也具备扁平化、柔性化的特性。因此，小型农产品流通企业可以在充分利用互联网、大数据、移动支付等新一代信息技术的情况下，不断提高企业的数字化水平，相比传统大型流通企业而言，小型企业没有破除传统组织模式的变革阻力，可能更快地形成网络化、扁平化、柔性化特征的现代经营管理模式，实现经营管理水平对大型流通企业的跨越式追赶。

（二）数字经济驱动农产品流通企业业务流程重构

在数字经济时代，数据作为传统的三大生产要素——劳动、土地、资本之外的新的生产要素参与经济运行，而数据要素的自由流动和高效配置是数字经济运行的关键基础，而这也是企业组织数字化转型的基石。数据的自由流动和高效利用需要企业信息系统的互联互通和综合集成（赛迪智库，2018）[①]，围绕搭建的数字中心系统，业务和部门以零渠道或短渠道对接数字中心，实现数据的瞬时、准确采集与分析调用，最大化地发挥数据的综合运用效率。这将要求颠覆以往层级式的业务运行方式，以更及时、准确地响应用户需求为导向，对企业的业务流程进行优化或重构。从企业内部来看，数据和信息的高效传递能缩短纵向信息链，加快传递速度的同时，提高了高层和基层的信息对称性，减少决策或行动的

[①]　赛迪智库. 以数字转型赋能企业创新发展的五大作用机理 [J]. 网络安全和信息化，2018（9）：22－24.

时滞。从企业外部来看，智能销售终端能自动采集销售数据的同时，还能让企业与消费者的互动更加频繁、更加及时，对消费者的需求把握也将更加精准，以往流通环节以采购部门为中心的正向整合生产要素的业务流程，在向"以消费者为中心"或"以消费者参与为中心"的逆向整合生产要素的业务流程转变。

以农产品流通企业的采购流程为例，传统的业务流程是销售部门经理定期整理门店的销售数据信息以及一线销售员反馈的消费者少量零碎的评价信息，再将整理好的需求信息传达到采购部门，采购部门依据销售部门的需求信息，结合以往的经验判断，做出采购决策，向上游农产品供应者询问并采购所需商品。而企业实现数字化转型之后，门店销售的数据信息和消费者评价消息会实时地被数据中心采集并储存，采购部门无须等待销售部门定期整理的销售信息，可随时到数据中心调取并进行数据的深度分析挖掘，可实时、精准地掌握商品的销售数据和消费者满意情况，借助大数据预测分析模型，对订单、促销、清仓等多种场景下的销量进行精准预测，从而基于科学分析而不是经验判断做出更加合理的采购决策。随着数字化改造的不断推进，不仅可以对企业内部的流程进行优化，还可以对接上游供应商的库存信息，从而使采购部门的采购业务流程更加顺畅、高效，决策周期将大幅缩短，沟通成本将大幅降低。因此，数字经济将驱动企业业务流程的全面重构，而伴随着业务流程的重构，企业的组织架构由科层式的线性形式向扁平化的协同网络形式演进。

（三）数字经济驱动农产品流通企业商业模式创新

在数字经济时代，新一代信息技术不断演进，基于新信息技术商业化应用的新型商业模式层出不穷，而电子商务是其中最为成功的商业模式之一。作为数字经济在流通领域的典型代表，电子商务的飞速发展不仅极大改变了传统的商品交易方式，也彻底改变了人们生活和消费方式。消费者对商品质量、价格、消费场景、服务水平等方面的需求在不断演进，而为迎合消费者这种需求变化趋势，企业需要创新商业模式，为消费者提供全时、全渠道、高效的消费方式。在农产品流通领域，农产品电商以2005年易生鲜的成立为标志，经过十多年的发展，各类农产品电商模式和企业层出不穷，但与图书、3C产品、服装等工业品电商成功企业不断涌现不同，农产品电子商务的发展历程更为曲折，成熟的模式和成功的企业数量屈指可数。这与农产品自然生长、易腐、难储存、非标准化、物流成本高等特性有关，这些特性导致农产品电商模式远比工业品电商模式复杂。但随着物联网、数字农业、冷链物流等技术的不断完善，农产品在生产和流通环节的

"瓶颈"被逐渐突破，农产品电商演化出高端定制、线上线下融合、平台化运作等创新模式，探索出了多条行之有效的发展之路。

如正谷农业的"有机农业＋电子商务"模式，以有机、生态的高端农产品为卖点，以礼品定制为特色营销手段，塑造了基于互联网的高端农产品零售品牌，获得了成功。基于如淘宝、天猫、京东等第三方数字化平台的农产品电商模式，由于农户或农产品流通企业能借助数字化平台，以低成本接触到空前广泛的消费者与合作伙伴，并使用成熟、完备的商业服务体系，能充分发挥平台经济的网络乘数效应，诸多农产品流通商通过这种方式开辟了新的销售渠道。线上线下融合模式则是当前农产品流通领域的主要演进方向。具备线上运营优势的电商企业在向线下领域扩张，如阿里旗下的"盒马鲜生"、京东旗下的"7FRESH"都是线上线下融合发展的农产品新零售模式；传统线下农产品零售企业也在拓展线上销售渠道，尤其是 2020 年新冠肺炎疫情期间，农产品网购需求激增，线上农产品零售企业纷纷开展线上运营，大型连锁超市可通过自建 App 开展线上销售，而众多的小型农产品零售企业则依托第三方外卖平台进行线上销售。无论是传统线下零售企业还是电子商务企业，线上线下融合的全渠道零售模式是新的发展趋势（李晓雪等，2020）[①]。

（四）数字经济驱动农产品流通企业产品增值

农产品附加值低是当前我国亟待破解的难题。随着数字经济的加速发展，农产品附加值低的难题有了新的解决路径。产销一体化的农产品企业可以从两方面实现产品增值。一方面，通过数字化转型，企业可运用大数据技术精准掌握消费者对农产品种类、外观、包装、品牌、质量等方面的喜好，以及对价格、购物场景、服务等方面的需求，通过数据的深度挖掘，精准锚定消费者个性化需求，全方位提高消费者体验，在增强客户粘性的同时，消费者愿意为更符合消费者需求的产品和更优质的服务组合支付更高的价格，从而带来产品增值。另一方面，随着数字农业技术的不断成熟，可通过农业物联网技术对农产品生长所需的空气温湿度、土壤温湿度、二氧化碳浓度、光照度等数据进行监测和控制，进行水肥一体化的自动智能化灌溉等操作，为农作物提供最适宜生长的环境；还可运用虫情监测系统，实现对害虫的诱集、分类统计、实时报传、远程检测、虫害预警和防治指导的自动化、智能化。针对畜牧养殖，可远程监测禽畜养殖场温湿度，甲

---

① 李晓雪，路红艳，林梦．零售业数字化转型机理研究［J］．中国流通经济，2020，34（4）：32-40.

烷、硫化氢、氨气等养殖环境，自动进行异常报警、实时调控，实现智慧化养殖。在数字农业生产精细化管理条件下，产品的质量更好、安全可控可追溯，再通过对市场端的品牌开发、宣传推广，结合观光采摘、订单农业、高端礼品定制、农产品深加工等三产融合途径，可全方位提高农产品附加值。

五、实证检验

基于上述理论分析，考虑数据的可获取性和实证分析的可行性，提出以下研究假设：

假设 H9：数字经济发展能促进农产品流通主体组织化程度的提高。

（一）模型设定与变量选取

为验证假设 H9，本书采用面板数据模型进行计量分析，模型设定为：

$$Syste_{it} = \beta_0 + \beta_1 Digit_{it} + \beta_2 Educa + \varepsilon_{it} \tag{5-1}$$

其中，i 表示省份，t 表示年份，模型中的被解释变量 $Syste_{it}$ 为农产品流通主体的组织化程度。解释变量 $Digit_{it}$ 为数字经济发展水平，模型将农民受教育程度（$Educa_{it}$）作为控制变量，由于我国从事农产品批发和零售的人员中有 90% 以上是农民（于淑华，2016）[①]，而农民的受教育程度对农户组织化程度有显著影响，受教育程度越高，农民通过自主学习或加入合作组织来提高经营管理水平的意愿和能力越强（刘慧和尹海东，2012）[②]，因此，农村居民受教育程度是理想的控制变量。

考虑数据的可获取性，变量可用以下数据表示：被解释变量农产品流通主体的组织化程度（$Syste_{it}$）用农产品连锁零售企业统一配送商品比例表示，因为连锁经营具有较为典型的组织化网络特征（谢莉娟和王晓东，2014）[③]，而连锁零售企业的统一配送能实现规模经济效应，降低运营成本，被认为是零售企业现代化管理的重要体现，具体公式为：

$$Syste_{it} = \frac{连锁零售企业食品、饮料烟草统一配送商品购进额}{连锁零售企业食品、饮料烟草商品购进额}$$

解释变量数字经济发展水平（$Digit_{it}$）用移动互联网普及率作为代理变量，

---

① 于淑华. 我国农产品批发商经营现状研究 [J]. 时代经贸，2016（36）：6–13.

② 刘慧，尹海东. 我国农户组织化程度的影响因素分析 [J]. 农机化研究，2012，34（11）：46–48，54.

③ 谢莉娟，王晓东. 中国商品流通费用的影响因素探析：基于马克思流通费用构成的经验识别 [J]. 财贸经济，2014（12）：75–86.

公式为：

$$Digit_{it} = 移动互联网用户数量/地区常住人口数$$

由于 3G、4G、5G 移动通信网络的建设所带来的移动网速的大幅提升突破了手机、平板电脑等移动智能终端设备的网速"瓶颈"，连入互联网的移动智能设备快速普及，消费互联网和产业互联网进入加速发展期，数字经济才得到快速发展，因此，移动互联网普及率是数字经济发展水平理想的代理变量。

控制变量 $Educa_{it}$ 用农村居民平均受教育年限表示，计算方法同第四章第二节。

本章数据均来源于《中国贸易外经统计年鉴》《中国商品交易市场统计年鉴》《中国统计年鉴》《中国农村统计年鉴》及国家统计局国家数据库（https：//data. stats. gov. cn/index. htm）的分省份年度数据，采用的是 2014～2018 年的省级面板数据，实际包括 31 个省（自治区、直辖市，不含我国香港、澳门、台湾地区）的数据，总样本量为155。检验采用第四章相同的方法。

（二）实证结果分析

通过对面板数据模型进行 F 检验和 Hausman 检验，结果表明随机效应模型的结果优于固定效应模型和混合普通最小二乘法模型，因此选择随机效应模型，估计结果如表 5－1 所示。

表 5－1　　数字经济发展水平对农产品流通主体组织化程度的影响

因变量 Syste（农产品流通主体组织化程度）		
模型设定		RE
自变量	Digit	0. 2947 *** （5. 9351）
	Educa	0. 0793 ** （2. 1135）
	常数项	1. 1478 *** （3. 7463）
	省份	不控制
	年份	控制
整体显著性		17. 1465 ***
检验	FE 检验（F）	13. 4720 ***
	Hausman 检验	6. 5888 **

注：括号中的数字是 t 值，** 、*** 分别表示显著性水平 p 值在 5% 和 1% 水平下显著。

可以看出，数字经济发展水平的回归系数在1%的显著性水平下为正，表明数字经济发展水平正向影响农产品流通主体组织化程度，此结果与研究假设相一致，也符合基本的理论预期。

第二节 数字经济驱动农产品流通产业结构优化

流通产业结构指的是流通产业运行各种要素的比例关系和经济联系。通常包含以下几种类型：流通业态结构、流通批零结构、流通技术结构、流通空间结构等。流通产业结构优化指的是流通产业运行各种要素的比例关系和经济联系由不协调向协调的演进过程，是对流通产业的结构进行调整，使流通产业内部各行业、各部门、各要素的发展规模、发展速度、发展水平及它们之间的联系能符合经济社会发展的需要，实现流通产业的协调、均衡发展（章迪平，2010）[①]。

随着数字经济的不断发展，农产品流通产业发展的外部环境和内部要素的经济联系都发生了较大的变化，应驱动农产品流通产业内部结构进行调整并不断优化，以适应经济社会发展的需要。

一、数字经济驱动农产品流通业态结构丰富化

传统农产品流通产业的业态大致可以分为两大类，批发业业态和零售业业态。我国农产品批发业业态较为单一，基本是以传统线下农产品批发市场为核心，农产品批发市场则主要是以摊位制出租的方式经营。传统农产品零售业态相对较为丰富，主要有大型综合超市、生鲜超市、社区商店、农贸市场等。

随着大数据等新技术的发展和商业化应用，农产品流通企业商业模式不断创新，数字经济技术催生了许多流通新业态，农产品流通业态也随之丰富，农产品流通业态结构呈现出多元化格局。

以农产品批发业态来说，在互联网和电子商务技术推动下，一方面，出现了如"一亩田"农产品B2B电商业态等线上虚拟农产品批发新业态，为农村合作社、农产品经纪人、种植大户、家族农场等农产品供应商和农产品批发商、农产品加工企业、超市、餐饮企业等规模采购商提供网上交易平台；另一方面，在数字经济技术驱动下，传统农产品批发市场为提高经营效率和客户体验，也在纷纷"触网"，如北京新发地农产品批发市场、合肥周谷堆农产品批发市场等都建立了

① 章迪平. 流通产业发展方式转变实证研究［D］. 杭州：浙江工商大学，2010.

电子商务交易平台，为客户提供线上线下融合的批发交易模式。

以农产品零售业态来说，业态创新速度更快，创新方向以农产品电商化为主要趋势，发展出了以优菜网、易果生鲜、沱沱工社、本来生活网、优果网等为代表的垂直自营式农产品电商业态，以天猫生鲜、喵鲜生、京东生鲜、苏宁生鲜等为代表的自营式综合电商业态，在淘宝网、京东网、拼多多、抖音、快手等第三方平台上开展农产品网络零售的平台式电商业态，以百果园、永辉超市、中粮集团我买网等为代表的传统实体农产品企业线上转型的电商业态；除电商化方向创新之外，具有数字技术优势的互联网企业开始向线下实体零售领域进军，阿里巴巴旗下盒马鲜生、腾讯旗下超级物种、京东旗下 7FRESH 等新零售业态开展线上线下融合经营。

农产品流通业态的不断丰富，不同业态有其不同的经营模式和竞争优势，能够满足消费者多样化、个性化、差异化的农产品购物需求，在提高农产品流通效率的同时，改善消费者体验。

二、数字经济驱动农产品流通批零结构合理化

农产品流通批零结构指的是农产品流通中批发环节和零售环节的宏观适配关系，它不仅影响农产品流通产业内部的运行效率，还影响流通系统功能的适应性（李智，2007）[①]。在我国农产品市场上，约 70% 的农产品经由农产品批发市场参与流通，而经由农产品批发市场的模式往往流通环节较多，流通链条较长，流通效率较低。第四章的理论分析和实证研究也表明，农产品流通的批零相对规模结构对农产品流通效率有显著的负向影响，即农产品批发业与农产品零售业的相对规模越大，农产品流通效率越低。当前我国农产品批发行业的规模过大，而农产品生产者与零售商或消费者直接交易的零售市场规模太小，适度调整农产品批零结构有利于强化市场竞争、提高农产品流通效率（孙伟仁等，2019）[②]。

一方面，数字经济催生的农产品零售新业态快速发展促进农产品零售规模不断扩大。前文分析指出数字经济驱动农产品零售新业态不断涌现，而这些零售新业态为寻求成本优势和质量优势，往往会采取"产地直采"的模式，农产品生产者与零售商直接交易或农产品生产者直接面向消费者销售的规模不断扩大。2019年，我国农产品网络零售额高达 3975 亿元，同比增长 27%。一些成功典型企业

---

① 李智. 中国商品流通批零结构演进规律实证解析 [J]. 财贸经济，2007（2）：105 – 110.
② 孙伟仁，徐珉钰，张平. 渠道势力、流通效率与农产品价格波动：基于中国 2008 ~ 2016 年省级面板数据的实证分析 [J]. 农村经济，2019（4）：95 – 102.

如盒马鲜生，自 2017 年成立以来，发展速度非常快，2019 年门店数量达到 250 家，总销售额达 400 亿元，同比增长 185.7% 。①

另一方面，数字经济技术推动传统农产品零售企业高效发展，促进了农产品零售规模扩大。移动互联网、电子商务等数字经济技术在传统农产品零售业的应用不断深入，较农产品批发业而言，农产品零售业的数字化转型速度较快，尤其是农产品连锁零售企业，信息化、数字化水平较高，而数字化技术促使其经营效率和竞争优势得到提高，其经营规模不断扩大。例如，利用生鲜壁垒优势快速扩张壮大的永辉超市，2019 年门店数量达到了 1440 家，销售额为 848.77 亿元，增长率连续十年保持在 10% 以上，② 其数字化转型非常快，开发永辉生活 App 发力渠道数字化转型，全面打通"到店 + 到家"服务。而一些生鲜农产品连锁零售企业借助数字经济技术，也实现了快速发展，如 2019 年，黑龙江地利生鲜农产品企业管理有限公司的门店数量达到了 254 家，其销售额达到了 43.9 亿元，同比增长 18.8%，公司于 2019 年投资并孵化了新零售电商平台"滴哩集市"，并上线运营，地利生鲜 80% 以上的门店都开展了线上销售；成立于 2015 年的安徽生鲜传奇商业有限公司的门店数量发展到了 130 家，销售额达 10.7 亿元，同比增长 48.6% 。③

随着数字经济驱动农产品零售业不断发展壮大，以及"农超对接""农餐对接""农社对接"等模式的不断推广，农产品批发市场占绝对主导地位的格局有望被打破，农产品批发商与零售商的均衡发展，有利于农产品流通市场形成更加有效的竞争，农产品流通产业批零结构也会更趋合理。

三、数字经济驱动农产品流通技术结构高度化

产业技术结构指的是产业在一定时期内不同等级、不同类型的物质形态和知识形态技术的组合和比例关系。产业技术结构反映出产业的技术水平和状况，也影响乃至决定产业经济发展。合理的技术结构是产业经济持续、高效发展的基础和重要条件。按技术效率由低到高的逻辑顺序可将产业技术分为原始技术、初级技术、中间技术、先进技术、尖端技术等层次（王伯鲁，2000）④。一般来说，产业内应用的技术效率层次高的技术占比越高，产业的运行效率越高。产业技术结构高度化则指的就是高技术效率的产业技术在产业中应用的比例不断扩大，技

---

① 数据来源于中国连锁经营协会发布的《2019 年中国超市百强》榜单。
② 永辉超市 2019 年营收达 848.77 亿元同比增长 20.36% ［N］. 证券日报网，2020 - 04 - 29.
③ 资料来源：联商网资讯，http://www.linkshop.com/news/2019438184.shtml。
④ 王伯鲁. 产业技术结构分析［J］. 经济问题，2000（7）：9 - 12.

术进步对产业经济发展的促进作用越来越强（章迪平，2010）①。

数字经济时代，驱动产业发展的社会环境、要素配置方式、组织协作、技术创新、消费习惯等都发生了深刻变化，传统产业的转型升级迫在眉睫，农产品流通产业的技术结构也将发生显著变化。新数字技术不断向农产品流通产业渗透，先进技术和高端技术更多被应用于农产品流通产业，技术效率较高的数字化技术在农产品流通产业的应用比例不断提高。

数字经济时代，以技术创新推动产业转型是必然选择，农产品流通产业的转型升级迫切需要提高农产品流通产业的技术效率，从而对智能流通基础设施、流通技术水平、流通技术人才等方面提出了更高的要求。传统要素驱动式的粗放式发展方式难以为继，增加技术投入是提高农产品流通产业发展效率的重要路径，用机械化技术、人工智能技术代替传统劳动力的趋势更加明显，如零售领域里的自助结算、无人超市，物流配送领域的智能配货、无人机配送、智能存货柜等。农产品流通产业将从劳动密集型产业逐渐向资本技术密集型产业演进，技术知识在推动农产品流通产业发展过程中的作用将显著提高。

四、数字经济驱动农产品流通空间结构平衡化

从第三章对我国农产品流通产业发展水平的评价结果可知，我国农产品流通产业发展水平存在较明显的地区差异，在空间布局上存在不平衡现象。由于在经济发展水平、居民收入水平、资源禀赋、城市化进程等的不同，各地区在流通基础设施建设、商业网点布局、农产品交易市场建设、农产品流通组织发展、流通信息化技术应用等方面存在较大差异，农产品流通产业的空间网络结构较不均衡。事实上，流通产业不仅在省域之间存在不平衡，在城乡间的不平衡现象更为突出，作为农产品主产地的农村地区，其仓储运输、商贸服务等流通产业的发展水平大幅落后于城市地区。空间分布的不平衡，影响了农产品商品化进程，制约了农产品流通产业的发展。

数字经济时代，信息化、数字化已经成为现代商品流通体系的重要标志，以电子商务为代表的新型商品流通方式不仅降低了交易成本，提高了流通效率，也打破了区域市场的条块分割格局，促进流通产业的资源整合和结构优化（牛艳艳，2017）②。第一，以电子商务为代表的网络交易方式在一种程度上替代了传

---

① 章迪平. 流通产业发展方式转变实证研究 [D]. 杭州：浙江工商大学，2010.
② 牛艳艳. 新常态下电子商务对农村商贸流通业结构的影响 [J]. 商业经济研究，2017 (8)：135 –
137.

统线下实体交易方式，电子商务平台全国一体化、无地域限制的特性，突破了线下实体商业网点分布不均衡的障碍，随着农产品电子商务的快速发展和交易规模的不断增加，农产品流通产业地区间发展不平衡问题会得到缓解。第二，数字经济推动农产品流通环节减少，建立产销直联的方式有利于提高农产品流通效率，在农产品主产地建立冷藏仓库、产地商品交易市场、农产品初深加工基地等流通基础设施的需求将更加迫切，农村地区农产品流通产业将加快发展，城乡差距将缩小。第三，数字经济需要以数据以及流通基础设施的互联互通为基础，无论是政府政策层面的引导，还是市场层面的驱动，地区间、城乡间协调推进物联网、移动互联网、大数据、人工智能等新型基础设施建设将更利于发挥协同效应，为各地区农产品流通产业的数字化转型提供相对平衡的基础条件，从而促进农产品流通产业的空间网络结构实现平衡化。

五、实证检验

基于上述理论分析，根据数据的可获取性和实证分析的可行性，此处只考察数字经济发展对农产品批零规模结构优化的影响，可提出以下假设：

假设 H10：数字经济发展能促进农产品批零规模结构的优化。

（一）模型设定与变量选取

为验证假设 H10，本书采用面板数据模型进行计量分析，模型设定为：

$$Struc_{it} = \beta_0 + \beta_1 Digit_{it} + \varepsilon_{it} \qquad (5-2)$$

其中，i 表示省份、t 表示年份，模型中的被解释变量 $Struc_{it}$ 为农产品批零规模结构，$Digit_{it}$ 为数字经济发展水平。

根据数据的可获取性，变量可用以下数据表示，农产品批零规模结构（$Struc_{it}$）的计算公式为：

$$Struc_{it} = 农产品零售市场成交额 / 农产品批发市场成交额$$

解释变量数字经济发展水平（$Digit_{it}$）仍用移动互联网普及率作为代理变量，计算公式为：

$$Digit_{it} = 移动互联网用户数量 / 地区常住人口数$$

以上数据均来源于《中国商品交易市场统计年鉴》《中国统计年鉴》及国家统计局国家数据库（https：//data. stats. gov. cn/index. htm）（www. stats. gov. cn）的分省份年度数据，采用的是 2014～2018 年的省级面板数据，实际包括 31 个省（自治区、直辖市，不含我国香港、澳门、台湾地区）的数据，总样本量为 155。

检验同样采用第四章相同的方法。

（二）实证结果分析

检验结果支持选择随机效应模型，估计结果如表 5 - 2 所示，数字经济发展水平的回归系数在 5% 的显著性水平下为正，表明数字经济发展正向影响农产品批零规模结构，此结果与研究假设相一致，也符合基本的理论预期。数字经济发展水平越高，农产品零售规模越有扩大趋势，因为数字经济促进了农产品零售新业态的涌现和壮大，短渠道的农产品零售得到快速发展。

表 5 - 2　　　　　　　**数字经济发展对农产品批零规模结构的影响**

因变量 *Struc*（农产品批零规模结构）		
模型设定		RE
自变量	*Digit*	0.0898 ** (2.3299)
	常数项	0.2526 *** (6.5657)
	省份	不控制
	年份	控制
检验	整体显著性	5.3748 **
	FE 检验（F）	21.37 ***
	Hausman 检验	2.5352

注：括号中的数字是 t 值，** 、*** 分别表示显著性水平 p 值在 5% 和 1% 水平下显著。

第三节　数字经济驱动农产品流通效率提升

对于农产品流通效率的概念，国内外学者并没有形成统一的界定（王娜和张磊，2016）[①]。宋则（2003）认为流通效率是衡量农产品流通产业整体运行质量和节奏的概念，在对流通效率进行衡量时，运用了流通速度、库存率、物流成本等。[②] 李辉华（2005）认为流通效率是指单位时间内商品流通所实现的价值量与

[①]　王娜，张磊. 农产品流通效率的评价与提升对策研究：基于流通产业链视角的一个分析框架 [J]. 农村经济，2016（4）：109 - 114.

[②]　宋则. 时空视野中的流通效能本质 [J]. 东北农业大学学报（社会科学版），2003（1）：65 - 69.

流通费用之差。① 孙剑（2011）从流通速度、流通效益、流通规模三个层面衡量农产品流通效率。② 陈耀庭等（2015）用流通成本、利润率、流通费用率和生产者分得比率来衡量农产品流通效率。③ 张永强等（2017）从流通速度、流通成本、流通效益和流通规模四个层面测度农产品流通效率。④ 李崇光等（2016）认为除流通速度、流通利润、流通规模之外，考虑农产品具有季节性和鲜活易腐性特点，农产品流通效率还应增加农产品品质保持指标。⑤ 李飞和刘明葳（2005）用流通业资产周转率、资产报酬率来衡量流通效率。⑥ 综合专家学者对流通效率的界定和衡量指标，本书从产业链的视角，将农产品流通效率定义为农产品流通产业的运行效率，从流通成本、流通速度、流通效益三个层面来综合分析。

一、数字经济驱动农产品流通成本降低

马克思主义流通理论将流通成本（费用）⑦ 分为两大类，分别为生产性流通成本和纯粹流通成本。生产性流通成本是由商品的使用价值运动所引起的成本，如商品的分类、清洁、包装、保管、运输等费用，作为生产过程在流通中的继续而发生的成本。在生产性流通中必要的运输、保管和包装支出能增加商品的价值，如果因流通环节过多或物流线路规划不合理等导致的不必要的物流费用支出过多，不但不会增加商品价值，反而会造成资源浪费。纯粹流通成本是指由商品的价值运动所引起的成本，即纯粹由商品买卖引起的费用，包括广告费、通信费、差旅费、簿记费、融资费、销售人员工资、店铺租金及水电费等，而这种非生产性成本不增加商品的价值。如果纯粹流通成本的耗费超过正常需要，会造成社会财富的巨大浪费⑧。通过对马克思主义流通理论对流通成本的阐述分析可知，生产性流通成本基本上是伴随着物流而发生的，而纯粹流通成本是伴随着商流发生的，虽然两类成本有时是相互交叉或是相伴发生的，并不能完全分割，但为方

---

① 李辉华. 商品流通与货币流通关系的静态和动态分析［J］. 中国人民大学学报，2005（3）：41 - 48.

② 孙剑. 我国农产品流通效率测评与演进趋势：基于1998～2009年面板数据的实证分析［J］. 中国流通经济，2011，25（5）：21 - 25.

③ 陈耀庭，戴俊玉，管曦. 不同流通模式下农产品流通效率比较研究［J］. 农业经济问题，2015，36（3）：68 - 74，111.

④ 张永强，张晓飞，刘慧宇. 我国农产品流通效率的测度指标及实证分析［J］. 农村经济，2017（4）：93 - 99.

⑤ 李崇光，等. 中国农产品流通现代化研究［M］. 北京：学习出版社，2016.

⑥ 李飞，刘明葳. 中国商品流通现代化的评价指标体系研究［J］. 清华大学学报（哲学社会科学版），2005（3）：12 - 17.

⑦ 中国流通理论话语体系中，"流通成本"与"流通费用"的概念往往交替使用，无本质区别。

⑧ 马克思. 资本论：第2卷［M］. 北京：人民出版社，2004.

便分类进行分析，可将其简称为商流成本和物流成本。

（一）商流成本

1. 信息成本

数字经济时代，新信息技术从根本上变革了传统的信息交互方式，信息采集、信息传递、信息交互彻底颠覆，数据作为数字经济时代信息的基本载体，其自动流动对产业运行产生深远影响，而泛在、及时、准确的信息交互能大幅降低信息成本。

在信息采集方面，迅速普及的智能终端设备在随时随地采集消费者行为数据、商品状态数据、场所运行数据等，对信息的采集具有广泛性、及时性、准确性、可靠性，采集的过程基本都是自动完成的。如在电子商品交易过程中，消费者的商品关键字搜索信息、网页浏览信息、店铺关注信息、商品收藏信息、商品购买信息、商品评价信息等都是系统自动采集并存储的，这些信息对于流通企业而言是有巨大商业价值，且这些信息的获取成本很低。

在信息传递方面，宽带网、移动通信网、物联网等技术的迭代发展，已基本突破了信息传递的网速"瓶颈"限制，信息传递速度越来越快、成本越来越低。

在信息共享方面，数据作为数字经济时代一种全新的生产要素，与传统生产要素不可共享的特征相比，其在使用过程中不会被消耗，反而会因为使用而产生新的有价值的数据，因此数据具备可共享性。流通产业链上各参与主体之间的信息共享不仅不会相互挤占资源，还会因信息共享充分发挥数据的价值，降低单位信息使用成本。

在信息交互方面，随着QQ、微信、阿里旺旺等免费即时通信工具的发展，其功能日益丰富，应用日益广泛，并不断向商业领域延伸，使得商品交易过程中的信息沟通及时、便捷；随着人工智能的商业化应用，智能网络客服代替传统的人工客服，大幅降低了沟通成本。网络化的信息交互不仅能促进销售达成，改善消费者体验，提高消费者满意度，沟通的过程信息还能被采取存储，在方便跟踪客户咨询、反馈问题处理进度的同时，可以为人工智能的深度学习收集数据资源，促进其水平的提升。

2. 议价成本

伴随着农产品产业链的数字化改造，农产品的供需信息将在网络上汇聚，越来越多的农产品交易在数字空间完成，网络市场将大幅降低信息不对称。一方面，由于在数字汇聚的网络市场中，可以使用网络搜索服务，信息搜寻成本很低，供需之间的对接更加快速，交易双方之间的供需匹配成本更低；另一方面，网络市场在发挥农产品价格发现功能的同时，通过大数据和智能算法，系统会形成一套定价机制，能解构出相对公允的市场价格，交易双方在此基础上更容易在更短时间内达成价格共识，从而降低商品交易过程中的议价成本。此外，在农产品价格形成功能上，网络市场将会发挥比传统农产品批发市场更有效的作用，有利于促进全国市场的统一，打破农产品贸易壁垒，消除不合理的商品价格歧视。

3. 决策成本

产业链上流通主体可以通过线上协同平台实现企业内部管理的高度集成，管理决策所需的各类信息可以轻松获取，大数据分析、云计算、边缘计算、人工智能等先进技术具备强大的分析功能，能对未来市场需求、经营风险、预期收益等进行综合研判，将促使经营决策在更加科学的基础上，降低决策成本；同时，供应链上内外部成员之间的协同更容易实现，对于经营过程中需多方参与的决策可以通过视频会议、网络群组讨论等网络协同平台进行，可以节省传统线下面对面讨论决策所产生的差旅费用、时间成本等负担，减少决策的沟通成本。此外，当随着经营环境或市场供需的变化，企业的决策需要作出调整时，网络市场能在更低成本的情况下做出快速、灵活的调整。如农产品是一个价格变动相对频繁的品类，采用电子标签可以根据市场变化情况随时做出调整，只需在系统后台修改价格数据就可以轻松实现，几乎完全解决了纸质价签变价过程中速度不及时、浪费人力和纸张的问题。

4. 监督成本

数字经济时代，供应链上下游企业之间、零售企业与消费者之间的交易过程更加公开、透明，参与各方能实时获取交易进度和商品状态信息，当出现问题时也可在互联网条件下进行便捷的沟通协作；网络市场上的信用体系较为完善，信用评价会对未来的交易产生重要影响，因此，交易双方更加关注自身的信用评价，违约或不诚信的行为能得到有效约束，交易的监督成本更低。

5. 资金成本

随着电子商务商业模式的普及，对于农产品流通商来说，可以在消费者支付货款下达订单之后，再从上游供应商处采购所需商品，由以往"先买后卖"变成了现在的"先卖后买"模式，减少了商品的资金占压，减少了商品的库存管理成本，从而降低了企业经营所需的流动资金，降低了资金的占压成本。同时，作为数字经济渗透度最高的金融行业，其运营模式发生了根本性变革，互联网金融的出现，不仅让企业所需的金融服务更加便捷高效，也让企业的融资成本大幅下降。尤其对于我国农产品流通产业链上占比最高的个体流通主体（农户或个体农产品经纪人）和小型流通企业而言，以微众银行为代表的互联网银行能为个人和小微企业提供便捷的贷款融资服务，贷款等业务的办理可在人脸识别技术验证身份、大数据技术分析信誉等辅助下，实现全程网络化，通过降低金融交易成本等为小型农产品流通商提供融资渠道、降低融资成本。

（二）物流成本

如前文所述，数字经济驱动流通企业商业模式创新，以农产品电商、订单农业、生鲜连锁等新型农产品流通模式将减少流通环节，缩短流通渠道长度。伴随着流通环节的减少，农产品的流转次数减少，由于现有的农产品市场的交易方式仍然以对手交易为主，很少能够做到商流、物流分离，所以流转次数的减少也就意味着农产品物流转换次数的减少，由此能够带来不必要的运输、装卸、搬运、包装等物流费用的节约。

1. 实现农产品流通"商物分离"，降低物流成本

数字经济驱动流通商业模式创新减少流通环节的同时，农产品流通领域的中间商并不会完全消失，甚至中间商会基于互联网平台推动供应链整合，实现流通的"再中介化"（李为，2017）①。在农产品供应链"再中介化"的过程中，流通中间商需具备强大的供应链整合能力或有效融入供应链的能力，中间商也需要创新交易方式，改变以往以对手交易为主的方式，通过发展现代期货交易、网络销售代理等方式，实现商流与物流的分离，在发挥流通中间商传统集散优势的同时，减少农产品物流转换次数，从而节约物流成本。

2. 发展农产品智慧物流，降低物流成本

物联网、大数据技术、人工智能等新一代信息技术在经济社会生活中的普及和应用、以技术推动的物流设施设备的数字化、信息化、集约化发展，以及电子商务迅猛发展所带来的产业层面物流需求井喷的驱动，物流领域的数字化转型已经较为深入，以"互联网＋"高效物流为特征的智慧物流得到迅速发展，也催生出了一批智慧物流新模式。数字经济驱动的智慧物流新模式将会不断补齐以往严重制约农产品流通的物流领域短板，农产品物流成本也将随之降低。

---

① 李为. 价值链整合视角下农产品批发商的"再中介化"研究［J］. 商业时代，2017，（16）：121 - 123.

二、数字经济驱动农产品流通速度加快

农产品流通速度包含两方面，一方面是指农产品从生产领域向消费领域周转所需要的时间，时间越少，流通速度越快；另一方面是农产品流通所需资金的周转率，周转率越高，流通速度越快。

1. 数字经济驱动农产品流通时间缩短

由于农产品尤其是生鲜农产品具有易腐性特点，随着时间的推进，农产品的新鲜程度和营养价值会随之降低，其使用价值会降低甚至是消失，因此对农产品流通时间的要求比一般工业品更高。数字经济时代，新一代信息技术在农产品流通各环节的应用能够大幅缩短农产品流通时间。一是生鲜电商、订单农业、农超对接等农产品流通模式不断涌现，改变了以往经由产地批发、销地批发等多级流通模式，减少了流通环节，缩短了农产品从生产领域到消费领域的渠道长度，节省了因多次交易带来的物流运输和商品交易所耗费的时间。二是随着移动互联网、云办公、数字供应链等新型技术的发展和应用，农产品供应链上下游流通主体间可通过网络开展看货、询价、议价等商务活动，更容易快速达成交易，缩短商品交易的时间。三是随着大数据、云计算技术等应用于农产品领域，政府推动建设的全国性的农产品大数据平台以及市场推动的农产品网络交易平台将大幅降低农产品市场上的信息不对称，流通主体更容易在更短时间内做出经营决策。四是随着物流领域的数字化转型，智慧物流迅速推进，物流商可通过大数据、边缘计算、人工智能、地理信息系统（GIS）等技术，实现智能分单、网点合理布局、物流运输路径合理规划、货物实时监控等功能，提高物流各环节的运营效率，大幅缩短物流时间。

2. 数字经济驱动农产品流通资金周转率提高

对于农产品流通产业来说，资金的利用效率也至关重要，资金周转速度越快，资金周转率越高，农产品流通占用的资金越少，流通效率越高。数字经济时代，生鲜电商等新型模式得到快速发展，消费者在线进行农产品采购的消费习惯逐步养成，在此模式下，与以往对手交易的面对面"一手交钱一手交货"方式不同，消费者是先交钱后取货，对于流通商来说，可以在客户支付货款之后再去向上游供应商采购，实现精准采购，减少资金占压，提高资金周转率。此外，流通商可以利用大数据技术对市场需求信息、库存信息、促销信息等进行综合科学分析，提高采购、仓储、促销等流通环节的运营效率，做到库存最小化、促销效果最大化，减少库存资金占压并快速回笼资金，再将资金投入到下一次经销活动

中，提高资金周转率。

三、数字经济驱动农产品流通效益增加

农产品流通效益可以理解为农产品流通实现的经济收益与耗费的成本之间的差额。农产品流通效益的增加指的是用更快的流通速度、更小的成本损耗、更高的服务质量，完成农产品从生产领域向消费领域的流转，以实现更高的经济效益。

数字经济除能驱动农产品流通成本降低、流通速度加快之外，还能通过提高流通服务质量、增加客户忠诚度、提高产品附加值、开拓增值服务等途径实现流通效益的增加。农产品电子商务能为买卖双方提供便捷的交易方式，突破了传统交易在时间、地域等方面的限制，足不出户就可以与全国甚至是全球的商家进行交易。电商平台与第三方物流和快递的合作，实现了数据与服务的整合，网络交易的产业链条能快速、高效地实现订单签订、物流配送以及售后服务，消费者可实时跟踪交易进度以及商品的位置，农产品流通服务质量较传统交易方式有显著提升。

随着农产品商品化程度不断提高，农产品交易市场规模不断扩大，移动互联网、物联网、大数据、人工智能等技术被应用于农产品保鲜、溯源领域，农产品质量更有保障。如运用物联网技术实现对农产品在仓库、物流车辆等储存环境中温湿度的监测，通过对云端大数据的分析，运用人工智能技术实现对农产品冷链环境实时科学的自动调控，可以在更好地实现农产品保鲜的同时，降低农产品流通损耗。运用物联网技术记录存储农产品生长环境、农事记录、加工流程、物流仓储等信息，采用二维码等编码技术为每批农产品建立"身份证"，客户可运用手机等移动终端设备，通过移动互联网，实时查看农产品相关信息，实现对农产品安全可监控、质量有保障、过程可追溯。

将数字技术应用于农业生产领域，实现农业生产的科学化、标准化、智能化，在提高农产品产量的同时，能提高农产品质量，配套上文所述的数字化技术在流通领域里的应用，可在加强品牌管理的基础上，提高农产品附加值，再精准对接高端市场，从而实现更高的经济效益。

四、实证检验

基于上述理论分析，可以提出下述假设：

假设 H11：数字经济的发展能促进农产品流通效率的提升。

（一）模型设定与变量选取

为验证假设 H11，本书采用面板数据模型进行计量分析，模型设定为：

$$Effic_{it} = \beta_0 + \beta_1 Digit_{it} + \beta_2 Syste_{it} + \beta_3 Struc_{it} + \beta_4 Struc_{it} \times Digit_{it}$$
$$+ \beta_5 Syste_{it} \times Digit_{it} + \beta_6 Traff_{it} + \varepsilon_{it} \qquad (5-3)$$

其中，i 表示省份、t 表示年份，模型中的被解释变量 $Effic_{it}$ 为农产品流通效率。核心解释变量 $Digit_{it}$ 为数字经济发展水平，由于第四章第一节的实证研究结果表明，农产品流通批零规模结构（$Struc_{it}$）和农产品流通商的组织化程度（$Syste_{it}$）对农产品流通效率有显著影响，因此本书将其纳入解释变量中，并且第五章第一节和第二节的分析表明，数字经济会驱动农产品流通结构的优化和农产品流通商组织化程度的提高，因此，分别引入农产品流通批零规模结构和数字经济发展水平的交叉项（$Struc_{it} \times Digit_{it}$）以及农产品流通商组织化程度和数字经济发展水平的交叉项（$Syste_{it} \times Digit_{it}$）。模型（5-3）将交通网密度（$Traff_{it}$）作为控制变量。

考虑到数据的可获取性，变量可用以下数据表示：农产品流通效率（$Effic_{it}$）用农产品单位产出货运距离作为代理变量，为反向指标，在此取负值，公式为：

$$Effic_{it} = -（货运周转量/货运量）/社会消费品零售总额$$

数字经济发展水平（$Digit_{it}$）用移动互联网普及率作为代理变量，公式为：

$$Digit_{it} = 移动互联网用户数量/地区常住人口数$$

农产品流通商的组织化程度（$Syste_{it}$）用农产品连锁零售企业统一配送商品比例表示，公式为：

$$Syste_{it} = \frac{连锁零售企业食品、饮料烟草统一配送商品购进额}{连锁零售企业食品、饮料烟草商品购进额}$$

农产品流通的批零规模结构水平（$Struc_{it}$）的公式为：

$$Struc_{it} = 农产品零售市场成交额/农产品批发市场成交额$$

控制变量 $Traff_{it}$ 数值用铁路、公路和河道总里程数与对应省份面积的比值表示。

以上数据均来源于《中国贸易外经统计年鉴》《中国商品交易市场统计年鉴》《中国统计年鉴》《中国农村统计年鉴》及国家统计局国家数据库（https：//data. stats. gov. cn/index. htm）的分省份年度数据，采用的是 2014～2018 年的省级面板数据，实际包括 31 个省（自治区、直辖市，不含我国香港、澳门、台湾地区）的数据，总样本量为 155。检验方法同本章第二节。

（二）实证结果分析

此处采用逐步回归的方法进行计量分析，检验结果支持选择随机效应模型（见表5-3）。在模型（1）~模型（3）中，仅引入数字经济（*Digit*）变量，以及分别引入农产品流通商组织化程度（*Syste*）和农产品批零规模结构（*Struc*）时，*Digit* 的回归系数虽都为正，但是都不显著；而在模型（4）~模型（6）中，逐步引入交叉项 *Syste* × *Digit* 和 *Struc* × *Digit* 后，*Digit* 和两个交叉项的系数均在1%的显著性水平下为正，由此可推断出，数字经济对农产品流通效率的直接影响并不显著，只有在同时考虑农产品流通结构优化和流通商组织化程度提高时，

表5-3 数字经济对农产品流通效率的影响

因变量		*Effic*（农产品流通效率）					
模型设定		（1）	（2）	（3）	（4）	（5）	（6）
		RE	RE	RE	RE	RE	RE
自变量	*Digit*	0.0561^{C} (1.5689)	0.1010 (1.3358)	0.0288 (0.8554)	0.1992*** (2.9253)	0.0849** (2.3296)	0.2396*** (3.5543)
	Syste		0.1499*** (2.8496)				
	Struc			0.3059*** (5.0809)			
	Syste × *Digit*				0.1486*** (2.4454)		0.1594*** (2.6963)
	Struc × *Digit*					0.2131*** (2.8245)	0.2244*** (3.0396)
	Traff	0.1752** (2.3482)	0.1839** (2.4665)	0.1518** (2.1113)	0.1817** (2.4278)	0.1527** (2.0453)	0.1592** (2.1321)
	常数项	−0.2970*** (−4.6020)	−0.2336*** (−3.4207)	−0.2013*** (−3.0791)	−0.3320*** (−4.9853)	−0.2711*** (−4.1606)	−0.3077*** (−4.5948)
	省份	不控制	不控制	不控制	不控制	不控制	不控制
	年份	控制	控制	控制	控制	控制	控制
检验	整体显著性	8.4363***	8.5734***	15.1745***	7.7773***	8.5276***	8.5070***
	FE 检验	117.2268***	124.0795***	134.6911***	122.2430***	122.2258***	128.6885***
	Hausman	0.7033	0.6119	0.3313	0.7408	0.6495	0.5646

注：括号中的数字是 t 值，C、*、**、*** 分别表示显著性水平 p 值在15%、10%、5%和1%水平下显著。

数字经济发展才能显著影响农产品流通效率，并且数字经济发展通过促进农产品批零规模结构优化以及流通商组织化程度的提高对农产品流通效率产生间接影响较为显著。此结果虽与假说并不完全一致，但与第四章第一节、第五章第一节和第二节的研究结论完全契合，也在一定程度上揭示和论证了数字经济驱动农产品流通效率提升的内在作用机理。

第四节　数字经济驱动农产品流通价值链重构

数字经济时代，作为新的生产要素，数据的使用能够创造巨大的商业价值，数据将参与产业价值的分配。数字经济条件下，产业链上的各方参与主体比以往更紧密地参与到价值创造中，过去相对独立的各个环节相互连接，商业活动和商业系统比以往更复杂，各参与方之间的商业关系也比以往更加密切，日益繁复的相互交织完全改变了工业经济时代的简单联系。随着大数据、云计算、社会化网络等技术的发展，消费者与生产者之间得以更加便捷地连接和互动，不再只是销售或服务人员去面对终端消费者，消费者越来越多地参与到产业价值链条的各个环节。因此，数字经济时代，为了更快、更好地满足消费者需求，传统的流通价值链就会被数字技术和数字思维重构。

一、传统价值链的制约与突破

传统农产品流通产业的价值是伴随着农产品在流通供应链上的流转过程而流动的，农产品由生产者生产出来之后，经由各级产销批发商，再通过农贸市场、综合超市或生鲜超市、社区商店等零售商，最终送到消费者手中，这个过程既是农产品流通的供应链，也构成了农产品流通产业的价值链。从农产品生产者的生产活动开始，农产品流通价值链上的每个流通环节都在前一个环节基础上创造新的价值，这个价值创造活动是生产性流通中必要的运输、包装、仓储、加工、品牌管理等活动，最终通过消费者的购买实现其最终价值。从这个过程可以看出，传统农产品流通价值链是单向、线性的链条（见图5-1），每个环节是上个环节的价值接受者和实现者。在工业经济时代，传统农产品流通通过批发模式，解决了分散的生产者和分散的消费者之间对接不畅的矛盾，并通过必要的生产性流通活动创造价值，这种模式有其合理性，但也同时具有很多弊端，如流通环节过多导致交易成本高、流通效率低，不必要的流通活动不创造价值但参与价值分配，消费者参与价值创造的程度不够导致生产流通活动不能以客户价值为中心等。

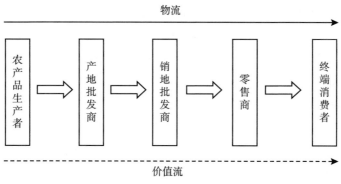

图 5 – 1　传统农产品价值链

进入数字经济时代之后，大数据等新数字技术的深化应用，使得制约农产品流通发展的"瓶颈"被打破，传统模式的优势逐渐消失，而其弊端已被放大至不得不解决的程度，农产品流通模式亟待变革，价值链也将随之重构。

二、价值向产业链两端转移

就农产品流通产业而言，以往农产品从生产者，经由运销商、批发商、零售商，直到消费者手中，整个过程是线性的、顺序连接的，农产品流通商承担着连接生产和消费的功能，其在产业链上处于绝对主导地位。数字经济时代，新一代信息技术极大地降低了交易成本，加强了农产品产业链上各利益相关方的连接，农户、运销商、批发商、零售商、物流商、金融服务商、消费者等各方主体都越来越深入地参与到价值创造的活动中，而处于产业链两端的农产品生产者和消费者的地位逐渐提高，价值也会随之向产业链两端转移。

以往消费者在农产品产业链的末端，与产业链最前端的生产者之间没有直接的联结渠道，只能通过层级冗余的流通商反馈需求信息，信息的传递低效、失真，因此，消费者更多的是被动接受，很难参与到价值创造活动中。而在数字经济时代，生产者与消费者通过互联网可以进行低成本的沟通，消费者可以将个性化的需求直接反馈给生产者，生产者可以生产出更符合消费者需求的农产品，消费者成为价值的共同创造者，而不仅仅是价值的接受者。此外，数字经济驱动农产品流通产业链条缩短，减少了交易环节，降低了交易成本，价值也将更多地让渡给终端消费者。

我国农产品生产者以分散的小农户为主，生产者"散而小"的特性决定了其在产业链上不具备竞争优势和主导地位，虽然其承担了农产品价值创造的大部分工作，但往往在利益分配上只得到一小部分，价值创造与利益分配不协调，这是制约我国农业经济发展和农民收入增加的关键问题之一。随着数字经济的发展，一方面，随着农村电子商务的发展，高效能的网络平台可以为分散的农户搭建低成本的营销渠道，缩短了产销之间的距离，尤其是分散的小农户被市场边缘化的窘境有望被打破，而农产品电子商务减少了流通中间环节（廖小静和沈贵银，2019)[①]，促进了农产品流通，扩大了农产品消费，并极大地降低了交易成本，从而促进了农民收入的增加（曾德彬和卢海霞，2020)[②]。另一方面，随着数字农业以及农产品流通业数字化转型的不断推进，农产品整个产业链的生产经营效率将显著提高，社会化大生产的价值创造、流转及实现过程将更加顺畅，加之农民在产业链上的地位不断提高，价值的分配也将向农民倾斜。

三、价值链的"网状化"重构

数字经济时代，产业链中的价值创造不再是单一流向，传统线性结构的价值链将向"网状化"演变（见图 5 - 2）。

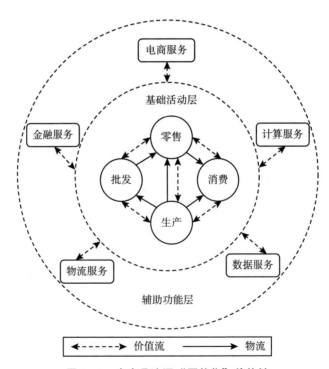

图 5 - 2　农产品流通"网状化"价值链

①　廖小静，沈贵银. 新常态下江苏省农民增收创新模式与路径 ［J］. 江苏农业科学，2019，47（13）：20 - 23.
②　曾德彬，卢海霞. 农村电子商务提高农民收入和消费的原理研究：基于科斯的"交易成本"视角 ［J］. 商业经济研究，2020（13）：138 - 141.

在数字经济环境下，伴随着农产品流通产业链的多元化演变，农产品流通产业价值链将演变成多向交互式的、网状化的价值网。价值网也可分成基础活动层和辅助功能层，基础活动层是直接参与农产品交易的主体间的活动，这些主体间的交易会涉及农产品所有权的流转；而辅助功能层不直接参与农产品交易，只是为交易提供辅助性的活动，如物流、金融、技术、第三方电商平台等，它们之间的商务合作不涉及农产品所有权的流转。

从基础活动层来看，农产品流通渠道上主体只有农产品生产者和消费者是必不可少的，它们之间的流通中间商可有可无，存在与否以及环节的多少取决于其能否创造价值[①]。生产者、批发商和零售商、消费者之间联系更加紧密，价值的创造与价值的流动都是双向互动的，如零售商为消费者提供便利的购物场所和优质的服务体验创造客户价值，消费者的购买活动实现了价值从零售商向消费者的转移；而消费者也可通过向零售商反馈产品的使用体验及改进建议，用以指导零售商未来的采购活动，进而改进农产品生产者的生产活动，消费者的这个信息反馈活动有利于农产品生产和流通环节的价值创造，相当于参与了农产品价值创造，同时零售商通常会通过向消费者赠送优惠券、奖励小礼品、奖励评价积分的方式，激励消费者的售后评价或意见反馈行为，这个奖励活动则实现了价值从消费者向零售商的转移。

农产品流通渠道上参与主体间的紧密联系都是以数据为基础的，通过在农产品流通渠道上的自由流动，数据作为新的生产要素能够在各个环节上创造价值，数据也将按照其贡献参与价值的分配。通过市场机制的作用，土地、劳动力、资本、数据等生产要素实现资源的优化配置，资源的配置效率决定了哪种流通方式更具竞争力。

在以数据作为核心要素资源的流通产业价值网中，数据的获取和使用能力成为参与主体的核心竞争力，数字化的关系网络则是价值网的支撑体系。在农产品价值网中，传统流通商要想获得竞争优势，不得不进行数字化转型，以融入现代数字化农产品流通体系中。通过数字化的关系网络，价值网可以以客户价值为中心，迅速地协调各方参与主体的活动，实现主体间的资源共享和协同合作，以快速高效的方式创造顾客价值。

从辅助功能层来看，物流服务提供商、电商平台服务提供商、金融服务提供

---

① 这里的"价值"不单指产品价值，而是指客户价值，现代经济社会中，客户价值更多体现为产品和服务的价值组合。

商、数据服务提供商、云计算服务提供商等主体为农产品流通渠道主体提供商品交易辅助服务，参与到农产品流通的各个环节，创造相应的价值并参与价值的分配。数字经济时代的辅助增值活动主体也发生了演变，一方面，新型的服务提供商出现，如电商平台服务提供商、数据服务提供商、云计算服务提供商等，这些服务提供商是基于新一代信息技术的应用而产生的，具有原生的数字思维和数字基因；另一方面，传统的辅助服务提供商会进行数字化转型，如物流服务提供商、金融服务提供商等，在数字经济驱动下，为迎合流通渠道主体数字化转型的需求，传统服务提供商也需要通过数字化技术改造其业务流程和服务方式，以更低的成本和更好的服务体验，嵌入农产品流通供应链中。

综上所述，在数字经济驱动下，农产品流通价值链会不断裂变、分解、重构，最终形成以客户价值为中心的、多层次、多向交互的网状化结构。各方主体以自身独特的优势嵌入到价值链中，而产业链两端的生产者和消费者在价值链中的地位将提高，价值的分配也会向两端倾斜。

第五节　数字经济驱动政府产业治理数字化转型

在农产品流通产业发展过程中，政府的产业治理及出台的产业政策能够在引导产业发展方向、弥补产业市场缺陷、规避产业风险、协调产业结构、推动产业转型升级等方面发挥重要作用。

数字经济时代，所有组织和机构都将经历从适应到依赖数字技术，再到形成数字化思维的数字化转型过程，作为产业运行关键主体的政府亦不例外。政府治理的数字化转型是政府层面的互联网式组织重塑，是政府运行过程、政务活动内容的数字化创新，是数字经济时代政府转型的必然选择，也是实现产业治理现代化和产业现代化的重要组成部分（范渊，2020）[1]。政府产业治理的数字化转型是利用数字化技术重构产业治理理念、模式和方法，以数据资源为基础，实现技术融合、业务融合和数据融合，通过体制机制改革，协同打造创新、集约、主动的政务服务创新体系，形成以数字化支撑产业治理的线上线下融合服务的创新模式。

政府产业治理的数字化转型则包含产业治理手段的数字化和产业治理对象的数字化两部分。

---

[1] 范渊. 数字经济时代的智慧城市与信息安全（第 2 版）[M]. 北京：电子工业出版社，2020.

一、产业治理手段的数字化

随着数字经济的不断发展，作为宏观经济管理和调控的政府部门，无论是从与产业经济匹配衔接的角度，还是从提升行政管理效能的角度，都需要推动产业治理手段的数字化。政府产业治理手段的数字化指的是政府在以往信息化建设基础上，采用数字技术深化简政放权改革，对产业治理方式进行根本性重塑，通过数据共享促进业务协同，全方位提高政府行政效能。同时，运用数字化技术创新沟通协调方式，处理好政府与产业、企业、行业协会等服务对象之间的关系。

就农产品流通产业治理而言，政府产业治理手段的数字化至少包含三方面。一是产业统计监测的数字化，建立体系完整、口径统一的监测指标体系，将分散在工商、统计、税务、海关、农业农村、交通、市场监管等各个相关部门的经济运行数据进行整合共享、关联分析，提高分析研判科学性。二是产业市场监管的数字化，构建统一市场行政执法监管系统，建设信用重点监管名单库，与公共信用信息平台实现互联互通，做到监管监察信息共享、违法失信共管；采用电子监管码、二维码等数字化技术，对农产品的生产、加工、检验检疫、流通等环节的信息进行采集，加强产品监管，形成来源可查、去向可追、责任可究的农产品质量追溯体系。三是产业治理决策的数字化，构建宏观经济、产业经济、区域经济、微观经济等数字化分析决策子系统，建设微观企业监测网络、产业经济监测预警系统等，及时发现产业经济发展面临的问题；加强财政、税收、金融、工商、交通、农业等各领域的协同决策机制，构建"用数据决策"的产业分析和调控机制，提高产业治理决策的即时性和科学性。

二、产业治理对象的数字化

产业治理对象的数字化指的是产业和企业的数字化。一方面，政府产业治理的数字化需要在数据采集与数据共享层面实现政府与产业企业的数据衔接，因此，产业企业的数字化是政府治理数字化有效运行的前提条件之一；另一方面，在"数字中国""数字乡村"等国家战略的要求下，产业的数字化作为国家数字战略的重要组成部分，也是政府治理的重要工作内容和工作目标。

农产品流通产业发展不仅关系"三农"问题，还关系到食品安全、民众生活等国计民生问题，而农产品流通产业的数字化不仅是"数字乡村"国家战略的组成部分，也是产业经济长远可持续发展的必然要求。但是，相比工业经济、服务经济而言，农业经济的利润相对微薄，而其数字化转型过程中所需的数字基础设施建设、数字信息平台建设等所需的资本投入高、回报周期长，难以单纯依靠市场利益驱动农产品领域的数字化转型；并且，要充分发挥和挖掘数字经济价值，需要做到数据在更广范围内的互联互通，建立全国性的数据信息综合平台是有效且必要的工作之一，这项工作只有在政府的统筹、协调和支持下才可能完成。因此，在农产品流通产业的数字化转型过程中，在很多重要环节上需要发挥政府主导作用，如农产品商务信息综合平台、农产品质量安全追溯管理信息平台、农民专业合作社综合管理平台等系统平台的建设，农产品批发市场的电子交易、质量监测、检验检疫、冷藏冷冻等现代功能的公益性数字化改造，农村宽带、移动互联网、智慧交通、冷链物流等数字基础设施建设。通过财政支持、税收优惠等产业政策，推动农产品流通产业的数字化转型。

第六节　本章小结

本章从农产品流通主体、农产品流通产业结构、农产品流通效率、农产品流通价值链、农产品流通产业政府治理等角度，深入剖析了数字经济驱动农产品流通体系发展的机理及路径。

在农产品流通主体方面，分析了数字经济对个体农户、农民合作社、农产品交易市场及农产品流通企业等流通主体的影响，认为数字经济的发展促进了农户和农民合作组织经营能力的提升，推动了农产品交易市场的数字化转型，并在企业组织架构、业务流程重组、商业模式创新、产品服务增值等方面驱动了农产品流通企业的创新发展。在理论分析基础上，提出了"数字经济发展能促进农产品流通主体组织化程度的提高"的研究假说，并采用计量分析方法进行了实证检验，实证研究结果表明数字经济发展水平在1%的显著性水平下正向影响农产品流通主体组织化程度。

在农产品流通产业结构方面，剖析了数字经济对农产品流通业态结构、批零结构、技术结构、空间结构的影响，认为数字经济驱动农产品流通业态结构丰富化、批零结构合理化、技术结构高度化和空间结构平衡化。在理论分析基础上，提出了"数字经济发展能促进农产品批零规模结构优化"的研究假说，并采用随机效应模型进行了计量分析，实证结果表明数字经济发展水平在5%的显著性水平下正向影响农产品批零规模结构。

在农产品流通效率方面，解析了数字经济对流通成本、流通速度和流通效益的影响，认为数字经济降低了农产品流通的信息成本、议价成本、决策成本、监督成本、资金成本和物流成本等，缩短了农产品流通时间，提高了农产品流通整体效益。在理论分析基础上，提出了"数字经济发展能促进农产品流通效率提升"的理论假说，并采用面板数据模型进行了计量分析，实证研究结果表明：不考虑农产品流通产业结构和流通商组织化程度时，数字经济对农产品流通效率的直接影响不显著；考虑农产品流通产业结构和农产品流通商组织化程度之后，数字经济发展在1%的显著性水平下正向影响农产品流通效率，并且数字经济发展通过促进农产品批零规模结构优化以及农产品流通商组织化程度的提高对农产品流通效率产生间接影响也较为显著。

在农产品流通价值链方面，分析了数字经济对农产品流通价值链的影响，认为数字经济对传统农产品流通价值链造成了巨大冲击，而产业链中的价值将向供需两端转移，生产者和消费者能分享更多流通环节的价值增值，而农产品流通价值链也将发生变革与重构，由传统线性结构向"网状化"结构演变。

在农产品流通产业治理方面，分析了数字经济给政府的产业治理带来的影响，认为数字经济驱动了政府产业治理的数字化转型，使得产业治理手段和产业治理对象均逐步实现数字化，从而提高政府的产业治理能力。

第六章 数字经济时代中国农产品流通体系的重构

　　大数据等新一代信息技术的不断迭代发展，带动了新一轮的数字科技革命，全球进入了以万物互联、数据驱动、智能主导的数字经济新时代。数字经济时代，新一代信息技术正加快扩张和渗透，不断颠覆旧思维和发展模式，成为推动当前产业革命深入发展的主力军，引发深刻变革，经济、社会、生产、生活、流通等领域的产业发展环境和运行机制正在发生根本性变化。在流通领域，构建与数字经济时代特征相匹配的现代流通体系至关重要。习近平总书记在 2020 年 9 月 9 日主持召开的中央财经委员会第八次会议上强调流通体系在国民经济中发挥着基础性作用，构建以国内大循环为主体、国内国际双循环相互促进的新发展格局，必须把建设现代流通体系作为一项重要战略任务来抓。①作为现代流通体系的重要组成部分，农产品现代流通体系的建设，不仅关系农业增效、农民增收、农村振兴的"三农"问题解决，还关系到农产品价格稳定、农产品质量安全等国计民生问题。然而，我国传统农产品流通体系无法适应数字经济时代的发展要求。通过前文分析得知，长期以来，我国农产品市场上存在产销不畅、流通环节过多、流通成本高、流通效率低等问题，也时常出现农产品价格剧烈波动、"贱卖贵买"现象，反映出我国农产品流通模式、流通产业结构、流通产业链集成、流通基础设施、质量安全追溯等方面仍存在一些问题，迫切需要对传统农产品流通体系进行变革与重构，构建符合数字经济时代特征、符合我国国情的农产品现代流通体系。

---

　　①　林火灿. 打通经济循环堵点 建设现代流通体系［N］. 经济日报，2020 - 10 - 19（001）. DOI：10. 28425/n. cnki. njjrb. 2020. 010273.

第一节 中国农产品流通体系的变革动因

本节借鉴赵晓飞和李崇光（2012）① 提出的农产品流通渠道变革驱动力模型和路易斯·斯特恩和托格·雷韦（Stern & Reve，1980）② 营销渠道"政治—经济"分析框架，尝试构建农产品流通体系变革驱动力模型（见图 6 - 1），从宏观环境（经济、法律、社会、技术等）、供给需求、流通内部因素三方面全面分析引起农产品流通体系变革的驱动因素，为后文数字经济时代中国农产品现代流通体系的构建奠定理论基础。

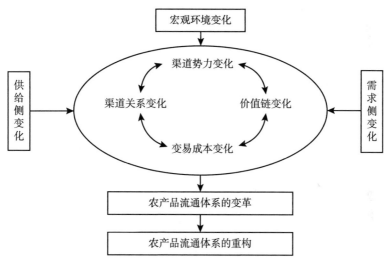

图 6 - 1 农产品流通体系变革驱动力模型

一、宏观环境的变化

宏观环境指的是农产品流通产业发展所依赖的经济、法律、社会、技术等外部环境，外部环境的变化无疑是产业体系演进和变革的重要驱动因素，尤其是进入数字经济时代之后，宏观环境具有明显的时代特征。

---

① 赵晓飞，李崇光. 农产品流通渠道变革：演进规律、动力机制与发展趋势［J］. 管理世界，2012，（3）：81 - 95.

② Stern L W，Reve T. Distribution channels as political economies：A framework for comparative analysis［J］. The Journal of Marketing，1980：52 - 64.

（一）经济环境的变化

经济环境的变化对农产品流通体系变革的影响主要体现在经济增长、财政政策、金融政策、国际贸易、市场竞争等方面。如若国内经济保持良好的发展势头，有利于促进人民增收、消费升级，农产品的需求规模、需求结构、流通服务质量等都将发生变化，进而推动农产品流通体系优化变革；财政政策对农产品流通领域的关注或倾斜，如对公益性农产品流通基础设施的财政投入对促进农产品流通产业的转型升级具有积极推动作用；金融政策对农产品流通企业的投融资具有显著影响；国际贸易方面的变化，如美国近年来推行的"美国优先"的贸易保护政策，对经济全球化造成了巨大冲击，农产品进出口受到了极大影响，不得不对中国农产品流通体系进行变革予以应对，构建国际、国内双循环的农产品现代流通体系；市场竞争的加剧将促使农产品流通企业进行商业模式和经营管理方式的创新，通过整合产业链以获取核心竞争优势，从而改变农产品流通供应链的整体格局。

（二）法律环境的变化

国家和各级政府部门出台的法律法规会给农产品生产流通的各环节带来影响，主要体现在农产品质量安全、环境资源保护、消费者权益保护等方面。如《中华人民共和国农产品质量安全法》《中华人民共和国食品安全法》《中华人民共和国标准化法》《中华人民共和国种子法》《农业转基因生物安全管理条例》等对农产品的农药残留、肥料、兽药、饲料及添加剂、转基因技术等农业生产投入品作出了规定，规范了农产品生产端的行为；《农产品质量安全监测管理办法》等法律法规更进一步强化了对农产品加工以及农产品流通环节的监督管理，这将要求农产品流通产业优化结构体系，更加重视农产品保鲜储运、质量安全检测等环节，冷链物流和质量检测等农产品辅助服务行业企业将得到更好发展；《中华人民共和国环境保护法》等法律对农产品生产流通环节的环境保护提出了要求，重视绿色生产、绿色流通，从而对农业生产资料、农产品包装材料、交通运输工具器具等有一定约束，要求改革传统粗放式的生产经营方式；《中华人民共和国消费者保护法》《中华人民共和国电子商务法》《中华人民共和国农民专业合作社法》等法律对农产品的商业经营方式和消费者权益保护方面的要求，促使农产品流通企业重视产品质量和服务水平，不断提高自身组织化水平。

（三）社会环境的变化

社会环境的变化包括教育水平、社会保障、医疗卫生、生态环境、公共基础设施等诸多方面，而这些因素的变化都会给农产品流通体系的变革带来影响。如国民教育水平的提高会带来人力资本的提升，给产业效率提高和企业创新带来积极影响（吴振华，2020）[①]。养老、失业、伤病等社会保障水平的提高会促进城乡居民消费水平的提高（王韬，2020）[②]，进而影响居民对农产品的消费需求结构（黎东升，2005）[③]。医疗卫生状况会对农产品流通体系造成影响，尤其是在重大传染病疫情时期体现得更为突出，如新冠肺炎疫情期间，农产品批发市场疫情防控管理、农产品应急保障体系、农产品产销对接渠道管理等方面都暴露出一系列问题，而应对和防范公共卫生事件的挑战将推动农产品流通体系的变革（肖文金，2020）[④]。生态环境保护的需求对农产品流通体系的影响主要体现在农业生产方式变革和农产品流通方式变革两方面，生态文明建设需要构建农产品主产区农业生态体系（黄成和吴传清，2019）[⑤]，乡村振兴战略、健康中国战略的实施也需要强化生态农业模式的创新发展（于法稳，2019）[⑥]；生态环境治理对农产品流通产业链绿色化治理具有重要需求并产生了积极影响（汪延明，2016[⑦]；郑素芳，2017[⑧]）。区域基础设施对农产品流通体系的影响主要表现在降低交易成本（陆向兰，2017）[⑨]、促进农产品市场整合（刘刚和谢贵勇，2019）[⑩] 及推动农产品冷链体系建设（高敏，2016）[⑪] 等方面。

（四）技术环境的变化

新技术的出现以及其商业化应用对农产品流通体系变革产生重要影响。21世纪以来，互联网技术改变了信息产生、传递、共享方式，对商品交易中信息流的影响极其深远，而互联网技术的商业化应用及其技术演进对商品交易方式的影

① 吴振华. 劳动收入份额、异质性人力资本与产业创新 [J]. 华东经济管理，2020, 34 (2)：51 – 58.
② 王韬. 社会保障对城乡家庭消费的影响探究 [J]. 知识文库，2020 (15)：151 – 152.
③ 黎东升. 城乡居民食物消费需求的实证研究 [D]. 浙江大学，2005.
④ 肖文金. 风险社会视角下突发疫情对生鲜农产品流通的影响及对策 [J]. 经济与管理评论，2020，36 (4)：25 – 33.
⑤ 黄成，吴传清. 主体功能区制度与西部地区生态文明建设研究 [J]. 中国软科学，2019 (11)：166 – 175.
⑥ 于法稳. 新时代生态农业发展亟需解决哪些问题 [J]. 人民论坛·学术前沿，2019 (19)：14 – 23.
⑦ 汪延明. 流通产业链绿色化治理的影响因素实证分析：以西南民族地区山地特色农产品为例 [J]. 中国流通经济，2016，30 (7)：17 – 24.
⑧ 郑素芳. 农产品流通产业链绿色治理的影响因素及创新路径 [J]. 商业经济研究，2017 (7)：167 – 169.
⑨ 陆向兰. 区域基础设施建设对商贸流通业发展的影响研究 [J]. 商业经济研究，2017 (21)：36 – 38.
⑩ 刘刚，谢贵勇. 交通基础设施、流通组织规模与农产品流通市场分割 [J]. 北京工商大学学报（社会科学版），2019，34 (3)：28 – 40.
⑪ 高敏. 我国果蔬批发市场冷链流通影响因素的实证研究：基于对市场商户的实地调查 [J]. 中国流通经济，2016，30 (3)：10 – 17.

响则更具颠覆性。互联网技术的应用促进了流通组织的流程再造（李骏阳和余鹏，2009）①，电子商务技术彻底改变了传统商品流通模式，对传统农产品流通体系造成了巨大冲击。冷链物流技术、物流信息技术等的发展在农产品流通中保质保鲜、减少损耗、增加透明度、提高运输效率等方面发挥了至关重要的作用，推动了农产品流通体系的现代化转型。而数字经济时代，以大数据、物联网、移动互联网、区块链、云计算、人工智能等为代表的新一代数字技术的出现及其商业化应用，对农产品流通体系的影响将更加深远，如区块链技术去中心化、分布式账本、工作量证明共享机制等特性将有利于农产品流通主体间利益协调机制的建立，以探索更加有效的产业链协同发展模式（许贵阳和依绍华，2020）②，而其记录不可篡改特性可用于农产品质量安全追溯；大数据技术、云计算技术的成熟运用促使零售商的流通企业充分发挥消费者数据采集与分析优势，通过整合供应链以巩固和强化其在供应链上主导地位，从而改革传统农产品流通供应链运作模式（张旭梅等，2020）③。人工智能技术的应用将对传统农产品流通业劳动密集型的特性造成冲击，而新型的商业业态如"无人超市"的出现，丰富了农产品流通业态体系（陈明生，2019）④。

二、供需两侧的变化

农产品流通作为连接农产品生产和消费的中间桥梁，供需两侧的变化是导致其发展变革最为直接的因素。

（一）农产品供给侧（生产端）的变化

经过几十年发展，我国农业发展已经进入新的历史阶段，农业生产的主要矛盾已经由总量不足转变为结构性矛盾，阶段性供过于求和供不应求共存，矛盾的主要方面在供给侧。⑤ 在此背景下，我国已在深入推进农业供给侧结构性改革方面做出了重大战略部署，农业的生产结构、生产方式、产业体系等都发生了变化。农业生产结构的变化导致农产品种类及规模的变化，而流通客体的种类及规

---

① 李骏阳，余鹏. 对我国流通效率的实证分析 [J]. 商业经济与管理，2009 (11)：14 - 20.
② 许贵阳，依绍华. 区块链技术与现代流通业融合发展路径研究：基于对"十四五"规划的建议 [J]. 价格理论与实践，2020 (7)：21 - 26.
③ 张旭梅，吴雨禾，吴胜男. 基于优势资源的生鲜零售商供应链"互联网＋"升级路径研究：百果园和每日优鲜的双案例研究 [J/OL]. 重庆大学学报（社会科学版）：1 - 13 [2020 - 11 - 08]. http：// kns. cnki. net/kcms/detail/50. 1023. C. 20200602. 0949. 002. html.
④ 陈明生. 无人经济：缘起、内涵与应用模式 [J]. 青海社会科学，2019 (2)：80 - 86，2.
⑤ 2017 年发布的《中共中央、国务院关于深入推进农业供给侧结构性改革　加快培育农业农村发展新动能的若干意见》。

模的变化必然需要农产品流通体系做出相应的调整；农业生产区域布局变化，需要针对农产品主产区的区位变化重新规划农产品产地批发市场、农产品流通基础设施等；积极提倡的农业适度规模经营方式以及大力培育的新型农业经营主体会改变农民在农产品市场上的弱势地位，有利于其参与农产品流通、分享更多价值，从而改变农产品流通渠道模式；大力扶持的农业产业化龙头企业会统筹布局生产、加工、物流、销售等环节，打造农产品产销一体化模式，因而会对传统农产品流通模式带来冲击。总之，生产端的变化会驱动农产品流通体系的变革。

（二）农产品需求侧（消费端）的变化

随着经济社会的发展和人民收入的不断增长，居民消费水平不断提高，农产品消费需求向绿色化、安全化、便捷化、个性化等方向转变，为满足消费者需求的变化，农产品流通环节需做出相应的改变。比如，消费者对绿色农产品的需求增加，农产品生产者在改进生产技术、注重绿色生产的同时，会通过开设农产品直营店、专卖店等形式强化品牌管理，从而改变农产品流通模式；消费者对新鲜、优质农产品需求的增加，将拉动冷链流通体系的发展；消费者对农产品质量安全更加关注，对农产品的追踪、溯源、质检等需求将驱动覆盖生产和流通环节的农产品质量安全监测追溯体系的建设；消费者对便捷购物的需求，将驱动农产品零售企业开展线上线下多渠道经营，优化零售网点布局，积极开拓送货上门服务，提高配送效率；消费者对农产品网购的需求，将驱动电商等新型商业业态的创新发展；快节奏的生活使得消费者对净菜、半成品配菜等的需求增加，促使农产品流通企业注重农产品的初加工、分拣等环节的建设。因此，消费端的变化是推动农产品流通体系变革的主要因素之一。

三、内部因素的变化

农产品流通体系内部主体及其结构、行为、关系等因素也是引起其变革的主要因素。斯特恩等（Stern et al.，1980）提出的流通渠道"政治—经济"分析框架，认为流通产业系统代表了一个政治经济实体，在这样的实体内，流通系统成员所关心的就是经济利益和渠道权力两种稀缺资源在流通产业内的分配问题，渠道权力、经济利益的共同作用导致流通渠道主体行为和流通渠道模式的变化。[①]赵晓飞和李崇光（2012）通过对农产品流通的实证研究结果表明，内部因素如渠

---

① Stern L W，Reve T. Distribution channels as political economies：A framework for comparative analysis [J]. The Journal of Marketing，1980：52 - 64.

道权力变迁、交易成本变化和价值链调整对农产品流通渠道变革的影响程度要强于外部因素，是影响流通渠道变革的主要因素。[①] 综合而言，本书认为，引起农产品流通体系变革的内部因素主要有流通渠道势力的变化、流通渠道关系的变化、流通价值链的变化以及交易成本的变化四方面。

（一）流通渠道势力的变化

流通渠道势力也可称为渠道权力，指的是农产品流通体系中各主体的市场势力。渠道势力对农产品流通体系的影响主要是通过对流通供应链的优化与重构来实现的。当某一流通渠道主体掌握农产品供应链上主导地位和核心权力时，它将通过对上、下游的影响、整合，对供应链的合作机制、流通模式等产生重大影响，从而促进农产品流通体系的变革。从我国农产品流通供应链的发展历程来看，其经历了以农产品生产者为主导、以农产品批发商为主导的阶段，而随着数字经济时代的到来，农产品零售商具有消费数据采集与分析的优势，同时，零售也是技术和业态创新非常活跃的环节，零售商的市场势力随着规模的扩大和组织化能力的提升而得到提高，农产品流通市场上零售商的渠道势力与批发商的渠道势力将趋于平衡，甚至超过批发商的渠道势力，从而重构以零售商为主导的农产品流通体系。

（二）流通渠道关系的变化

流通渠道关系会经历从交易型渠道关系，到混合型渠道关系，再到关系型渠道关系的演变（丰超等，2018）[②]。传统农产品渠道关系偏向于交易型关系，交易主体只关注各自的利益，属于"一锤子买卖"的短期性交易行为，渠道主体之间的关系属于松散性，而这种松散性的关系促使交易成本居高不下。随着现代经营理念被更多流通主体接受并引入，关系型渠道关系有利于建立稳定、共赢的供应链合作关系，从而降低交易成本的优势已形成基本共识，农产品流通供应链成员关系将从零和博弈、短期交易、简单竞争转向合作共赢、竞合有序，农产品流通体系也将因此发生根本性变化。

（三）流通价值链的变化

流通价值链的变化对农产品流通体系的影响是基于流通主体的价值追求及供应链管理方式变化实现的。农产品流通主体从产业角度出发分析自己与上游供应

---

① 赵晓飞，李崇光. 农产品流通渠道变革：演进规律、动力机制与发展趋势［J］. 管理世界，2012（3）：81－95.

② 丰超，庄贵军，张闯，李汝琦. 网络结构嵌入、关系型渠道治理与渠道关系质量［J］. 管理学报，2018，15（10）：980－987.

商以及下游客户之间的关系，明确自己的战略定位，为获取价值链上的优势地位，选择合适的合作对象，整合上下游资源，改善供应链上其他主体的联结关系。进入数字经济时代之后，数据的使用能够创造巨大的商业价值，数据将参与产业价值的分配，产业链上的各方参与主体比以往更紧密地参与到价值创造中，过去相对独立的各个环节相互连接，商业活动和商业系统比以往更复杂，各参与方之间的商业关系也比以往更加密切，日益繁复的相互交织完全改变了传统农产品流通价值链单向、线性的链条，从而导致农产品流通体系的变化。

（四）交易成本的变化

交易成本的变化对农产品流通体系的影响主要是通过决定流通企业的经营边界、改变流通供应链主体合作模式及农产品交易方式来实现的。当市场交易成本高于企业内部交易成本时，农产品流通企业会通过向上、下游延伸，扩大经营范围，形成产销一体化经营模式（王德章和周丹，2013）[①]；新信息技术从根本上变革了传统的信息交互方式，信息采集、传递、交互彻底革新，大幅降低信息成本，而供需的信息对接及议价成本也随之降低，农产品流通主体则会寻求缩短渠道长度、减少流通环节，探索与消费者直接对接的商业模式；农产品电子商务的兴起促进了农产品全国统一大市场的形成，极大地降低了交易成本，其交易成本的优势是线上交易方式愈发流行的关键基础，交易成本的变化还将推动农产品流通业态的持续创新，改变农产品流通体系的格局。

第二节　数字经济时代中国农产品流通体系的基本架构

数字经济时代农产品流通体系是指为适应数字经济发展趋势及要求，在特定战略目标的指引下，为实现农产品高效流通，综合运用先进的技术、理论、模式和管理方式，对传统农产品流通体系进行的变革与重构，是传统农产品流通体系的创新与演进，呈现出数字化、现代化特征。

一、构建指导思想

站在国家整体发展战略高度上，以促进农业现代化、农民增收、乡村振兴、

[①] 王德章，周丹. 我国重要农产品流通体系建设与管理创新［J］. 中国流通经济，2013，27（2）：16－21.

消费升级、农产品价格稳定等多重战略目标为指引，统筹运用宏观调控政策工具与市场经济运行机制，以先进的技术、理论、模式和管理方式为工具，以体制机制创新为手段，以农产品流通供应链整合和数字化转型为突破口，构建符合数字经济时代特征和我国国情的农产品现代流通体系，促进农产品流通成本的降低和流通效率的提升，实现农产品流通的高效运行。

二、构建总体思路

结合数字经济时代特征、我国基本国情及农产品流通体系发展阶段，倡导将农产品流通从产业链中间环节转向价值链主导环节，在明晰农产品流通体系内在的发展机理及外部的经济效应基础上，以多重战略目标为指引，从农产品流通产业体系、农产品流通支撑体系、农产品流通政策体系三大模块入手，对农产品流通体系的基本形态、主要内容、内在联系、运行机制等进行识别与建构，形成"理念先进、功能完善、结构合理、衔接紧密、运行高效"的农产品现代流通体系。

三、构建基本原则

（一）坚持局部目标和全局目标相结合

农产品流通体系的构建与建设，除了要实现体系内流通布局合理、流通渠道畅通、流通成本降低、流通效率提高等局部目标外，还有兼顾实现乡村振兴、农业农村现代化、农民增收、物价稳定、农产品质量安全等全局目标，在多重战略目标指引下，统筹规划农产品流通体系。

（二）坚持市场主导和宏观调控相结合

农产品流通体系的建设要坚持市场主导，强化流通主体的市场地位，破除市场竞争秩序不规范、营商环境不完善、经济循环不畅通等体制机制障碍，促进农产品产业链上各要素的自由流动和资源的高效配置，激发创新创业活力，形成全国统一市场。以完善的流通政策体系弥补市场机制的缺陷，在缩小城乡居民收入差距、促进全体人民共同富裕、改善地区发展不平衡、实现社会福利最大化等方面发挥宏观调控作用。

（三）坚持系统性和协同性相结合

农产品流通体系是一个概念系统，须按照系统所应具有的目的性、集合性、相关性、有序性和整体性等特征去构建和建设，用系统思维谋划全局，明确体系内各组成要素及其内在联系，设计有效的运行机制。农产品流通体系作为一个内部系统,应保持一定的开放性和协同性,加强与外部环境系统、上游农产品生产系统、下游农产品消费系统协同配套和集成发展,提高农产品流通体系建设的整体效能。

(四) 坚持传统改造和现代创新相结合

一方面,要对现有有效的、适合我国国情的农产品流通模式、业态和方式进行继承和发展,保留其具有科学逻辑、符合历史演进规律的元素,利用现代信息技术和新发展理念对其进行现代化改造,弥补传统体系的不足,提升体系的运行效能;另一方面,推动先进技术的产业化应用,借鉴国内外、行业内外的先进实践经验,以创新、创造的思维,促进农产品流通模式创新、业态创新和方式创新,引领产业方向发展,逐步丰富和完善农产品流通体系。

(五) 坚持国内循环和国际循环相结合

我国经济进入新的发展时期,国家要求构建以国内大循环为主体、国内国际双循环相互促进的新发展格局。农产品流通体系关乎粮食安全、国计民生等重大问题,构建完整、完善的农产品国内流通体系是战略基础,而农产品国际贸易是实现农产品流通体系现代化和国际化的重要推进手段,构建开放、有效的农产品国际流通体系是关键内容。

四、基本框架结构

本书认为,数字经济时代中国农产品流通体系应从农产品流通产业体系、农产品流通支撑体系和农产品流通政策体系三方面予以重构(见图6-2)。

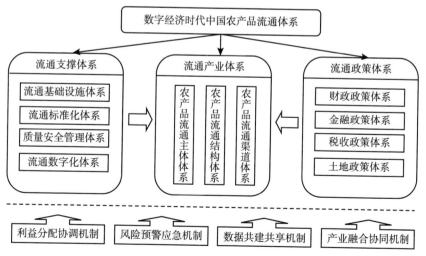

图 6-2 数字经济时代中国农产品流通体系框架

第三节　数字经济时代中国农产品流通体系的主要内容

一、农产品流通产业体系

（一）农产品流通主体体系

农产品流通主体体系是指农产品流通产业中，流通主体的类型、规模、结构及其内部关系的系统。数字经济时代，新型农产品流通主体不断涌现，类型逐渐丰富，多元化发展趋势更加明显，农产品流通主体的结构更加合理，各主体在农产品产业链上的合作将更加紧密。

就农产品流通主体的类型而言，农产品流通主体可划分为交易型主体和服务型主体两大类。交易型主体主要是指直接从事农产品商品交易活动的组织或个人，交易过程伴随着农产品所有权的转移。交易型主体包括销售农产品的农户、农产品经纪人、农民合作组织（农民合作社、合作协会等）、农产品收购商、批发商、零售商、农产品经销企业、电商企业等。零售商的类型较多，包括小商贩、生鲜超市、综合超市、电商等。

服务型主体是指为农产品商品交易提供辅助服务的组织或个人，服务型主体不直接参与农产品交易，不涉及农产品所有权的转移，主要包括农产品批发市场、农贸市场、农产品初加工企业、农产品包装企业、农产品运输企业、农产品仓储企业、农产品质量检测企业、农产品冷链服务企业、农产品配送企业、信息服务企业、营销服务企业、金融服务企业、云计算服务企业、网络服务企业等服务型主体。

数字经济时代，农产品交易型主体将向专业化、规模化、组织化方向演进。虽然我国农业生产小规模分散经营的格局短期内不会改变，小农户与大市场之间的矛盾短期内也难以完全解决，但随着农产品市场上信息不对称问题逐渐缓解，以及降低交易成本的内在需求，直接参与农产品交易的交易型中间商注重扩大规模，单体规模有变大的趋势，可以获取规模经济优势。如农产品批发商、零售商等交易型中间商的专业化程度进一步提升，组织化程度显著提高。传统的田间小型农产品收购商数量将减少，而如农产品网络营销商、农产品电商等新型的农产品中间商数量将增加。小农户直接在线下市场上向最终消费者销售农产品的比例将进一步降低，而小农户通过线上电商平台销售农产品的比例可能会提高，小农户作为农产品流通商，其数字化水平和经营能力将显著提高。

农产品服务型主体则会向多元化、专业化方向发展。随着农产品产业链的不断完善，产业分工将进一步细化，各类新型的服务企业不断涌现，如品牌设计企业、冷链企业、质量检测企业、电商运营企业、大数据分析企业、配送企业等，各类服务商借助其专业化优势，为农产品交易型主体提供配套服务，这些新型服务型主体是实现农产品流通体系优化的关键参与者。

（二）农产品流通结构体系

农产品流通结构体系指农产品流通产业运行各种要素的比例关系和经济联系的系统。主要包括以下四种子系统：农产品流通行业结构、农产品流通业态结构、农产品流通空间网络结构、农产品流通技术结构（见图 6-3）。随着数字经济的不断发展，农产品流通产业发展的外部环境和内部要素的经济联系都发生了较大变化，驱动了农产品流通产业内部结构的变化，农产品流通结构体系也应随之演进。

农产品流通行业结构指的是产业内部各子行业的规模、比例及内在联系。农产品流通行业包括农产品批发业、农产品零售业、农产品运输业、农产品包装业、农产品仓储业、农产品配送业、农产品商务服务业等。数字经济时代，随着传统农产品批发市场的现代化改造和数字化转型的推进，其现代功能将更加完善，传统优势依然存在，经由农产品批发市场进行集散仍然会是重要方式，农产品批发业的规模将维持在较高水平上，但经由批发商参与流通的农产品比例将会有一定下降。随着农产品零售业的连锁化经营及数字化转型，农产品零售业将会更多寻求与农产品生产者建立联系，减少中间环节，降低采购成本并稳定货源，农产品零售业在农产品流通产业链上的地位将有所提高，农产品批发商与零售商之间的市场势力不对等形势会有所改善。农产品运输业、农产品包装业、农产品仓储业、农产品配送业等辅助服务行业也将随着农产品流通产业规模的不断扩大和产业分工的不断细化而得到较快发展，各辅助服务行业会促使农产品渠道主体间交易更加高效，流通效率会随之提高，农产品流通服务行业体系将更加完善。

农产品流通业态主要指的是从事农产品交易的企业，从企业自身的优势出发，针对目标顾客的需求，采取不同的交易方式，向顾客提供农产品和相关服务的特定经营形态。农产品流通业态与经济社会环境、企业经营规模与实力、企业资源与技术优势、周边市场环境及顾客消费行为等因素密切相关。从经营规模上，

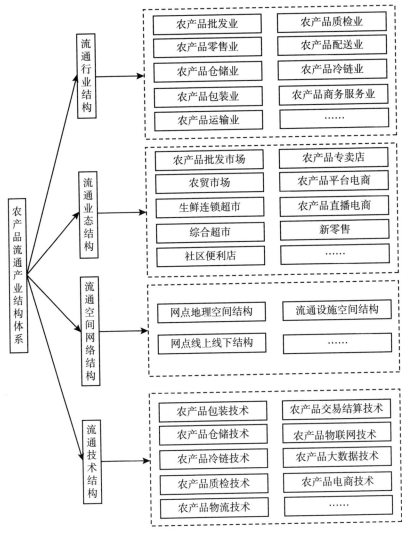

图6-3 农产品流通产业结构体系框架

可将农产品流通业态划分为农产品批发业业态和农产品零售业业态两大类。作为与最终消费者连接最紧密的零售环节，往往是创新最为活跃的环节，因此，农产品零售业业态种类较多，如小型生鲜超市、综合超市、生鲜连锁超市、农贸市场、小区便利店、农产品专卖店、生鲜农产品商场、农产品电商等。进入数字经济时代之后，农产品流通业态创新速度加快，如抖音、快手等平台的农产品直播带货，食享会、十荟团等为代表的农产品社区团购，盒马鲜生为代表的农产品新零售等新型的农产品流通业态不断涌现。数字经济时代，农产品流通业态结构会向多元化、丰富化、现代化方向发展，其中，数字化是最为典型的特征，各类业态均会逐步推进数字化，以数字化实现现代化转型。

农产品流通空间网络结构指的是在市场经济规律及政府宏观调控的共同作用下，所有农产品商业网点在地理位置上所呈现的空间网络关系。数字经济时代，农产品流通业的空间结构会更趋合理，而是否合理的标准在于农产品流通效率的高低及农产品商业服务可达性程度的高低。在传统线下经营模式下，农产品流通业的空间布局主要考虑周边消费者的购买力及地理距离，而农产品电子商务的加快渗透促使农产品网购的习惯逐渐养成，且电商的布局并不完全受到地理上的局限，其服务的空间范围有非常大的延展性。尽管农产品作为消费者日常生活不可或缺的快速消费品，线下实体商业网点的布局必不可少，且仍需遵循传统的原则，但农产品电商将逐渐作为线下渠道的重要补充，用于缓解部分地区或区域在农产品流通网点布局上的不平衡，如城市黄金地段的门店租金较高导致农产品零售网点少或农产品价格高，就完全可通过在周边租金较低的地段设立电商仓储配送站的方式予以解决，由此服务可达性亦不受影响。线下实体农产品零售网点也将通过拓展网络销售业务来扩大其市场覆盖范围，由此将加剧各网点间的竞争，充分的市场竞争有利于优化市场结构，也将促进农产品流通空间结构的优化。此外，随着农产品商业网点的数字化转型，商家可借助大数据更精准地分析和预测其各网点的经营状况，由此不断调整优化其网点布局。农产品流通技术结构指的是在某一特定时期内，农产品流通产业不同等级、不同类型的物质形态和知识形态技术的组合及比例关系。从技术的类型上来看，可包括农产品加工技术、农产品包装技术、农产品仓储技术、农产品冷链技术、农产品物流技术、农产品质检技术、农产品交易结算技术、农产品物联网技术、农产品大数据分析技术等。数字经济时代，农产品流通领域的技术创新更加活跃，尤其是新型数字技术的产业化以及以"互联网＋"推进的产业数字化，将不断推动产业的技术迭代及交叉融合创新，农产品流通的技术等级将从低层次向高层次演进，各层次、各类型的技术体系愈加完善。

（三）农产品流通渠道体系

农产品流通渠道体系是农产品从生产端向消费端流动所经过的交换线路或组织序列的集合（纪宝成，1991）[①]。农产品流通渠道大致可以分为两大类：一是

---

① 纪宝成. 商品流通渠道分析［J］. 中国社会科学，1991（6）：105 – 124.

产销对接渠道，也称为直接流通渠道，即农产品生产者直接将农产品卖给消费者，不需要中间商在交易中做媒介的流通形式。二是产销分离的渠道，也称为间接流通渠道，即农产品需由中间商收购之后，再转卖给消费者的流通形式。

上述农产品流通渠道按照具体农产品流转线路及交易方式的不同，又可分为许多具体的流通渠道形式，学者们有时将某一个特定的农产品流通渠道形式称为一种农产品流通模式。

随着经济社会的不断发展，农产品流通渠道不断演进，已经形成了多种流通模式共存的多渠道流通体系，尤其是进入数字经济时代之后，互联网、物联网、大数据、云计算等技术不断向农产品流通领域渗透，农产品流通渠道体系呈现多元化、短链化、高效化趋势，应加强以下几种主要的农产品流通渠道模式的建设。

1. 农产品直接流通渠道

数字经济时代，农产品直接流通模式不再只是传统原始的生产者与消费者面对面的针对初级农产品的对手交易，更多的是利用现代化的交易技术或经营方式进行，省去中间环节，降低流通成本，从而提高农产品流通效率。如生产者通过第三方电商平台或自建电商平台开展农产品销售的农产品网络直销模式；或通过产供销一体化经营方式，形成集农产品生产、加工、包装、品牌建设、运输等于一体的经营模式；或采用集农产品生态采摘、餐饮美食、休闲观光等于一体的一三产业融合模式等。随着大数据等新技术的深入应用，生产端与消费端的信息不对称将得到有效解决，电商平台、商业服务提供商、第三方物流等流通服务逐渐完善，商业服务的使用极其便捷且成本较低，这种零渠道的直接流通模式将更多被采用，尤其是为我国数量庞大的小农户提供了直接对接广阔市场的低成本渠道，直接流通渠道在农产品流通渠道体系中所占比例将会提高。

小农户与消费者之间的直接交易（包括线上交易）将会是最为主要的方式，由于小农户没有实力自建电商平台，所以只能通过第三方电商平台来销售农产品（见图6-4）。线下交易仍然会有少量农产品以传统赶集市或摊位的形式进行销售，更理想的是以生态采摘、农家乐等一三产业融合的方式，提高农产品附加值。农业生产企业与消费者之间的线上交易可通过自建电商平台或利用第三方电商平台开展销售，实体交易可通过设立农产品专卖店，加强品牌建设，提升附加值，或通过"农餐对接""农校对接"等方式与集团消费者直接对接；或是通过向下游延长产业链，发展集农产品生产、加工、运输、销售、生态采摘、餐饮美食等为一体的三产融合的全产业链一体化经营模式。

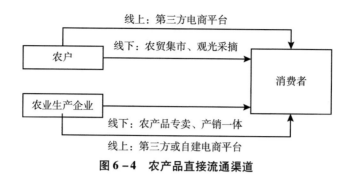

图 6 - 4 农产品直接流通渠道

2. 批发市场主导的农产品流通渠道模式

我国土地家庭承包导致农业产能碎片化，由于以农产品批发市场为核心的流通模式能有效解决农产品"小生产"与"大市场"的矛盾，所以其在我国农产品流通体系中具有极其重要的地位（孙伟仁等，2018）[①]。数字经济时代，以批发市场为主导的农产品流通渠道模式仍然将发挥重要作用，所占比重会呈现一定降低趋势，但仍然会是最为主要的流通模式之一。此外，批发市场主导的农产品流通渠道模式也将不断演进，尤其是应注重批发市场的数字化转型、现代化职能的不断完善以及向产业链上下游的延伸，朝着减少交易环节、缩短流通渠道、提高流通效率的方向发展。农产品批发市场应从传统交易服务商向产业链集成商转型。

批发市场主导的农产品流通渠道模式如图 6 - 5 所示，在农产品主产区建立产地批发市场，农户和农业生产企业生产的农产品汇聚到产地批发市场，再由产地批发市场流转至销地批发市场或直接对接零售商，最终流转至消费者手中。在此过程中，传统线下交易模式不能被完全替代，同时，随着农产品批发市场的数字化转型，具备条件的市场应通过设立电子商务渠道，开辟网上批发交易方式，提高批发电商交易比例，形成线上线下融合的全渠道农产品批发交易模式。除此之外，大型农产品批发市场除提供交易场所和相关服务之外，还应发挥信息、需求、资金及技术等优势，向上游生产环节延伸，建立农产品生产基地和供应基地，稳定货源；同时，向下游零售环节延伸，建立连锁零售生鲜超市或农产品社区店，以集采集配方式发挥规模经济优势，以低成本、高效率获得市场竞争力。农产品产业链的整合能有效减少农产品流通环节，降低交易成本。

[①] 孙伟仁，张平，赵德海. 农产品流通产业供给侧结构性改革困境及对策［J］. 经济纵横，2018（6）：99 - 104.

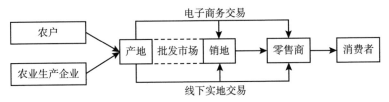

图6-5　批发市场主导的农产品流通渠道模式

3. 农民专业合作社主导的农产品流通渠道模式

农民专业合作社不仅可以主导农产品的流通环节,还可以主导农产品的生产环节,有利于整合农产品产业链(见图6-6)。在农产品生产环节,农民专业合作社通过统筹农产品生产结构、集中采购生产资料、提供标准化生产技术指导等方式,组织农户进行规模化、科学化、标准化生产,提高农业生产效率。在农产品流通环节,农民专业合作社一是可通过建立农产品初加工、包装、冷链仓储、品牌管理等功能,提高农产品竞争力和附加值;二是可通过自设零售终端如农产品专卖店、直营店、农产品电商等,直接对接消费者,减少中间流通环节;三是可通过与大型零售商实现对接,如与连锁综合超市、生鲜连锁超市等建立稳定的批量交易关系,以"农超对接"模式减少交易环节,在提高流通效率的同时,有效把控农产品质量。

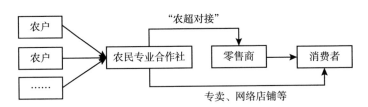

图6-6　农民合作社主导的农产品流通模式

4. 零售商主导的农产品流通渠道模式

数字经济时代,农产品连锁超市、农产品电子商务、农产品新零售等零售企业不断涌现并发展壮大,为寻求成本优势和质量优势,具备一定规模的零售企业往往会采取"产地直采"的进货模式,"农超对接"模式将进一步深入推广,零售商的数字化转型将更加深入,其数据的采集与分析、信息整合能力不断提升,使得零售商在农产品供应链上的地位逐步增强,零售商整合农产品供应链的优势更加明显,零售商主导的农产品流通渠道模式将成为主流模式之一。

多种业态的农产品零售商，通过在上游自建生产基地或通过订单农业为主、从农产品批发市场进货为辅的方式保证农产品供应，以线下实体店和线上网店的形式，采取多种渠道或全渠道的经营模式，为消费者提供农产品及相关服务（见图 6-7）。此种模式在大幅减少流通环节、提高农产品流通效率的同时，能为消费者提供更优质的服务。

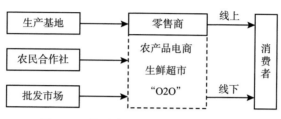

图 6-7　零售商主导的农产品流通模式

二、农产品流通支撑体系

（一）农产品流通基础设施体系

农产品流通基础设施体系是农产品流通产业生存和发展的重要基础保障，不仅直接影响农产品流通成本和流通效率，也会对农产品流通产业的发展进程及发展空间产生重要影响。农产品流通基础设施主要包括道路交通设施、通信网络设施、冷链物流设施、交易场所设施等。

铁路、公路、航空、水路等道路交通基础设施是农产品流通的重要基础，尤其是乡村公路设施水平对农产品出村进城至关重要，提升乡村道路基础设施水平，提高农产品铁路运输比例，是畅通运输、降低物流成本的重要途径。

通信网络设施如宽带互联网、移动互联网、5G 网络、物联网设施、云服务器等，是农产品流通信息化、数字化、智慧化转型的关键基础，尤其是农产品电子商务、农产品新零售等新业态需要完善的通信网络基础设施作为保障。

冷链物流设施如冷库、冷藏车、冷链仓储基地、冷链物流配送中心等，是农产品尤其是生鲜农产品流通的重要基础设施。由于农产品具有季节性强、易腐性高、仓储难度大等特点，为降低流通损耗，提高农产品的流通效率，需要建立完善的农产品冷链物流基础设施，合理规划冷链设施布局。

交易场所基础设施主要指农产品批发市场、农贸市场、菜市场等平台型交易场所。尤其是农产品批发市场在我国农产品流通中发挥着主导作用，对农产品批发市场的合理规划布局来说是一项重要任务。

（二）农产品流通标准化体系

农产品的标准化指的是农产品在生产、流通、消费等全过程中的标准化，不仅包括农产品生产环节质量等级的标准化，也包括加工、分类、分拣、包装、标识、运输、储藏、销售等流通环节的标准化。生产标准化是标准化的重要基础，能为流通标准化提供关键支撑，而流通标准化是农产品标准化的重要组成部分，是农产品标准化价值实现的关键环节，两者缺一不可。本书重点关注农产品流通环节的标准化问题。

数字经济时代不断涌现的新型现代交易方式如电子商务、期货交易、拍卖交易等，对农产品的标准化提出了更高的要求。农产品流通标准化不仅有利于实现农产品优质优价，引导农业产业结构优化，还能够减少农产品流通损耗、降低流通成本、提高流通效率，推动农产品全国统一大市场的形成。

由于农产品是有机生命物体，形态不规则性、质量易腐性、生产地域性和季节性等特点导致其在储存、运输、销售等流通环节与工业品相比要更加复杂。据中国物流与采购联合会数据显示，由于农产品在采摘、收割之后，无法在第一时间有效进行分类、预冷、包装、储存等标准化操作，导致我国农产品损耗较高，流通损耗率达到了30%左右，每年损耗额超过3000亿元，而美国、日本等发达国家农产品流通损耗率只有3%左右。建设农产品流通标准化体系则是降低流通损耗、提高流通效率的关键所在。

农产品流通标准化体系包括分等分级、包装、标识、仓储、运输工具、信息等各方面的标准化。

农产品分等分级标准化是根据农产品的内在质量（品种、营养成分、农药残留、口感等）、外观质量（大小、规则程度、色泽等），将农产品按照一定标准进行分等分级的过程。它是农产品流通标准化的前端环节和基础环节，分等分级标准化有利于后期差异化、有针对性地包装、仓储和运输，从而降低农产品因保管不善导致的流通损耗；也便于针对不同品质、不同规格的农产品进行差别定价，实现优质优价。在提高农产品整体价值的同时，引导农产品生产环节改进技术；在注重提高产量的同时，更加注重提高农产品质量。分等分级可根据农产品种类的不同，采用标准化设备提高分类效率，如螺旋滚筒式分级设备、辊轴式分级设备、色选分级设备等。

农产品包装标准化是在农产品流通过程中，为保护农产品、方便储运、促进销售，对农产品的包装材料、包装技术、包装容器、包装尺寸、包装标识等制定一系列规则，以实现标准化管理的过程。农产品包装标准化不仅有利于农产品的存储，减少农产品变质等损耗，还可以减少搬运过程中的磕碰等损耗，提高搬运便捷程度，便于叉车等机械化工具的使用，降低运输成本，提高运输效率。

农产品标识标准化是采用品牌标识、条形码、二维码等技术，将产品的种类、产地、品牌、等级等信息以标签的形式附加在农产品或农产品包装上，对农产品进行标准化管理的过程。农产品标识标准化是在农产品分等分级标准化和包装标准化的基础上执行的，以最直接和直观的方式对农产品进行区分，从而可使农产品在市场交易时按类定价，实现优质优价。农产品标识可以是品牌标识，也可以是农产品质量等级标识（如无公害农产品、绿色农产品、有机农产品等），数字经济时代，可以采用二维码技术，使农产品标识起到质量安全溯源的作用。

农产品仓储标准化是指在农产品仓储环节，为贮藏农产品的器具、场所等制定一系列标准，利用制冷系统、冷风循环系统、温控系统、湿度控制系统等现代化管理技术，为农产品的存储提供合适的温度、湿度、气体成分和微生物等环境，以达到降低损耗、保质保鲜的作用。

农产品运输工具标准化是指在农产品流通过程中，采用标准化托盘、周转框、叉车、货架、手动液压车、温控货箱货车等标准化设施，结合伸缩机、皮带输送机、滚轮台、滑槽等自动输送设备，实现农产品运输装卸、安检、发货、集货、自动分拣等功能，以达到提高农产品运输效率的目的。

农产品流通信息标准化是指通过在仓储、运输等设施中配备具备通信功能的信息采集设备，借助互联网自动实时采集农产品产地、品类、重量、价格、流向、交易时间等市场流通信息和温度、湿度、气体浓度等贮藏环境信息，对其进行存储并传递至相关管理部门，实现信息标准化管理的过程。农产品信息标准化，有利于采集结构化数据或半结构化数据，从而形成农产品大数据，为提高农产品流通数字化奠定信息基础。

（三）农产品质量安全管理体系

农产品质量安全管理体系是对农产品产地环境安全、农业投入品、农业生产过程、流通贮运销售等环节的全程监管和执法，积极防范安全风险，强化安全事故应急处理等。农产品质量安全管理体系主要包括农产品安全生产、质量检测检疫、质量追溯、质量安全事故应急等内容。

农产品安全生产主要包含生产技术规范实施、农业生产投入品检测等，如对肥料、兽药、生长激素、农膜、农作物种子、水生物种苗、种禽、饲料、农药等生产投入品检验检测,对农产品生长所需的温度、湿度、土壤、技术及生长过程生产技术规范的监控等。

农产品质量检测检疫主是按照国家农产品食品安全相关标准和防疫要求,对进入市场的农产品进行常态化检测和抽检。

农产品质量追溯是指采用二维码等标识技术,对农产品生产档案以及初加工、仓储、运输、销售等流通过程及状态数据的全程记录与追溯,从而为消费者和企业提供状态查询,为政府部门的风险防范、事故追责提供支撑。

农产品质量安全事故应急主要是建立事故应急机制,规范和指导应急处理工作,预防和控制农业生产中因农业投入品、动植物虫害、转基因生物等引起的食用农产品污染、食物中毒危害等农产品质量安全突发事件,以确保对农产品质量安全事故做出快速反应,将事故的损失降至最低。

(四)农产品流通数字化体系

农产品流通具有衔接供需、连接城乡、引导生产与促进消费的功能,究其本质,高效的农产品流通体系离不开产销市场信息的准确性、高效性、互通性。数字经济时代,数字化应用是建设农产品现代流通体系的先决条件,如何将新一代信息技术应用于农产品流通供应链,驱动农产品产业互联网升级,在农产品产业链各环节实现数字化转型,是构建农产品流通数字化体系的核心要义。应在农产品主产地和优势产地及主力消费市场,建立覆盖全国的数字采集网络,基于上、下游真实的经营数据,将供需数据精准匹配,帮助产地端拓宽全国销售通路、提升供应链效率,让市场端深入产地,增强产地源头优势,让农产品供应链上的相关主体提升经营效率。

在产地生产环节,建立农产品生产数字化体系,打造基于产品、品种、上市时间、周期、等级的农产品大数据平台,通过互联网、电商的大数据分析,以市场需求为引导,用数据指导农产品生产,打造数字化生产基地,实现农产品生产数字化管理,以数字化技术提高农产品生产效率和农产品品质。

在产后初加工、分选、仓储、运输、销售、配送等环节,实现农产品流通供应链的数字化转型,以智慧化的现代物流技术提升物流效率,以线上线下数字化、电商化销售平台提高交易效率,实现消费互联网和产业互联网的链接,用数字化赋能农产品全产业链。

在品牌打造方面,依托农产品电商、直播、网络广告、互联网精准营销等数字化方式，精准获取、吸引、触达目标消费者，高效打造农产品品牌，增强消费者品牌粘性，提高农产品附加值。

在农产品供应链管理方面，以数字化实现各参与主体间的顺畅合作，实现供需双方的无缝衔接，提升农产品供应链管理效能。

三、农产品流通政策体系

农产品流通政策体系是指为更好发挥农产品流通在促进农民增收、带动农业经济增长、推动乡村振兴、支撑农产品消费升级、稳定农产品价格波动等方面的多重功能，政府为弥补市场机制缺陷、引导农产品流通产业发展方向、推动产业结构优化升级、实现产业经济快速发展而制定的一系列干预政策的总和。按照政府使用的调控工具类别划分，我国的产业政策主要包括发展规划类政策、财税政策、金融支持政策、人才政策、技术政策及土地使用政策等。农产品流通相关产业政策最常使用的是以下四类。

农产品流通发展规划是指政府部门综合运用各种调控工具，结合农产品流通产业发展现状，科学研判农产品流通体系发展的方向、战略与思路和发展重点等内容，对相关工作做出统筹安排。

农产品流通财税政策主要是通过财政投资、财政补贴、财政转移支付等财政政策和所得税、关税、环境保护税、碳税、房产税等税收工具，来调节农产品流通体系发展过程中的成本、风险和收益。

农产品金融支持政策主要是通过对银行等金融机构的信贷干预、差别化贷款、利率管理等金融工具，为农产品流通体系配置超过市场竞争均衡水平的资金，以获得发展优势的金融制度安排。

农产品流通土地政策主要是在土地开发、利用、治理和管理上，处理好土地关系矛盾，为农产品流通体系发展提供支撑，一般包括地权政策、土地金融政策和土地赋税政策等。

第四节　数字经济时代中国农产品流通体系的运行机制

运行机制是农产品流通体系内各要素的结构、功能及互动关系的作用机理和运行方式，是体系运转的基本准则，农产品流通体系的高效运转有赖于建立有效的运行机制。数字经济时代，农产品现代流通体系的运行机制主要包括利益分配协调机制、风险预警应急机制、数据共建共享机制及产业融合协同机制等。

一、利益分配协调机制

农产品流通的过程伴随着农产品价值的实现及利益的分配，合理的利益分配机制是农产品流通体系稳定运行、可持续发展的关键（李圣军，2010）[1]。利益分配机制主要考虑以下几方面内容：

第一，形成合理的利益分配原则。农产品流通环节的利益分配应以"公平、公正"为基本原则，考虑各流通主体的投入成本多少、价值增值大小、风险承担程度、供应链贡献等因素，使各流通主体的投入产出比趋于一致，让各参与成员共同分享农产品流通环节的价值增值。

第二，引导、规范核心主体的行为。农产品流通体系实际上是以若干农产品供应链的运行作为实体基础，而农产品供应链上往往由核心流通主体主导，可以是批发商、零售商、物流商、生产龙头企业或农民合作社等，而核心主体也是农产品供应链上利益分配机制建立的主导者。主导供应链的核心主体往往是市场机制选择的结果，而逐利的商业本性容易导致核心主体利用其渠道权力攫取超额利润，挤占其他参与主体的利润空间，因此，政府可通过政策引导，鼓励和支持具有较强供应链管理能力，且具有较高社会责任感、较高商业信誉、长远发展眼光的核心主体发展壮大，以合理的利益分配机制促进合作的稳定和可持续发展。

第三，优先保障农民利益。促进农民增收是中国特色农产品流通体系的核心功能之一，而农民在农产品供应链上处于弱势地位，利益很难得到保障，因此，利益分配机制的设计应优先保障农民利益。农民利益的保障需以有效的供应链合作模式为基础，使农民能有效嵌入农产品流通环节，获取农产品生产环节的利润之外，分享流通环节的价值增值。如龙头企业与农户以合同、契约等方式建立稳定的合作关系，农户以土地、资金、技术或劳务等方式入股核心企业，建立风险共担、利益共享的利益共同体等（李崇光等，2016）[2]。此外，以加入合作组织等方式提高农户组织化程度，从而提高其在农产品供应链中的议价能力。

二、风险预警应急机制

农产品流通体系的风险预警机制主要是为应对农产品市场上时常出现的农产

---

① 李圣军. 农产品流通环节利益分配机制的实证分析［J］. 农业技术经济，2010（11）：108－114.
② 李崇光，等. 中国农产品流通现代化研究［M］. 北京：学习出版社，2016.

品价格剧烈波动、农产品质量安全问题、农产品国际贸易环境变化等风险问题，加强农产品市场风险分析与预测，以健全的机制保障体系的平稳、安全运行。

第一，建立农产品市场风险监控机制。建立农产品市场信息常态化采集体系，对流通过程进行动态监测，对潜在风险进行分析评估，实行风险先兆预警和风险及时发布制度，建立风险应急管理体系。

第二，设立农产品"反周期"调控机制。农产品生产具有季节性、周期性，为有效平抑因市场供需失衡造成的农产品市场波动，应加强农产品冷链仓储设施建设，为持续平稳的农产品供应提供保障条件；政府可通过建立重要农产品收储制度，在农产品成熟收获、集中上市导致供过于求时进行收储，在农产品市场供不应求时投放市场，进行"反周期"调控，调节市场供需矛盾，防范因农产品流通商渠道势力过大造成的垄断或投机炒作行为。

第三，建立农产品质量安全监管机制。按照农产品标准对农产品的质量进行检测和监管，建立农产品质量安全问题应急处理机制，加强农产品批发市场、集贸市场等交易场所的安全管理制度建设，建立疫情防控、安全监管、追责追偿等机制。

三、数据共建共享机制

数字经济时代，数据的分析与挖掘能产生重要的经济价值，数据共建共享机制则是农产品流通体系数字化建设的关键基础。

第一，明确数据共建的主体责任。各环节的农产品流通主体是数据、信息的责任主体，需负责数据的采集、录入、维护和分析等工作，各主体之间应分工协作、各司其职，明确数据开发与利用权责，共同完成数据库的建设工作。

第二，构建数据系统平台。数据系统平台是数据高效管理的重要基础，应由农产品流通供应链中具备资金、技术、管理实力的核心主体主导建立，或由政府以公共基础设施建设的角度主导建立，数据平台需多方参与、高度集成。

第三，建立数据共享机制。数据产权界定难、数据安全保护难、数据利益分配难等是当前数据开放共享的难题。应明确数据资产的法律地位，加强数据隐私保护和安全审查制度，以法律法规形式逐步探索数据权属划分，从多元主体视角构建数据流动、开放、共享促进机制，建立将数据视为生产要素参与价值分配的机制。

第四，建立数据共享模式推广机制。探索建立农产品数据交易平台，促进数据交换与交易；由主管政府部门或行业协会等组织将典型的、可行的、数据共享案例或场景化应用模式进行推广，支持鼓励数据技术服务企业向农产品流通领域进行业务渗透。

四、产业融合协同机制

建立产业融合、产业协同发展机制，以此推动业态创新、模式创新、技术创新，形成功能完善、形态多元、结构合理的现代产业体系，促进农产品流通体系现代化建设。

第一，建立产业融合发展机制。建立激励机制，为农产品企业开展产业链延伸、实行纵向一体化发展提供条件，鼓励流通主体将业务覆盖农产品生产、初加工、配送、销售等环节中的多个环节，促使农业、农产品加工业、物流业、批发业和零售业等产业一体化，以此降低农产品交易成本；鼓励拓展农产品流通的渠道和方式，将农产品流通与休闲采摘、餐饮美食、健康养生、教育文化等进行融合，创新农产品流通新业态，拓展农产品流通的新功能。推进数字技术与农产品流通业深度融合，以农产品电商、农产品智慧物流、农产品新零售等新方式改善服务水平。

第二，建立产业协同发展机制。重新定义农产品流通的功能和作用，从传统的产业链的中间环节转向价值链的主导环节，农产品流通体系的发展不再只是单独关注流通环节，应从农产品产业链整体上统筹规划，尤其注重与农业现代化建设以及消费结构升级等协同发展，建立有效的产业协同机制，同步推进各产业的充分、平衡发展。

第五节　本章小结

本章在农产品流通体系的变革动因分析基础上，倡导将农产品流通从农产品产业链中间环节转向农产品价值链主导环节，以多重战略目标为指引，统筹运用宏观调控政策工具与市场经济运行机制，以先进的技术、理论、模式和管理方式为工具，以体制机制创新为手段，以农产品流通供应链整合和数字化转型为突破口，从农产品流通产业体系、流通支撑体系、流通政策体系三大模块入手，构建了数字经济时代中国农产品现代流通体系，并对农产品流通体系的框架结构、基本形态、主要内容、内在联系及运行机制等进行了系统设计与深入阐述。

第七章　数字经济时代中国农产品流通体系的建设路径

农产品流通体系的建设对推进农业现代化、促进农民增收、推动乡村经济振兴、稳定农产品价格等方面具有重要意义。农产品流通体系的建设是一项系统工程，不仅要考虑产业内部主体、结构和行为，还应考虑产业之间的协同发展、产业的支撑基础，并统筹市场经济机制和政府宏观调控的关系。本章将在第六章构建的数字经济时代中国农产品流通体系的基础上，从内生发展路径、基础保障路径、产业协同路径和政策驱动路径等四个层面提出重点建设路径，为政府部门相关政策的制定提供思路。

第一节　内生发展路径

一、提高农产品流通主体组织化程度

（一）推动农民合作社建设，提高农户组织化程度

一是促进传统农民合作组织的转型，改变以往农民专业合作社大多只提供生产、供销等某一方面服务的格局，进一步拓展农民合作社的服务职能，在功能上由专业化转向综合化，覆盖生产、仓储、运输、销售、融资等环节的服务，把农民合作社建设成为宽领域、多功能、一体化的综合性服务组织（孙迪亮，2020）[①]。二是注重提升农民合作社参与农产品流通的能力，以财政扶持资金和自筹资金等方式建设分拣、包装、冷藏、仓储运输、初加工等基础设施，提高合作社流通基础设施水平，并通过"农超对接""农餐对接""农校对接""农批对接""农产品电子商务"等多种流通渠道模式对接消费市场，拓宽销售渠道，获

[①]　孙迪亮. 改革开放以来党的农民合作社政策：历史变迁与现实启示 [J]. 社会主义研究，2020（6）：87–94.

得深度嵌入市场的能力，规避、分散单一模式的经营风险，提高农民合作社在农产品供应链中的地位和议价能力，从而提升农民合作社的整体收益。三是鼓励农民合作社建立完善的利益联结机制，建立盈余分配制度，使合作社参与成员共享发展红利，尤其是要确保小农户能公平地获得收益，激发合作社成员的参与积极性。四是培养兼具公益精神和管理能力的合作社带头人，规范合作社运营，提高治理能力，提高合作社成员的合作意识和合作能力，注重对参与农户成员的培训和指导，培养小农户的市场意识，提升经营意识和经营能力。五是支持区域内具备条件的农民合作社共同成立农民合作社联合社，作为合作社的高级形态，联合社可以实现要素互补和资源整合（崔宝玉等，2020）[①]，通过抱团经营、集约发展，克服传统农民合作社规模小、管理弱、抵御风险能力弱等问题，增强其在农产品供应链上的市场竞争力。

（二）鼓励农产品零售企业连锁化、规模化发展

鼓励农产品专门零售企业通过新建门店、收购兼并、特许经营等方式，来实现连锁化经营、规模化发展，提高农产品零售企业的组织化能力。一是以总部统一采购为主、门店自行采购为辅的采购模式，以总部统一采购的规模优势提高与农产品生产基地进行源头直采、降低采购成本的可能性，以门店自行采购的灵活优势提高应对本地消费差异化、个性化的能力。二是鼓励农产品连锁零售企业建立并完善农产品加工配送中心，加强冷链物流运输建设，为生鲜农产品的品质化、新鲜度、标准化等提供保障，从而有利于塑造企业品牌形象，为企业的连锁扩张奠定品牌基础。三是以信息化、数字化提高农产品零售企业的经营能力，以数字化建设提高企业对消费数据、库存数据、采购数据等信息的采集与分析能力，为科学的经营决策提供保障；以信息化将连锁企业部门、门店、加工中心、物流配送中心，甚至供应链上下游主体等有效联结起来，实现协同化、实时化、一体化，提高企业以及农产品供应链整体运行效率。四是大力推动农产品零售企业开展线上线下融合发展，传统线下农产品零售企业开拓线上渠道，通过自建App、依托第三方平台等方式进行线上销售，在满足消费者线上购物需求、增强消费者粘性的同时，有利于扩展企业的市场规模和促进数字化转型。

（三）促进农产品批发商企业化、现代化转型

我国各类农产品批发商是农产品流通过程中最为重要的交易主体之一，承担

---

① 崔宝玉，王孝瑨，孙迪．农民合作社联合社的设立与演化机制：基于组织生态学的讨论 [J]．中国农村经济，2020（10）：111−130．

了70%以上的农产品流通，大型批发商也已逐渐发展成为农产品批发市场的骨干力量。然而，我国农产品批发市场上，组织结构基本上是家庭式、裙带关系式的个体经济组织，经营规模小，组织化水平极低（于淑华，2016）①。即便是注册法人企业的批发商，组织化程度也普遍不高，通过第三章对农产品批发企业的经营规模分析结果可知，肉、禽蛋、奶、水产品批发企业的单体销售规模自2015年后呈下降趋势，经营规模小在一定程度上限制了批发商发展现代企业经营管理方式，组织管理效率不高。

一是扶持经营管理能力强的批发商做大做强，采用现代企业制度规范化经营，使批发商向法人化、规模化、现代化方向发展，提高其组织化水平。二是鼓励不同类型农产品批发商特色化、差异化发展，如产地批发商着重提升田间采购能力、完善仓储功能，集散地批发商着重完善再包装、加工功能、重新集货功能和运输配送功能，销地批发商着重完善分销、配送等功能。三是支持专业农产品配送批发商的发展，这类批发商主要为中小型连锁零售企业、学校、企事业单位提供社会化集货、配送服务，契约化、专业化、批量化的农产品集配服务能够降低交易成本，提高流通效率。四是鼓励组织化程度高、规模大的批零企业兼业化发展，如大型连锁零售企业，可以在产地批发市场组建农产品配送中心，利用批发市场丰富的资源快速筹集商品，在满足自销农产品需求之余，可以开拓批发职能，利用强大的经营管理能力获得竞争优势；而大型的农产品批发商，也可以利用成本优势和便利优势，通过开设社区专卖店或电子商务方式开展农产品零售业务。

二、促进农产品流通模式优化与创新

（一）加快发展农产品短渠道产销对接模式

我国现有占主导地位的农产品流通模式存在渠道长、环节多、成本高、损耗大的问题，如何有效减少流通环节、缩短流通渠道、实现产销的精准对接是新时代农产品流通体系建设的关键问题之一。一是继续完善"农超对接"模式，鼓励大型连锁综合超市、生鲜专门连锁超市与农产品生产端的农民合作社、种植大户、家庭农场、农产品生产基地等建立合同契约关系，形成稳定的供销渠道，降低交易成本，以集中采购、统一配送的方式提高流通效率；同时，鼓励生产端的

① 于淑华. 我国农产品批发商经营现状研究［J］. 时代经贸，2016（36）：6－13.

农户加入农民合作社，农民合作社以丰富化、多样化、规模化的农产品资源更好满足超市农产品采购需求，探索建立"超市合格农产品供应商（合作社、农户、基地等）名册"制度，搭建合格供应商信息平台，促进"农超对接"模式持续健康发展。二是鼓励发展"农餐对接""农校对接""农宅对接""农企对接""品牌直销"等农产品直销模式，尤其是针对特色、有机、绿色农产品，采用高端配送定制模式，生产端与消费端建立相对稳定的供销关系，在去除中间流通环节的同时，注重品牌建设，提高农产品附加值，让农户获取更高收益。三是定期或不定期组织公益性或商业性的大型农产品产销对接会、农产品推介会等活动，并由政企联合主导建立农产品网上展销平台或在第三方大型电商平台设立农产品展销专区，促进产销精准对接。

（二）创新农产品批发市场流通模式

作为我国农产品流通的主要模式，农产品批发市场主导的农产品流通模式的运行状况一直是关注的焦点，如何既克服传统模式的弊端，又能更有效发挥农产品交易市场的优势，是数字经济时代农产品流通体系建设的重要议题。一是促进传统农产品批发市场进行现代化转型，改变以前粗放式、简单化的经营方式，在发挥货物集散功能基础上，重点发展物流整合、信息集成、质量监测、市场开发等现代流通功能。二是大力推进农产品批发市场进行数字化、智慧化改造，探索建立集经营管理、供应链采购、电子支付、物流配送、仓储冷链、安全监测溯源等于一体的智慧化农批市场应用平台，通过对交易、成本、库存、产品、物流等各类数据的高度集成，实现农产品流通中人、货、场、车等要素的协同融合，提高农产品批发市场的数字化程度，运用大数据、边缘计算等技术提高运营效率，去除低效或无效流通环节，优化农产品批发市场流通模式。三是鼓励产销地批发市场采用一体化模式，一方面向生产端延伸，以承包生产、订单生产等方式直接与农产品生产主体建立长期稳定的供货关系，减少中间交易环节，降低交易成本；另一方面向零售或消费领域延伸，通过自建农产品连锁超市或农产品配送中心，直接对接最终消费者，减少流通环节，提高流通效率。四是探索建立线上农产品批发交易市场，运用电子商务平台模式克服实体农产品批发市场模式的不足，充分发挥线上线下协同发展优势。

（三）完善农产品电子商务流通模式

为顺应数字经济时代电子商务的发展趋势，应着重突破制约农产品电子商务发展的标准化程度低、储运品控难、客户开发维护成本高等"瓶颈"和难题，完善农产品电子商务供应链，以满足消费者对农产品品质化、多样化和服务个性化、便捷化的需求。一是在农村地区开展电商进村、农产品出村专项工程，加强农产品电商化的配套服务建设，如加强分类分级、仓储冷链等能力建设，促进流通标准化、冷链化建设，实现流通环节的降耗保鲜，便于网上销售和物流运输。二是提高农户开展农产品电子商务的意识，鼓励具备条件的农户通过直播电商、微商或其他第三方电商的便捷、低成本电商渠道销售特色优势农产品。三是支持新型农业经营主体与电商企业实现对接，以订单农业、协议代销等方式形成紧密的合作关系，为农产品电商企业提供稳定、低价的货源。四是鼓励有条件的传统农产品零售企业开展电子商务，有条件的纯电子商务企业开办实体农产品零售店，形成线上线下融合发展模式，以协同融合发展提升企业经营效率。

（四）推广农产品现代交易方式

改变传统农产品流通中以"现货交易、现金交易、现场交易"为主的原始交易方式，大力推广并完善现代交易方式。一是继续完善农产品期货交易市场，扩大农产品期货市场规模，加强市场监管，规范市场的运营，防范恶意炒作扰乱市场风险，使农产品期货市场成为实现农产品价格发现和风险管理功能的重要途径。二是积极探索推行现代现货交易方式，在完善农产品质量标准体系的基础上，支持农产品交易市场建立拍卖大厅、电子报价系统等基础设施，引导、鼓励具备一定标准化特性的农产品实行拍卖交易，提高农产品交易价格透明度，降低交易成本，提高交易效率。三是鼓励已建立紧密合作关系的农产品交易主体间采用远期合约交易、网络交易等现代交易方式，分担价格波动风险，降低交易费用。

三、促进农产品流通业态创新

在业态创新方面，农产品零售业较批发业更为活跃。我国农产品零售业态从流动摊贩、菜市场、农贸市场到大型连锁综合超市、生鲜专门超市，再到农产品电商、"O2O"社区团购、生鲜新零售等，各类农产品零售业态不断涌现，呈现出多样化、丰富化、差异化的业态格局。不同零售业态有各自的特点，然而并不是所有业态都有足够的优势获得持久的竞争力，许多农产品零售企业只是简单模仿，并不能从根本上提高农产品流通效率，以致诸多农产品零售业态或企业难以走出"烧钱亏损"的局面。数字经济时代，需要借助移动互联网、大数据、云计算、人工智能等新一代信息技术，赋能农产品流通领域，真正从优化农产品供应链、降低流通成本、提高流通效率等方面促进农产品流通业态创新，为企业获得竞争优势。

（一）以专业化开展错位竞争

随着消费者对日常饮食的日益关注，生鲜农产品专门超市零售业态备受消费者喜爱，据媒体报道，美国最受消费者喜爱的超市前 10 名里有 8 家是生鲜专门超市。① 近年来我国生鲜专门超市也得到了快速发展。生鲜专门超市应在深度专业化的基础上，以错位竞争的方式提供差异化、个性化的产品及服务。

一要找准市场定位。确定好服务的消费人群，综合考虑消费者的年龄、消费水平、消费习惯等特征，从而确定门店的选址策略和营销策略。如北京沃谷农业旗下的"果蔬好"生鲜连锁，主要定位于高端消费市场，消费人群是对生活品质有一定追求、消费能力较高的消费者；选址上主要是在高档社区和繁荣商业与住宅的交汇处，以保证稳定的客流和消费能力；在产品上主要是专卖包装好的新鲜、高品质、丰富的生鲜农产品。如安徽乐城股份旗下的"生鲜传奇"生鲜连锁超市，主要定位于服务中产阶层家庭，选址上主要是靠近密集小区，严格控制门店的租金，不会选择繁华的商业中心，而商品主要以中端商品为主，兼顾商品的品质和性价比，不销售奢侈商品和低端商品，采取适利快销的定价策略。

二要科学选择经营范围。主要是合理确定经营的农产品品类，在"大而全"和"小而精"上做出判断，但前提是以高度专业化保证企业所经营的农产品具有核心竞争优势。如北京的"果多美"水果连锁超市，面向大众消费者，在水果品类上不贪多求全，只售日常需求量最高的 60 个左右的水果品种，采购多是选择与当地批发市场的一级代理商合作，以相对松散型的合作方式，在保证采购价格相对低的情况下，优先保证能够采购到品质最优的农产品；再如华东地区最大的水果连锁超市"鲜丰水果"，面向中高端消费群体，品类数量上有 80~100 种，40% 左右是进口水果，在水果供应链上具有核心竞争优势，采购上实行的是"基地 + 进口"双直采的方式，签约了多个海外种植基地和国内种植基地，以基地直采来降低采购成本，从全球供应链上采购最优质的水果，并以全程冷链、高速周转的方式保证水果的质量和新鲜度。

三要合理确定业态规模。主要是根据消费人群的密集程度和消费习惯，合理确定门店的面积规模。如以水果连锁超市为例，门店面积在 200~300 平方米的

---

① 资料来源：亿欧网，https：//www.iyiou.com/news/2018080278182。

属于较大型的规模，前面提到的"果多美"水果连锁超市和"鲜丰水果"连锁超市的主体门店大多是这种类型。根据规模不同，还有门店面积在100平方米左右的"精品店"，如"百果园"水果连锁超市，其门店大多在100平方米以内；除此之外，还有30平方米左右的"迷你店"，大多开在小型社区和学校附近。企业可以结合市场需求和企业发展需要确定某种业态类型，或是以多业态协同发展扩大市场规模。

（二）以数字化提高运营效率

企业的运营效率高低是业态是否成功的关键。数字经济时代，流通企业的数字化转型是必然趋势，而如何用数字化赋能企业运营，优化现有流通业态是需要重点考虑的问题。一是运用移动互联网、物联网、大数据等技术，对企业的采购、物流、库存、销售、财务等数据信息进行采集与分析，优化企业各部门、各环节的经营决策。二是根据数字化转型的需要，对企业的组织结构进行优化设计，向网络化、扁平化、柔性化方向发展，以"短、平、快"的模式形成便于信息传递和共享的网络化协同管理模式，提高组织管理效率。三是重构零售企业的业务流程，从以往的以采购部门为中心的正向构建转向"以消费者为中心"或"以消费者参与为中心"的逆向构建，用数字化技术手段实现与消费者的及时、频繁互动以采集需求数据。四是用网络化、信息化的方式与供应商和服务商形成紧密合作的供应链关系，提高沟通效率，降低交易成本。

（三）以融合化促进业态创新

数字经济时代，流通的融合发展是一个大的趋势，采用多维融合发展发挥协同效应，促进流通业态创新，提高运营效率，改进消费者体验。融合发展主要包括渠道融合、产业融合、服务融合。

一是鼓励渠道融合创新。主要指的是流通渠道的线上线下融合新业态，无论是传统实体零售企业开拓线上销售渠道，还是纯电商企业设立实体零售门店，都是在采用线上线下融合发展的方式、拓宽市场规模的同时，为消费者提供便捷、多样、灵活的全渠道购物方式。农产品零售的渠道融合关键不仅在于为消费者提供多样化的购物渠道，更在于通过渠道融合的方式，推进企业的数字化转型，基于大数据来提高企业的运营效率和农产品供应链的整合能力。农产品零售企业可根据发展实际情况，选择合适的方式来拓宽销售渠道，发挥渠道融合优势，如实体店可通过自建 App、开发小程序或借助外卖平台开展网络销售，农产品电商企业可通过开设社区体验店来开展线下销售。同时，鼓励建立线上农产品批发市场，促进批发业态创新，与实体市场实现协同发展，提高其流通服务能力。

二是推动产业融合创新。主要是通过一二三产业融合，发展观光采摘、休闲农业、体验农业、创意农业、乡村旅游、农产品精深加工、农产品电子商务等产业融合的新业态，推动农产品产业链的纵向延伸，创新多种农产品经营业态，增强产业链的核心竞争力和辐射带动能力。如意大利的 FICO Eataly World 是一个"农场 + 餐饮 + 购物"的主题公园，占地 10 万平方米，公园里设有农作物种植、家禽养殖、零售商场、集市、农产品加工坊、美食餐饮、农艺厨艺培训、会展中心等，将三产融合发挥到了极致。①

三是探索服务融合创新。通过融合农产品零售、餐饮、休闲、社交等多种服务功能，以创新的业态形式，为消费者提供多元化、丰富化、全方位的服务体验。以阿里"盒马鲜生"、永辉"超级物种"为代表的新零售是农产品零售领域服务融合的典型业态创新。"盒马鲜生"通过融合生鲜农产品零售、餐饮、休闲等服务，采用线上线下融合提升服务体验，运用智慧物流提高配送效率，依托数据和技术提升零售效率，为数字经济时代农产品零售领域的业态创新做了非常有益的尝试。应积极鼓励企业运用大数据等新型信息技术，对农产品生产、流通、消费供应链中的人、货、场等要素进行重构，融合多种服务功能，重塑农产品流通业态结构，为消费者提供全新的消费体验。

四、推动农产品产业链整合

我国传统农产品流通主要以分段流通为主，在此条件下，农产品供应链上的流通环节多且断裂、流通主体小且分散，交易成本居高不下，流通效率低下。通过农产品产业链的整合，有利于减少交易环节、降低交易成本，从而提高农产品流通效率，政学两界对此基本达成了共识（刘振滨和刘东英，2015）②，而在具体整合方法的选择上，还需进行深入研究。在前面分析的基础上，本书认为在数字经济新时代，农产品产业链整合可考虑以下路径。

（一）推动产业链纵向整合形成一体化经营

产业链纵向整合可将供应链上原来分散的外部流通主体间的经济活动和交易行为转变为企业内部交易，通过优化企业内部的经营管理，降低交易的不确定性和交易频率，从而达到降低交易成本，提高运营效率的目标。在农产品产业链纵

---

① 资料来源：搜狐网，https：//www. sohu. com/a/590168909_121188578。
② 刘振滨，刘东英. 共享资源视域下的农产品供应链整合研究 ［J］. 农村经济，2015（1）：44 –48.

向整合路径选择上，一是鼓励大型农产品批发商向上游生产环节延伸，建立自有或合作农产品生产基地，稳定农产品货源供应，也可向下游零售环节延伸，设立零售网点、农产品零售配送服务中心，与消费者直接对接。二是鼓励大型综合连锁超市或生鲜连锁超市，向上游批发和生产环节延伸，可设立大型农产品集配中心经营农产品批发业务，也可设自有或合作农产品生产基地，形成产销一体化经营。三是鼓励新型农业经营主体向下游销售环节延伸，通过设立零售门店或在批发市场、超市、菜市场等场所设销售专柜、专区等方式，实现产销一体化经营。

（二）鼓励产业链横向整合建立规模经济优势

产业链横向整合主要是通过将处于同一环节上，分散的、规模小的流通主体聚集在一起，在形成规模经济优势的同时，避免同行竞争过程中的内耗。在农产品产业链横向整合上，一是鼓励组织化程度和经营效率高的农产品批发市场通过收购兼并、参股控股等方式做大做强，推动农产品批发行业的整合兼并和转型升级，淘汰弱小市场。二是鼓励农产品超市通过收购兼并、参股控股、合作加盟等方式进行连锁化经营，扩大经营规模。三是鼓励产销一体化型农民合作社组建联合社，形成规模经济和范围经济。通过横向整合发展壮大之后，各类主体仍可通过产业链纵向整合来进一步提升核心竞争力。

（三）促进全产业链整合实现价值链增值

全产业链整合指的是以消费需求为导向，实现包括原材料获取、产品生产和加工、物流运输、产品营销、市场交易等所有产业链环节的全面贯通和有效整合，全面提高产业链的全要素生产率并实现产业链价值增值（梁鑫鹏，2016）[1]。全产业链整合并不一定需要将所有环节内化为企业内部行为，更注重成员间通过建立战略联盟、合作伙伴等形式形成紧密的合作契约关系和利益分享机制，降低交易成本，共享产业链整体增值（陈超和徐磊，2020）[2]。农产品全产业链整合要从流通的角度出发，将生产视为流通中的生产，交易视为流通中的交易，通过打造覆盖从种植养殖、农产品加工、仓储运输、市场交易等诸多环节的全流通体系，以产品链、组织链、技术链和价值链的全面升级，实现农产品全产业链的顺畅贯通和产业链价值的整体提升。农产品全产业链的核心组织者应是拥有现代化

---

① 梁鑫鹏．基于全产业链模式的农产品流通业转型升级研究［J］．商业经济研究，2016，（15）：167－168．

② 陈超，徐磊．流通型龙头企业主导下果品产业链的整合与培育：基于桃产业的理论与实践［J］．农业经济问题，2020（8）：77－90．

的经营战略理念，具备先进的技术水平、强大的资本运作能力、产业链协调能力和资源整合能力的经营主体，主要是龙头企业、平台企业、大型连锁超市、专业仓储物流中心等核心流通组织。因此，应加大对此类核心流通组织的培育和扶持力度，形成一批创新能力突出、品牌影响力大、规模经济优势明显、处于行业领先地位的农产品流通龙头企业，并鼓励其优化产业链布局，发挥强大的产业链整合能力，以"共商、共赢、共享"为理念，以产权关系、契约关系或管理关系为纽带，打造上中下游紧密联系的全产业链式流通体系。

第二节　基础保障路径

一、加强农产品流通基础设施建设

应创新政府投资方式，通过有效发挥财政资金引导作用，带动社会资本投入，推动农产品流通基础设施改造升级，具体可以从三个方面入手。

(一) 推进农产品批发市场升级改造

作为农产品流通中最重要的交易场所，对农产品批发市场进行现代化改造是农产品流通基础设施建设的重要内容。推动农产品批发市场升级改造兼顾公益性与私益性。由于农产品批发市场承担着引导农产品生产、促进农产品销售、保障农产品供应、稳定农产品价格、监测农产品质量安全等公益性功能（张闯等，2015）[1]，而民营农产品批发市场在追求经济利益最大化的驱使下，其行为有时会偏离社会福利最优安排（古川，2015）[2]，可以以市场机制为基础，通过制度安排解决促使农产品批发市场兼顾公益性和私益性。如对正外部性、公益性较强的基础设施建设给予财政税收支持，重点支持农产品批发市场保鲜冷藏、质量安全检测追溯等基础设施设备的建设，以专项资金支持传统农产品批发市场的数字化改造。加大力度支持中西部建设公益性的重要农产品产地批发市场，在农产品主产区建设一批公益性的农产品集配中心和综合性加工配送中心，促进批发市场功能转型，强化其分拣、保鲜、仓储、初加工和信息服务功能；在农村各中心乡镇建设一批公益性功能明显、基础设施完善、设备齐全、服务辐

---

① 张闯，夏春玉，刘凤芹. 农产品批发市场公益性实现方式研究：以北京新发地市场为案例 [J]. 农业经济问题，2015，36（1）：93－100，112.

② 古川. 农产品公益性批发市场和民营批发市场的机制比较研究 [J]. 农业技术经济，2015（3）：99－107.

射能力强的乡镇农产品集贸市场。

（二）加强冷链物流基础设施建设

冷链物流是农产品现代流通体系的关键基础。以农产品批发市场、农民合作社、农业龙头企业、冷链物流企业、大中型超市等主体为重点支持对象，加快其冷链物流基础设施建设。支持鲜活农产品主产区、特色农产品优势区建设一批仓储冷藏基地，重点建设节能型通风贮藏库、机械冷库和气调贮藏库等，提升鲜活农产品产地仓储保鲜冷链能力；支持农产品流通枢纽城市建设一批具有分级预冷、加工包装、仓储配送、批发零售等功能为一体的农产品冷链物流集散中心；支持农产品主销区建设一批具有品牌展示、冷藏保鲜、物流配送等功能为一体的农产品销地交易配送中心，拓展农产品零售终端，建成稳固的商流链条与物流管道；支持开展"农超对接"的新型农业经营主体和超市建设生鲜农产品集配中心，强化其冷链基础设施建设；推动农产品物流配送服务专业化、外包化发展，加大对冷库、冷藏车等冷链设备和现代化储运设备的投入，推动农产品实现从田间到餐桌的全程冷链流通。

（三）加快农产品电子商务基础设施建设

一是要加快推进农村宽带通信网、移动互联网、农业物联网等乡村信息基础设施建设，鼓励高校、科研院所及企业研发适应"三农"特点的信息终端、App、技术产品等，全面提高农村信息基础设施水平和农民信息化应用水平。二是继续加强乡村道路建设，畅通农产品道路物流网。三是鼓励第三方快递物流网点继续向乡村渗透，降低农村地区农产品快递成本。四是推动乡村电商服务网点的建设，为农民提供电商培训、农产品代销、网络宣传推广、产品营销、代寄代收等电商服务，使其成为农产品上行的"中转站"。

二、打造农产品质量安全监测追溯体系

农产品质量安全涉及整条农产品供应链的各个环节，涉及生产者、流通商、消费者、政府等利益相关方，但其中的单一相关方都有其自身局限性，不可能单靠自身实力解决农产品质量安全问题。因此，为保证农产品质量安全，应从农产品供应链的角度出发，以信息技术、网络技术、物联网技术及二维码技术等为基础，打造基于农产品供应链的质量安全监测追溯体系，实现生产环境、加工过程、质量检测、分拣包装、仓储物流、市场交易等环节的实时监控和可追溯管理，解决信息的不对称以及安全责任的不可追溯问题。

基于供应链的农产品质量安全监测追溯体系要求供应链中的生产部门、流通部门及政府质量安全管理部门等将农产品的质量检测、产销流程信息及时详细地记录并通过信息渠道予以公开。其作用一是可以让监管部门实时跟踪农产品的生产、加工流通情况，加强监督和管理，防控农产品质量安全问题的出现，阻止不合格的农产品进入市场；二是可以在出现农产品安全质量问题时及时召回，并精准定位出现问题的环节，查明原因并追责，从技术、管理、制度和法律等方面多管齐下，不断杜绝农产品质量安全问题；三是消费者可以通过多种渠道追溯农产品详细状态信息，增强了信息透明度，降低了供需两端的信息不对称程度，可以增强消费者的安全感和满意度。

（一）建立农产品质量追溯管理制度

建立和完善国家农产品质量安全监测追溯管理办法，明确追溯要求、规范追溯流程，强化部门协调，落实管理责任。推进农产品产地准出、农产品市场准入条件建设，建立准出准入条件与追溯管理的有效衔接机制，明确农产品供应链上各参与主体的责任，制定从"田头到餐桌"全程可追溯管理规范。鼓励地方政府有关部门结合本地主要农产品特点，制定农产品质量安全监测追溯地方性法规和基本管理制度。

（二）完善推广农产品质量安全追溯平台

继续完善和推广国家农产品质量安全追溯管理平台，实现开放共享、通查通识、全面覆盖；针对监管检测机构、农产品生产主体、农产品流通主体的各自职责，授予相关使用权限；健全数据规范，明确产地信息、质量标准、检测结果、加工信息、产销流程、消费者评价等相关数据的采集标准，对追溯业务流程、数据编码规则、信息采集规范等进行统一，推动已有地方性的质量追溯平台与国家平台的对接，实现质量安全追溯的全国统一平台管理，推进数据共享和工作协同，减少资源和重复工作浪费。继续推动绿色食品等农产品认证系统平台、国内主流电商平台、大型商超质量追溯平台与国家农产品质量安全追溯平台进行对接，实现数据互通共享。

（三）实施农产品质量安全追溯挂钩机制

将农产品质量安全追溯与农业项目支持、农产品品牌推选、农产品质量认证等工作挂钩，结合相关主体农产品质量追溯工作的开展推进落实情况以及质量安全表现情况，建立和实施追溯审查和退出机制，提高各方主体参与质量安全追溯的重视程度和工作积极性，全面推进质量安全追溯工作，充分发挥质量安全追溯体系在农产品质量安全提升工作中的重要作用。

三、推动农产品流通标准化建设

数字经济时代不断涌现的新型现代交易方式如电子商务、期货交易、拍卖交易等，对农产品标准化提出了更高的要求，农产品流通标准化是农产品现代流通体系建设的重要内容和基础支撑。农产品流通标准化不仅有利于实现农产品优质优价，引导农业产业结构优化，还能够减少农产品流通损耗、降低流通成本、提高流通效率，推动农产品全国统一大市场的形成。

（一）完善农产品流通标准化体系

从国家层面对现行我国涉及农产品流通的各类标准进行梳理，对分散于各部门的标准中重复交叉甚至是相互冲突的内容进行处理，从整体上统筹构建层次清晰、结构合理、分工明确的农产品流通标准化体系。在标准的制定过程中，国家制定全国统一通用基础标准时，要吸纳借鉴国内外先进标准，在颁布前事先广泛征求社会各方的意见并进行改进优化，提高标准的科学合理性。在行业层面，充分发挥行业协会、学会等社会组织的市场主体作用，鼓励其积极参与制定专业性、适用性、实用性强的行业标准，鼓励企业制定高于国家层面和行业层面的产品、技术、服务等标准和规范（张敏，2015）[①]。在标准的执行过程中，与社会各方建立信息反馈互动机制，收集整理标准体系中存在的问题，定期对相关标准进行修订和完善，不断提高标准的科学性。

（二）推动农产品流通标准的实施

出台国家农产品流通标准化建设实施方案，加大宣传推广力度，采用多种渠道、多种形式向社会各方宣传农产品流通标准的重要性和必要性，形成行业企业严格执行、社会公众关心监督、政府部门协调引导的良好协作机制，共同促进农产品流通标准的贯彻实施。政府部门可实施农产品流通标准化实施试点示范工程，给予一定优惠政策，推动标准化建设的进程，并定期组织对农产品流通标准化工作的评价工作，将评价结果与企业信用评级、企业资质认定、财政金融支持等进行挂钩，提高企业对农产品流通标准化工作的重视程度。

（三）促进农产品流通标准化技术、设施建设

为配合农产品流通标准化的实施，需要相应的技术和设施作为支撑。加大力

---

① 张敏. 我国农产品流通标准体系现状及问题分析［J］. 农产品质量与安全，2015（5）：30-34.

度支持企业开展农产品分级分类分拣、标识编码、温度调控、装卸运输等专用技术、设施、设备、器具的研发和生产，政府可以制定相关设备清单或企业名录，将技术先进、有效实用的农产品流通标准化设备推介给需求单位并给予一定资助，扶持相关企业的发展。鼓励农产品流通企业加强国际合作交流，重点引进国外先进的技术和设备，借鉴其在技术、管理、信息、服务等标准化方面的经验，推动流通企业的现代化转型。

四、推进农产品流通数字化建设

有效的农产品数字化服务体系能为农业生产和农产品流通提供及时、准确的市场信息，化解因信息不对称引致的效率低下问题。

（一）建立农产品流通信息综合平台

由政府牵头建立公益、权威、开放、共享的农产品综合信息服务平台，由农业合作社、农产品批发市场、农业龙头企业、物流企业、超市等主体共同参与，系统收集包括农业生产信息（农产品品种、面积、产量、质量等）和农产品流通市场信息（农产品消费需求、农产品实时交易价格、仓储物流信息、消费评价信息等），并不断扩大信息收集范围，组织专门的农产品数据信息研究团队，对信息进行分类整理，开展中长期农产品市场供求状况以及价格预测，及时分享发布农产品信息，彻底打通农产品信息传播渠道，实现农产品供给端和需求端的信息对接，逐步消除信息不对称的恶劣影响，从而帮助农户优化农业生产结构，农产品流通企业及时掌握市场供求状况，调整经营策略，监管部门实时跟踪农产品市场情况，加强监督和管理。

（二）推动农产品流通主体数字化转型

加强农业合作社、产地经销商、批发市场、零售商、仓储物流服务商等农产品流通各主体的数字化、智能化建设。一是实现各流通主体与农产品综合信息服务平台的信息对接，上传录入农产品状态信息的同时，各流通主体也能及时获取农产品市场信息，并据此优化经营。二是鼓励农民通过手机、平板电脑等移动智能终端设备，利用网络及时获取市场信息，接受远程教育、网络培训或自主学习，借助第三方电商平台开展销售经营等活动，提高生产经营管理能力，由传统农民向具备数字化应用能力的新型职业农民或农产品经纪人衍变。三是农产品流通企业应用新一代数字信息技术，对企业的组织架构、业务流程、商业模式、经营业态进行重新设计，提高经营效率。四是支持农产品批发市场的数字化改造，搭建大数据平台，重点完善价格形成、信息传递、精准营销、商务服务等现代功能。

（三）促进政府流通产业治理手段数字化

随着数字经济的不断发展，作为宏观经济管理和调控的政府部门，无论是从与产业经济匹配衔接的角度，还是从提升行政管理效能的角度，都需要推动产业治理手段的数字化。在以往信息化建设基础上，进一步采用数字技术深化简政放权改革，推进政府职能转变，对政府施政的方式、流程、手段、工具等进行全局性、系统性、根本性重塑，通过数据共享促进业务协同，全方位提高政府行政效能。就农产品流通产业治理而言，一是产业统计监测的数字化，建立体系完整、口径统一的产业运行监测分析指标体系，将分散在工商、统计、税务、海关、农业农村、交通、市场监管等各个相关部门的经济运行数据进行整合共享、关联分析，提高分析研判科学性。二是产业市场监管的数字化，构建统一市场行政执法监管系统，建立信用重点监管名单库，与公共信用信息平台实现互联互通，做到监管监察信息共享、违法失信共管；采用电子监管码、二维码等数字化技术，对农产品的生产、加工、检验检疫、流通等环节的信息进行采集，加强产品监管，形成来源可查、去向可追、责任可究的农产品质量追溯体系。三是产业治理决策的数字化，构建宏观经济、产业经济、区域经济、微观经济等数字化分析决策子系统，建设微观企业监测网络、产业经济监测预警系统等，及时发现产业经济发展面临的问题；加强财政、税收、金融、工商、交通、农业等各领域的协同决策机制，构建"用数据决策"的产业分析和调控机制，提高产业治理决策的即时性和科学性。

第三节　产业协同路径

农产品流通体系建设的主要目的是有效协调和解决农产品生产和消费的矛盾，农产品生产端和消费端的格局状态决定着农产品流通体系建设的重点方向、任务及其路径，因此，不能脱离生产和消费谈流通，应将农产品现代流通体系的建设与农业现代化建设、农产品消费升级协同推进，形成生产体系、流通体系和消费体系协同发展的良性经济循环新路径。

一、农产品流通体系建设与农业现代化建设协同推进

实现农业现代化是建设农产品现代流通体系的内在要求（李崇光等，2016）①。

---

① 李崇光，等．中国农产品流通现代化研究［M］．北京：学习出版社，2016：125.

我国农产品流通中最为突出的问题就是农产品小生产与大市场的对接问题，而如果农业现代化水平低，农业生产上长期存在的小农经济、分散生产、技术落后、主体组织化程度低等问题得不到解决，标准化、规模化、优质化生产无法实现，农产品流通体系的建设将举步维艰。同时，农产品流通体系现代化也是农业现代化的重要途径，农产品流通承担着农业生产引导、农业生产价值实现、涉农相关产业的发展等功能，只有保障农产品高效、便捷、顺畅的流通，才能推动农业现代化实现。因此，农业现代化与农产品现代流通体系建设具有高度契合性，数字经济时代，应注重应用先进信息技术，在建设农产品流通体系的同时，协同推进农业现代化进程。

结合数字经济时代特征及我国农业资源禀赋、农业经营制度、农业发展阶段等的特点，基于对未来农业的前瞻性构想，推动中国特色农业现代化建设，为促进我国农产品流通体系建设奠定基础，具体应重点关注农业生产技术创新、农业信息化水平提升、生产经营模式、农业适度规模经营等方面。

（一）构建中国特色现代农业技术创新体系

中国农业现代化的实现需要以转变农业发展方式为重点，构建中国特色现代农业科技创新体系。这需要从多方面入手：一是加强农业科技创新顶层设计，面向国家战略和现代农业发展需要，统筹制定农业科技创新规划，系统部署农业科技创新工作，超前部署农业前沿技术、关键技术和共性技术，抢占现代农业科技制高点；二是破除科技创新行政壁垒，合理配置科研资源，加快推进组织创新和管理创新，构建产业链、价值链、创新链和资金链有效融合的新型农业科技创新方式；三是围绕智慧农业、设施农业、数字农业、循环农业、生态农业、农业物联网等现代农业需要，实施农业科技创新重点专项工程，开展相关专项技术研究，以技术集成创新推动农业产业升级；四是加快研发适合我国农产品品种和地理地形的农用器械，针对我国家庭经营为主的农业特点，研发适合家庭使用的便捷型装备，提高我国农业机械化水平；五是鼓励各类农业科研单位与家庭农场、专业大户等生产主体合作建立科研实践基地，促进农业技术成果的研发与应用推广。

（二）推进数字乡村建设，提升农业信息化水平

立足新时代国情农情，应将数字乡村、数字农业作为实现我国农业农村现代化的重要途径，构建以数据驱动、信息化推动的农业产业体系，不断提升农业信息化水平。一要实现农业基础设施信息化，加快推进农村宽带通信网、移动互联

网、农业物联网等乡村信息基础设施建设，积极研发适应农村、农民和农业的数字化软硬件设施，全面提高农村数字基础设施水平；二要推进农业生产数字化，建立全国性的集信息咨询服务、农业执法服务、技术研发服务、决策支持服务、行政许可服务、质量追溯服务和区县特色服务为一体的农业信息综合服务平台，强化农业产业大数据建设，加快推广新一代信息技术在农业中的应用，实现农作物栽培管理自动化、农作物病虫防治自控化、畜禽饲养管理信息化等功能，不断创新推广精准农业、数字农业、智慧农业新模式；三要实现农产品流通过程信息化，积极推动传统农产品批发市场、农贸市场、生鲜超市等流通主体的信息化改造升级，完善信息发布、电子结算、网络交易等信息化功能，提高农产品流通效率。

（三）重点发展家庭农场生产经营模式

家庭农场聚合了小农经营和规模经营的优势，非常适合中国的资源禀赋结构和农业经营制度，将成为构建新型农业生产经营体系的核心主体。要培育发展家庭农场，需要良好的外部环境和制度保障。一要启动家庭农场培育计划，引导土地优先流向家庭农场，使家庭农场形成稳定适度的经营规模，培育一批技术先进、经营高效、收益显著的家庭农场；二要加强对家庭农场主的职业技术培训，通过以奖代补、先建后补等方式鼓励家庭农场采用先进的技术和科学化、标准化的生产方式，不断提升家庭农场的经营管理水平；三要深化农村金融体制改革，在鼓励引导农民合作社开展资金互助的同时，建立全国性的包括家庭农场在内的新型农业经营主体数据库并对金融机构公开，鼓励金融机构根据数据库信息开展宅基地使用权、土地经营权、农机设施、在栏禽畜、在产农作物等抵质押业务，提供贴息贷款，有效保障家庭农场等生产主体的资金需求；四要健全农业保险体系，针对家庭农场的生产经营特性，开发多元化的农业保险类型和品种，简化保险的办理、定损、理赔等手续，形成高效的政策性保险、商业性保险和合作保险在内的农业保险体系。

（四）发展基于服务规模化的农业适度规模经营

农业适度规模经营是我国农业现代化的必由之路，但其实现途径不应只寄希望于土地流转，在当前新形势下，其战略重心应该从土地流转转向加强农业社会化服务，通过农业社会化服务的规模化实现农业规模经营。随着以家庭农场为代表的新型主体的不断壮大，农业标准化、规模化、专业化水平的不断提高，传统的以小农户为主要服务对象的农业社会化服务体系已无法适应需要，亟须建立覆盖各主体、各环节的新型服务体系。如健全土地经营权流转市场和服务网络，提供顺畅、规范、安全且高效的土地经营权流转服务，推进农地的适度规模经营；积极探索推广服务规模经营的新模式，如近年来取得不错效果的土地托管、联耕联种等新型农业生产托管模式，可以由农业生产性服务组织为农户提供生产托管服务，从而在不流转土地经营权情况下实现规模经营（常伟，2017）①；培育和发展多种类型的农业服务主体，以公益性和经营性相结合，支持发展社区综合性服务机构，为小农户提供农技推广、金融中介、市场信息、互助保险等综合性服务，同时鼓励大型生产经营主体开展针对小农户的生产服务。

二、农产品流通体系建设与农产品消费升级协同推进

只有准确把握消费者对农产品质量和相关服务的需求变化，并积极顺应农产品消费升级的趋势，才能明确农产品流通体系建设的目标和重点任务。通过引导和推动农产品消费升级，再以农产品消费升级引领农业和农产品流通业升级，是建设有效的农产品流通体系的重要途径。

（一）明确消费升级方向

随着我国进入数字经济新时代，居民的消费结构正在发生深刻变化，消费升级方向除有其内在的演变逻辑之外，为迎合经济、社会、生态、物质等协调发展的需要，应统筹规划消费升级方向，健康的消费模式和消费热点应予以明确和引导。一是绿色消费。消费者对绿色、有机、生态农产品的需求越来越大，也更加关注绿色包装、绿色运输、绿色加工等环节，绿色消费不仅有利于人们的身体健康，也有利于推动生态经济的发展。二是品质消费。广大消费者对农产品质量更加关注，对农产品的种类、口感、新鲜度、外观、品牌等有更高要求，将会带动农业生产、农产品国际贸易、冷链物流、农产品加工、农产品零售等相关产业的快速发展和转型升级。三是服务消费。消费者不仅关注产品本身，也关注与产品相关的服务（如休闲娱乐服务、餐饮服务、配送服务等），并愿意为更优质的服务支付更高的价格，这将带动观光采摘、休闲农业、体验农业、乡村旅游、美食餐饮、物流配送等产业业态的发展。四是网络消费。电子商务和网络营销发展迅猛，网络购物成为人们喜爱的消费方式，线上线下全渠道消费成为农产品流通的必然趋势，驱动了农产品电子商务、农产品"O2O"、新零售、社区网络拼团等

---

① 常伟.农业现代化中农地托管研究：以安徽省为例［J］.经济纵横，2017（3）：69-73.

农产品流通业态创新。

（二）优化消费升级环境

要推动农产品消费升级，需要完善的信用体系、质量安全体系、社会文明体系等作为保障，营造一个安全、健康、便利、诚信的良好消费环境。一是要完善质量安全监测追溯体系，加大质量检测抽查力度，强化落实安全主体责任；二是要强化消费者权益保护，完善商品和服务质量相关法律法规，细化对新型网络渠道的消费者权益保护，加大对质量安全事故、质价不符等违法失信行为的惩处力度，完善消费领域惩罚性赔偿和公益诉讼制度，注重营造市场守信环境；三是要健全环境保护政策，强化公众绿色环保意识，完善绿色、有机、无公害农产品等质量认证体系，注重提高消费者对农产品认证标准、标识的认知，鼓励政府、企事业单位优先采购绿色产品和服务。

（三）壮大消费升级基础产业

消费升级需要相关产业的发展为其提供支撑。为实现消费升级，应为其提供相应的技术和产业基础。一要推进颠覆性技术的创新与应用，将新一代信息技术、生物技术、节能环保技术、农产品加工技术、冷链物流技术等更多应用于农产品供应链，更好满足消费者多样化需求，促进消费需求的迭代更新。二要促进农业向规模化、绿色化、标准化、智慧化发展，为农产品消费升级提供物质产品基础。三要推动农产品流通产业向服务化、个性化、数智化发展，为消费者获取农产品提供良好服务体验。

第四节　政策驱动路径

着眼于充分发挥制度优势，有效弥补市场失灵，积极引导市场行为，系统优化发展规划、财政、税收、金融、土地、人才和环境等政策，强化政策协调配合，形成有利于驱动我国农产品流通体系优化发展的政策环境。

一、加强政府规划

（一）制定农产品流通体系发展规划

以规划引领经济社会发展，是中国特色社会主义发展模式的重要体现，也是我国有效的治国理政方式。编制实施农产品流通体系发展专项发展规划，突出规划引领作用，着眼于当前和未来发展需要，阐明农产品流通体系发展的战略部署和具体安排，明确各类公共资源配置方向，引导市场主体行为，并健全规划推进落实、监测监督、考核评价、动态调整等机制，与财政、税收、金融等政策协同配合，有利于有效推进农产品现代流通体系建设。

（二）统筹农产品流通政策体系

对现有的各类农产品流通相关政策进行系统梳理，对过时失效的政策予以清理，对仍在实行的政策进行整合，从宏观上着手，建立一个农产品流通体系建设的整体性政策框架，梳理并准确把握各类政策的重点内容，细化政策具体的实施方案，督促各级部门推进落实，强化分工协作，加强考核评价，将政策落到实处。

（三）合理规划农产品流通布局

第三章的分析结果表明，我国各地区的农产品流通体系发展水平和流通设施空间布局存在着不平衡的问题，此种不平衡与各地区的经济水平、区位优势等因素有关，也有市场机制的内在逻辑。然而，我国进入中国特色社会主义新时代，发展的重点是要解决人民日益增长的美好生活需要和不平衡不充分的发展之间的矛盾，而地区间的不平衡问题单靠市场的自然演进是无法解决的，需要运用政府宏观调控工具，从整体上统筹全国各地区的发展。在农产品流通不平衡发展问题上，一方面，应在宏观政策制定时，向发展滞后地区予以倾斜，缩小地区间的差距；另一方面，应考虑农产品流通的特性，结合农产品主产区和优势产区的规划与分布，从全国整体的角度合理规划产地批发市场、冷链仓储基地、集散配送中心、零售终端网点等农产品流通设施的布局，避免重复建设、恶性竞争的资源浪费，畅通产销对接，尽量减少农产品流通的运输距离和流通损耗，降低流通成本，提高流通效率。

二、强化财政政策

（一）加大财政资金投入力度

加大中央财政资金或地方配套财政资金对农产品流通领域的投入支持力度，扩大专项投资产业基金和试点示范资金规模，发挥财政资金对社会资本的引导作用，对农产品流通供应链体系中薄弱的、公益性强、正外部性大的环节进行重点支持，加快推动农产品流通体系的现代化建设。

（二）创新财政投入方式

通过设立专项基金、重大工程等多种方式，对农产品流通体系建设提供财政支持。一是通过设立农产品流通体系建设专项基金，同时，充分利用现有的农产品产地初加工补助专项资金、国家农业综合开发资金、国家现代农业发展资金项目、国家扶贫开发资金扶持项目等涉农项目，重点支持农产品流通产业发展。二是鼓励将财政资金投入作价入股，探索财政资金支持形成的项目资产股份量化形式，建立完善投资保障、运营管理、政府监管等长效运行机制，支持公益性农产品批发市场建设。三是组织实施系列重大工程，如公益性农产品产地批发市场建设工程、农产品主产地冷链仓储基金建设工程、冷链物流配送示范工程、农产品流通标准化示范工程等，以专项工程的形式促进农产品流通体系建设。

（三）明确财政资金重点投入领域

财政资金应重点投向农产品流通体系中薄弱的、公益性强、正外部性高的领域，如农产品批发市场建设、农产品冷链仓储物流设施建设、农产品产后商品化处理设施建设、农产品流通标准化体系建设、农产品流通数字化转型建设、农贸市场的现代化改造等领域，快速补齐农产品流通体系中的短板，有效发挥财政资金的引导带动作用。

三、优化税费政策

（一）以税费减免降低企业的税费成本

制定有利于农产品流通企业发展的税收政策，降低企业的税费成本。降低农产品批发市场、农贸市场、农产品冷链仓储配送中心、农产品专门零售等使用的房产、土地的税收，对符合条件的创新型企业、小型微利企业、标准化示范企业等制定企业所得税优惠政策和研发费用加计扣除政策。对农产品冷链仓储设施用电，按照农业生产用电价格收取。继续落实农产品车辆免收车辆通行费政策，对企业购入国外精尖农产品流通相关技术设备降低或免征进口关税。

（二）以税费减免鼓励建立现代企业制度

国家税收政策的制定原则之一是有利于企业建立现代企业制度，而我国农产品流通领域里存在大量个体经营者，组织化程度极低。因此，应鼓励有条件的农产品流通个体批发商或民营企业建立和完善现代企业制度，对因建立现代企业制度、实行规范化公司制改造需要补缴的各项税费进行减免或奖励，对进行股份制改造、涉及兼并重组的，加大税费支持力度。

（三）以税费减免扶持平台型企业发展

制定有利于农产品批发市场、农产品平台型电商企业、农产品物流园区等平台型企业发展的税收政策，为平台主体以及在平台上经营的个体从业者进行税收减免，对农产品平台型主体企业的土地、房产、用电等实行较低税费。优化经济税收征管机制，探索推动区块链电子发票在平台经济领域的应用。

四、创新金融政策

（一）支持企业融资贷款

形成多层次、广覆盖、低成本、可持续的融资机制。加大政策性银行对农产品流通业企业的贷款融资支持力度，鼓励引导商业银行对农产品产销一体化龙头企业、农民合作社、农产品批发市场、农产品冷链物流企业、农产品连锁超市等提供差异化信贷支持，针对其个性化信贷需求，开发匹配度高的信贷服务，设立绿色通道，简化贷款流程，降低信贷成本。鼓励金融机构为企业建设大型交易场所、生鲜冷链集配中心等正外部性高的基础设施提供低息贷款。地方政府可用统筹资金对农产品流通基础设施建设贷款给予贴息支持。

（二）强化担保抵押信用服务

建立宽范围、多样化、低风险、重扶持的担保机制。鼓励拓宽农产品市场抵押担保范围，将仓储设施、交易场房、土地承包经营权、订单等纳入抵质押品目录，开发多样化信用服务；倡导融资担保公司在风险可控水平下为流通商开展信用担保服务，提高其融资能力；加强政府对相关机构的风险补偿，同时政府可利用直属信用机构直接为流通主体开发增信服务，为无信誉不良记录的企业提供担保，推动信用担保机构形成可持续发展模式，对农产品流通领域的相关企业进行重点扶持。

（三）鼓励企业开展供应链金融

鼓励具备技术、资金和管理能力的农产品供销公司、农批市场、生鲜农产品连锁超市、物流企业等核心主体设立供应链金融平台，吸纳小农户、农民合作社、家庭农场、种养大户、零售批发企业等主体加入，由供应链金融服务平台向商业银行提供担保，或由商业银行统一授信于供应链金融平台为相关企业提供融资贷款服务，开发行业特色明显、共建共享、互助互帮的供应链金融模式。

五、完善土地政策

通过完善土地政策，加大用地保障力度，优先保障农产品流通相关场所设施建设用地。一是将农产品产后初加工、仓储设施用地纳入农用地管理。二是统筹规划农批市场、农产品仓储集配中心、农产品物流园区等基础设施的空间布局，保障用地需求。三是鼓励利用废旧厂房和闲置工业土地资源改造兴建农产品流通场所设施。四是出台专门政策，保障各类新型农业经营主体建设产后流通、加工配套、休闲农业和乡村旅游设施用地。五是做好农贸市场、生鲜超市、社区菜店、生鲜电商前置仓等农产品零售终端网点以及为零售终端提供配送服务的农产品配送中心的规划布局，解决其用土用房难、房租高等难题。

第五节　本 章 小 结

本章在前文对中国农产品流通体系发展现状和发展内在规律基础上，在第六章构建的数字经济时代中国农产品流通体系框架指引下，从内生发展路径、基础保障路径、产业协同路径和政策驱动路径四个层面提出了数字经济时代中国农产品流通体系的重点建设路径，为政府部门相关政策的制定提供思路。

在内生发展路径方面，一是通过推动农民合作社建设，鼓励零售企业连锁化、规模化发展，促进批发商企业化、现代化转型等方式提高农产品流通主体的组织化程度；二是通过加快发展短渠道产销对接、创新农批市场流通模式、完善农产品电商模式、推广现代交易方式等途径优化农产品流通模式；三是通过以专业化开展错位竞争、以数字化提高运营效率、以融合化促进业态创新等路径鼓励农产品流通业态创新；四是通过推动产业链纵向整合、横向整合、全产业链整合等方式推动农产品产业链整合。

在基础保障路径方面，一是通过推动农产品批发市场现代化改造、加强冷链设施建设、加快电商基础设施建设等方式提高农产品流通基础设施水平；二是通过建立质量追溯管理制度、完善追溯平台、实施追溯挂钩机制等途径打造农产品质量安全监测追溯体系；三是从制定流通标准化体系、推进流通标准实施、促进流通标准化技术和设施建设等方面推动农产品流通标准化体系建设；四是通过建立农产品信息综合平台、推动流通主体数字化转型、促进产业治理手段数字化等方法推进农产品流通数字化建设。

在产业协同路径方面，主张将农产品现代流通体系的建设与农业现代化建设、农产品消费升级协同推进，形成生产体系、流通体系和消费体系协同发展的良性经济循环新路径，并从构建中国特色现代农业技术创新体系、提升农业信息化水平、发展家庭农场生产经营模式及发展基于服务规模化的农业适度规模经营等方面提出农业现代化的发展路径；从明确消费升级方向、优化消费升级环境、壮大消费升级基础产业三方面阐述了农产品消费升级的发展路径。

在政策驱动路径方面，着眼于充分发挥制度优势，有效弥补市场失灵，积极引导市场行为，从系统优化发展规划、财政、税收、金融、土地等农产品流通政策，强化政策协调配合，形成有利于驱动我国农产品流通体系优化发展的政策环境。

结　　论

本书在系统梳理、评述国内外农产品流通相关研究动态及流通渠道理论、价值链理论、产业组织理论、供应链管理理论等相关基础理论的理论渊源、基本观点及政策主张的基础上，形成了数字经济时代农产品流通体系的理论分析框架；通过对中国农产品流通体系发展历程、发展现状的分析以及对中国农产品流通现代化水平的综合评价，准确把握了中国农产品流通的发展实际和演化方向；通过对农产品流通影响农产品价格波动和农民收入的机理，以及数字经济驱动农产品流通体系创新发展的机理进行理论分析和实证检验，深入掌握农产品流通体系发展演进的内在规律和客观要求；在系统掌握发展实际、发展规律和发展要求的基础上，构建了数字经济时代中国农产品流通体系，并对其建设思路、建设原则、框架结构、主要内容、运行机制和发展路径进行了系统设计和详细阐述。本书得出的主要结论有：

第一，中国农产品流通体系的发展现状分析。总体规模上，中国农产品产量稳步增长，商品化率不断提高，农产品流通规模不断扩大；市场结构上，农产品交易市场结构逐步改善，专业市场的发展更为迅速，农产品交易市场的总成交规模和单体成交规模均呈上升趋势，但是其空间布局仍不平衡，东部地区的各类农产品批发市场占全国的比例均在50％以上，东北地区、中部地区和西部地区则分布较少；流通主体上，自产自销的农民数量逐年减少，农产品经纪人的经营能力逐渐提高，农民合作社发展迅猛，农产品经销企业稳步发展，其数量和经营总规模都呈逐渐上升趋势，但单个农产品经销企业的销售规模并未明显扩大，行业集中度有下降趋势；流通基础设施上，道路交通设施和通信网络基础设施发展迅速，物流运输高速发展，冷库、冷藏车、冷链基地等农产品冷链基础设施虽发展较快，但相比发达国家而言仍有一定差距。

第二，中国农产品流通体系现代化水平的综合评价。从2018年综合得分来看，排在前五位的分别是北京、浙江、上海、河南和河北，得分分别为1.6025、1.4509、1.2774、1.2135和1.2007，排在最后五位的是湖北、陕西、海南、青海、西藏，得分分别为 0.6296、0.6206、0.5329、0.3940、0.2494；分区域来看，东部地区的平均得分最高，为 1.1343 分，并且排在前十位省份中，有七个是东部省份，排在第二位的是中部地区，平均得分为 0.9559 分，排在第三位的是东北地区，平均得分为 0.8169 分，西部地区的平均得分最低，仅有 0.7450分；通过对 2014～2018 年的时序动态分析发现，随着时间的推进，除少数省份在个别年份有下降之外，各省份农产品流通体系的现代化水平呈逐年上升趋势，全国的平均得分也呈逐年增长趋势；通过地区差异分析发现，2014～2018 年，伴随着中国农产品流通体系现代化平均水平的提高，地区间的差异也呈逐年缩小趋势，地区间的不平衡状况在不断改善，但改善程度呈逐年降低趋势。

第三，农产品流通体系发展的经济效应研究。价格稳定效应上，农产品流通渠道势力对生鲜类农产品价格波动有显著影响，具体而言，批零相对规模势力对生鲜类农产品价格波动有显著正向影响，批零相对运营势力对生鲜类农产品价格波动有显著负向影响，而渠道势力（包括批零相对规模势力和批零相对运营势力）对粮食类农产品价格波动的影响并不显著；渠道势力对农产品流通效率有显著影响，具体而言，批零相对规模势力对农产品（包括生鲜类和粮食类）流通效率有显著负向影响，批零相对运营势力对农产品（包括生鲜类和粮食类）流通效率有显著正向影响；流通效率在渠道势力影响生鲜类农产品价格波动这一过程中起完全中介作用。农民增收效应上，农产品流通体系的整体发展水平、流通基础设施水平、流通主体组织化程度、流通数字化水平和流通效率都对农民收入有显著正向影响；而农产品流通产业结构对农民收入的直接影响不显著，当农产品流通的批零规模结构和农产品流通主体的组织化程度同时考虑时，才显著正向影响农民收入。

第四，数字经济驱动农产品流通体系发展的机理。在农产品流通主体方面，数字经济的发展促进了农户和农民合作组织经营能力的提升，推动了农产品交易市场的数字化转型，并在企业组织架构、业务流程重组、商业模式创新、产品服务增值等方面驱动了农产品流通企业的创新发展，实证研究结果表明数字经济发展水平在 1% 的显著性水平下正向影响农产品流通主体组织化程度。在农产品流通产业结构方面，数字经济驱动农产品流通业态结构丰富化、批零结构合理化、技术结构高度化和空间结构平衡化，实证结果表明，数字经济发展水平在 5% 的显著性水平下正向影响农产品批零规模结构。在农产品流通效率方面，数字经济降低了农产品流通的信息成本、议价成本、决策成本、监督成本、资金成本和物流成本等，缩短了农产品流通时间，提高了农产品流通整体效益。实证研究结果表明，不考虑农产品流通产业结构和流通商组织化程度时，数字经济对农产品流通效率的直接影响不显著；考虑农产品流通产业结构和农产品流通商组织化程度之后，数字经济发展在1%的显著性水平下正向影响农产品流通效率，并且数字经济发展通过促进农产品批零规模结构优化以及农产品流通商组织化程度的提高对农产品流通效率产生间接影响也较为显著。在农产品流通价值链方面，数字经济对传统农产品流通价值链造成了巨大冲击，而产业链中的价值将向供需两端转移，生产者和消费者能分享更多流通环节的价值增值，而农产品流通价值链也将发生变革与重构，由传统线性结构向"网状化"结构演变。在政府流通产业治理方面，数字经济驱动了政府产业治理的数字化转型，使得产业治理手段和产业治理对象均逐步实现数字化，从而提高政府的产业治理能力。

第五，数字经济时代中国农产品流通体系构建。应将农产品流通体系的研究从产业链中间环节分析框架转向价值链主导环节分析框架，以多重战略目标为指引，统筹运用宏观调控政策工具与市场经济运行机制，以先进的技术、理论、模式和管理方式为工具，以体制机制创新为手段，以农产品流通供应链整合和数字化转型为突破口，从农产品流通产业体系、流通支撑体系、流通政策体系三大模块入手，构建数字经济时代中国农产品现代流通体系。

第六，数字经济时代中国农产品流通体系的建设路径。农产品流通体系的建设是一项系统工程，不仅要考虑产业内部主体、结构和行为，还应考虑产业之间的协同发展、产业的支撑基础，并统筹市场经济机制和政府宏观调控的关系；应该从内生发展路径、基础保障路径、产业协同路径和政策驱动路径四个层面入手，为政府部门相关政策的制定提供思路。

本书的研究仍然有很多不足，主要体现在：一是囿于论文篇幅和研究精力的限制，缺少对农产品流通产业政策的梳理以及效果评价，未来应持续追踪政策演进，结合对农产品流通体系发展水平的科学测度，对各级各类农产品流通产业政策的有效性进行综合评价。二是在国内外先进发展经验的借鉴上，只是零星地分析了某些地区或企业的发展实践，未对国内外典型案例进行系统、深入研究，未来将通过案例研究方法，对农产品流通的发展演进规律进行细致研究。三是由于部分农产品流通业直接相关的宏观数据未被统计，在有关实证研究中更多的是采用工具变量或相近指标数据予以替代，结果的稳健性有待进一步验证。

附　　录

附表1　　　　2014年我国农产品流通现代化水平评价指标数值

地区	X_1	X_2	X_3	X_4	X_5	X_6	X_7	X_8	X_9	X_{10}	X_{11}	X_{12}	X_{13}
北京	8498.09	18.97	43.12	11.97	57.00	0.04	44.99	10.20	1.29	0.44	4.30	3.71	3.03
天津	3661.21	11.72	4.11	23.16	161.08	0.15	9.43	5.75	0.53	0.57	5.68	8.67	7.90
河北	1607.27	10.04	4.89	11.13	224.95	0.05	5.10	3.56	0.55	0.58	57.30	2.37	7.16
山西	338.27	2.16	4.79	60.87	72.07	0.04	1.58	2.99	0.53	0.58	5.90	2.00	7.06
内蒙古	637.10	2.82	25.72	33.26	106.78	0.04	1.05	2.75	0.67	0.72	15.91	-1.43	8.62
辽宁	954.31	3.53	17.68	12.85	151.02	0.05	2.86	2.35	0.64	0.66	24.37	1.99	8.96
吉林	481.16	2.18	47.07	88.95	66.22	0.06	1.30	1.78	0.60	0.78	23.15	3.26	8.32
黑龙江	1454.99	7.95	31.04	49.94	59.75	0.04	1.32	2.35	0.53	0.75	20.41	3.54	8.83
上海	3659.94	9.54	4.77	6.03	167.01	0.22	39.14	7.44	1.06	0.65	12.75	9.04	8.09
江苏	3673.50	12.47	10.73	10.51	193.40	0.02	12.76	7.04	0.80	0.81	42.87	7.53	9.43
浙江	5676.64	17.53	14.59	11.27	183.54	0.03	35.02	9.71	0.97	0.77	35.61	7.37	9.20
安徽	1021.55	7.81	8.59	22.70	146.40	0.04	6.42	7.20	0.44	0.43	40.03	5.27	9.15
福建	1515.47	6.17	23.67	27.41	124.66	0.05	16.75	6.23	0.78	0.60	9.01	3.60	9.47
江西	1361.80	11.69	11.08	91.70	115.44	0.05	5.07	4.21	0.42	0.72	63.86	4.60	9.63
山东	3151.79	12.29	9.38	8.60	180.23	0.01	4.56	4.37	0.57	0.64	38.94	4.71	9.34
河南	1374.41	9.26	9.40	31.66	110.20	0.03	4.18	3.24	0.48	0.52	35.76	4.55	9.49
湖北	1041.71	4.87	30.60	29.81	134.60	0.03	6.05	4.45	0.50	0.61	13.96	2.39	9.38
湖南	1297.65	8.15	27.30	12.89	169.70	0.02	4.72	5.02	0.48	0.76	51.99	2.96	9.19
广东	1706.54	6.43	10.65	8.38	216.86	0.02	28.36	7.20	0.97	0.72	8.89	7.78	9.81
广西	772.80	6.36	14.22	22.75	92.25	0.04	3.24	5.18	0.54	0.72	25.09	3.46	10.35
海南	48.40	0.36	47.34	46.27	130.84	0.51	6.07	9.06	0.78	0.83	1.37	5.28	7.55
重庆	2534.44	13.27	10.74	11.93	158.65	0.05	5.85	4.69	0.67	0.52	46.04	6.08	8.40
四川	996.19	6.54	6.24	35.75	147.66	0.01	7.62	5.10	0.62	0.68	29.20	3.12	9.04

续表

地区	X₁	X₂	X₃	X₄	X₅	X₆	X₇	X₈	X₉	X₁₀	X₁₁	X₁₂	X₁₃
贵州	944.63	11.28	17.87	21.05	114.57	0.06	2.17	3.97	0.57	0.74	20.45	2.38	9.32
云南	463.09	4.71	15.12	4.10	288.65	0.03	3.26	4.45	0.52	0.71	9.47	2.11	9.55
西藏	423.18	3.32	49.58	11.41	19.92	1.58	1.03	6.64	0.62	0.83	7.37	-1.60	3.40
陕西	430.19	2.74	55.09	17.21	135.13	0.04	10.53	4.29	0.70	0.59	4.71	1.30	8.86
甘肃	617.06	5.99	4.81	12.93	150.23	0.16	1.85	4.05	0.64	0.69	12.36	1.02	8.46
青海	86.44	0.81	54.20	0.14	15.54	0.56	1.14	3.24	0.56	0.53	1.46	0.52	2.92
宁夏	2455.07	22.05	12.34	58.89	135.44	0.27	1.52	5.50	0.73	0.66	31.99	2.41	9.14
新疆	1952.41	18.41	9.68	22.81	112.58	0.11	1.70	3.48	0.58	0.73	21.86	-0.97	7.12

注：（1）受表格篇幅限制，所有数据均只保留小数点后两位。
　　（2）数据不包含我国香港、澳门和台湾地区。

附表2　　　　2015年我国农产品流通现代化水平评价指标数值

地区	X₁	X₂	X₃	X₄	X₅	X₆	X₇	X₈	X₉	X₁₀	X₁₁	X₁₂	X₁₃
北京	8477.03	8.00	43.44	14.81	61.66	0.04	44.99	15.00	1.50	0.44	5.09	3.95	3.15
天津	3722.36	3.48	3.80	29.48	184.96	0.10	9.43	7.98	0.62	0.52	5.02	9.18	7.63
河北	1596.21	3.98	4.38	11.69	184.13	0.05	5.10	5.79	0.62	0.55	74.68	3.76	7.15
山西	304.47	0.87	4.16	56.03	76.55	0.04	1.58	5.35	0.59	0.53	7.38	2.38	6.99
内蒙古	693.29	0.98	30.03	89.70	58.88	0.04	1.05	4.83	0.74	0.52	18.79	-0.82	8.39
辽宁	1143.07	1.75	19.40	10.38	164.38	0.05	2.86	4.39	0.72	0.67	27.16	1.39	8.84
吉林	483.88	0.95	42.84	101.62	52.92	0.05	1.30	3.69	0.65	0.85	24.98	2.46	8.24
黑龙江	1512.72	3.82	32.68	61.81	46.82	0.04	1.32	3.77	0.53	0.71	23.35	3.19	8.58
上海	3710.30	3.57	3.84	7.65	145.83	0.21	39.14	11.49	1.06	0.68	13.53	9.00	8.11
江苏	4008.02	4.56	10.20	7.78	215.93	0.02	12.76	9.65	0.84	0.74	44.96	6.70	9.46
浙江	6090.65	7.87	14.15	12.34	151.76	0.02	35.02	11.58	1.05	0.80	39.08	6.78	9.22
安徽	1100.64	3.07	10.09	17.43	141.46	0.03	6.42	10.79	0.60	0.63	38.73	3.31	9.13
福建	1851.01	2.74	22.27	25.99	129.89	0.05	16.75	8.95	0.79	0.56	7.46	1.86	9.46
江西	1491.63	4.07	8.79	40.71	139.98	0.05	5.07	8.77	0.47	0.73	72.65	4.54	9.62
山东	2935.04	4.59	8.15	10.48	196.06	0.01	4.56	5.79	0.62	0.55	45.12	4.60	9.26
河南	1513.25	3.88	9.95	23.16	115.22	0.02	4.18	4.83	0.57	0.55	34.79	5.21	9.47
湖北	1046.37	2.07	29.14	28.42	174.96	0.03	6.05	7.72	0.56	0.62	13.36	1.93	9.33

地区	X₁	X₂	X₃	X₄	X₅	X₆	X₇	X₈	X₉	X₁₀	X₁₁	X₁₂	X₁₃
湖南	1350.77	3.17	24.66	16.52	135.91	0.02	4.72	7.11	0.54	0.71	58.11	3.80	9.22
广东	1762.01	2.63	11.26	7.61	251.54	0.01	28.36	10.09	1.01	0.70	9.14	7.26	9.77
广西	707.78	2.02	17.72	28.72	94.44	0.04	3.24	7.37	0.58	0.86	17.16	3.25	10.35
海南	45.56	0.11	51.38	58.27	125.18	0.40	6.07	13.86	0.86	0.85	1.46	4.39	7.50
重庆	2888.04	5.54	10.88	11.86	238.43	0.04	5.85	7.46	0.76	0.68	43.51	5.86	8.49
四川	1372.13	3.75	6.19	37.49	124.37	0.01	7.62	8.95	0.67	0.65	37.35	3.42	9.05
贵州	959.31	3.22	21.37	14.98	113.01	0.05	2.17	7.81	0.63	0.80	16.72	2.23	9.35
云南	462.37	1.61	13.69	22.73	112.49	0.03	3.26	8.16	0.59	0.73	9.90	1.94	9.44
西藏	436.20	1.30	38.96	15.29	17.51	1.38	1.03	11.06	0.50	0.86	8.40	0.15	3.48
陕西	828.50	1.74	44.30	9.79	168.26	0.04	10.53	7.37	0.73	0.67	8.22	1.14	8.80
甘肃	627.25	2.40	4.94	9.86	187.46	0.13	1.85	7.02	0.61	0.71	11.49	2.57	8.17
青海	548.13	1.33	43.14	17.16	57.12	0.40	1.14	7.19	0.67	0.34	4.81	0.39	4.81
宁夏	3068.29	7.04	18.53	37.09	114.04	0.24	1.52	8.69	0.80	0.37	33.78	1.29	9.12
新疆	2157.57	5.46	10.33	23.16	123.86	0.10	1.70	5.26	0.64	0.76	27.04	0.66	6.97

注:(1)受表格篇幅限制,所有数据均只保留小数点后两位。
　　(2)数据不包含我国香港、澳门和台湾地区。

附表 3　　　　**2016 年我国农产品流通现代化水平评价指标数值**

地区	X₁	X₂	X₃	X₄	X₅	X₆	X₇	X₈	X₉	X₁₀	X₁₁	X₁₂	X₁₃
北京	9911.67	8.39	33.15	18.24	51.15	0.04	47.90	16.75	1.65	0.65	5.93	4.19	3.27
天津	3530.05	3.08	3.54	28.65	142.41	0.08	13.62	7.82	0.72	0.54	4.26	9.68	7.35
河北	1754.92	4.09	3.82	14.21	138.70	0.04	6.77	7.82	0.74	0.58	74.30	5.15	7.14
山西	363.09	1.02	2.48	47.37	76.20	0.03	2.74	7.54	0.67	0.61	8.77	2.75	6.91
内蒙古	671.79	0.93	31.19	130.61	39.68	0.03	2.17	7.07	0.81	0.54	16.54	-0.20	8.15
辽宁	1195.17	2.35	17.50	14.62	140.64	0.04	3.96	5.40	0.81	0.66	28.21	0.78	8.72
吉林	568.22	1.05	37.37	105.86	53.37	0.04	2.79	4.75	0.74	0.91	23.05	1.66	8.15
黑龙江	1550.66	3.83	29.68	81.10	33.98	0.03	2.46	5.21	0.66	0.84	23.70	2.83	8.33
上海	3241.64	2.78	4.11	7.49	112.46	0.20	46.66	11.63	1.10	0.74	11.77	8.95	8.13
江苏	4551.33	4.70	8.10	8.67	183.20	0.01	16.51	8.93	0.93	0.80	42.94	5.87	9.48
浙江	6221.55	7.36	13.53	12.19	127.62	0.02	42.49	13.86	1.14	0.86	38.03	6.18	9.23

续表

地区	X_1	X_2	X_3	X_4	X_5	X_6	X_7	X_8	X_9	X_{10}	X_{11}	X_{12}	X_{13}
安徽	1215.07	3.08	9.84	21.32	142.51	0.03	8.96	11.82	0.67	0.66	36.13	1.35	9.10
福建	1918.88	2.58	19.29	17.44	121.61	0.04	18.68	11.35	0.84	0.64	6.90	0.11	9.45
江西	1568.01	3.89	7.24	61.27	88.31	0.04	6.44	6.79	0.57	0.79	75.54	4.47	9.60
山东	3001.86	4.39	7.69	6.90	198.11	0.01	5.62	9.21	0.74	0.64	40.56	4.49	9.18
河南	1828.74	4.31	9.18	22.40	110.01	0.02	6.04	6.33	0.67	0.54	30.23	5.87	9.45
湖北	1184.98	2.13	24.96	28.11	134.61	0.02	7.16	10.51	0.62	0.65	14.91	1.46	9.28
湖南	1431.05	3.09	21.86	14.78	145.98	0.01	5.38	10.14	0.64	0.78	55.11	4.64	9.25
广东	1908.03	2.60	10.47	10.29	222.63	0.02	32.89	10.79	1.05	0.78	8.09	6.73	9.73
广西	841.87	2.22	15.83	19.83	100.32	0.04	3.88	10.23	0.65	0.92	16.62	3.04	10.34
海南	45.63	0.10	24.76	2.66	468.13	0.33	9.89	17.12	0.89	0.91	1.79	3.49	7.45
重庆	2888.05	4.96	10.09	7.85	318.00	0.04	7.41	10.79	0.84	0.64	39.11	5.64	8.58
四川	1416.07	3.55	7.54	29.57	124.01	0.01	9.77	12.93	0.77	0.66	29.41	3.71	9.06
贵州	1107.22	3.34	16.22	20.79	111.23	0.04	4.58	11.54	0.71	0.91	25.61	2.08	9.37
云南	455.52	1.47	16.73	34.81	97.02	0.02	4.29	12.28	0.69	0.80	7.35	1.76	9.33
西藏	455.97	1.31	40.58	47.52	16.79	1.38	1.09	16.28	0.53	0.93	8.81	1.89	3.56
陕西	825.65	1.62	35.07	7.78	194.41	0.03	13.80	11.35	0.89	0.70	7.51	0.97	8.73
甘肃	617.83	2.24	5.03	8.79	181.08	0.11	3.77	9.77	0.69	0.78	9.36	4.11	7.87
青海	605.79	1.40	31.22	26.62	51.99	0.37	1.24	10.05	0.73	0.35	4.94	0.25	6.70
宁夏	3097.42	6.60	12.23	21.66	122.77	0.22	1.95	10.42	0.89	0.44	30.55	0.17	9.09
新疆	2294.06	5.70	9.87	27.53	98.11	0.09	1.57	5.77	0.68	0.80	25.84	2.29	6.81

注：（1）受表格篇幅限制，所有数据均只保留小数点后两位。
（2）数据不包含我国香港、澳门和台湾地区。

附表4　　　　2017 年我国农产品流通现代化水平评价指标数值

地区	X_1	X_2	X_3	X_4	X_5	X_6	X_7	X_8	X_9	X_{10}	X_{11}	X_{12}	X_{13}
北京	11517.14	8.93	34.13	11.56	57.14	0.04	58.95	19.36	2.14	0.70	4.96	4.43	3.39
天津	3588.39	3.01	3.23	31.46	121.19	0.07	18.53	6.72	0.84	0.57	4.50	10.19	7.08
河北	2143.00	4.74	3.57	11.80	160.06	0.04	8.50	7.03	0.83	0.79	78.05	6.54	7.13
山西	355.14	0.85	2.91	50.49	81.65	0.03	4.78	6.62	0.80	0.56	8.36	3.13	6.84
内蒙古	1072.76	1.69	28.70	175.00	31.12	0.03	3.38	6.62	0.93	0.63	17.23	0.42	7.92

续表

地区	X_1	X_2	X_3	X_4	X_5	X_6	X_7	X_8	X_9	X_{10}	X_{11}	X_{12}	X_{13}
辽宁	2097.69	3.92	14.55	36.12	146.12	0.04	5.94	4.79	0.90	0.68	25.01	1.02	8.60
吉林	533.52	0.97	43.89	107.26	42.25	0.04	3.64	4.38	0.86	0.92	16.69	0.86	8.07
黑龙江	1530.07	3.65	30.14	99.07	51.34	0.03	3.44	4.38	0.75	0.88	24.57	2.48	8.08
上海	3517.48	2.78	4.63	6.87	130.10	0.22	57.37	11.00	1.40	0.80	9.54	8.91	8.15
江苏	4733.35	4.43	6.79	7.35	188.27	0.01	22.08	8.56	1.15	0.85	41.62	5.04	9.51
浙江	6297.93	6.88	12.90	14.09	114.68	0.02	50.59	12.94	1.32	0.84	30.23	5.59	9.25
安徽	1294.70	3.00	9.12	32.68	103.90	0.03	12.61	11.72	0.74	0.69	36.35	1.96	9.08
福建	1877.27	2.28	16.96	15.32	177.31	0.04	24.19	11.11	0.90	0.63	5.29	1.75	9.44
江西	1463.71	3.38	7.44	47.02	120.53	0.04	9.21	7.85	0.67	0.85	58.14	4.41	9.59
山东	2793.69	3.85	7.09	9.15	153.43	0.01	7.55	9.17	0.85	0.68	35.36	4.38	9.10
河南	1897.56	4.07	10.16	56.75	91.68	0.02	8.83	6.42	0.79	0.53	31.22	6.53	9.43
湖北	972.96	1.62	29.70	15.82	185.55	0.02	9.87	9.17	0.70	0.63	13.25	1.00	9.23
湖南	1691.11	3.42	18.97	11.67	162.33	0.01	7.46	9.27	0.72	0.83	56.35	5.48	9.28
广东	1889.59	2.35	10.48	9.05	163.65	0.02	41.06	9.88	1.27	0.77	6.83	6.21	9.69
广西	962.62	2.54	15.09	14.90	123.10	0.03	5.87	9.07	0.76	0.96	15.72	2.83	10.34
海南	37.23	0.08	24.25	0.51	745.72	0.25	13.18	15.08	0.98	0.94	1.78	2.60	7.40
重庆	2724.27	4.31	10.34	7.79	222.98	0.04	9.85	10.90	0.92	0.67	37.75	5.42	8.67
四川	1565.73	3.52	5.77	10.46	112.71	0.01	11.52	11.92	0.83	0.65	31.76	4.01	9.07
贵州	1024.45	2.71	17.24	15.02	135.59	0.04	8.49	10.60	0.82	0.91	23.08	1.93	9.40
云南	442.75	1.30	15.54	17.94	117.35	0.02	6.05	11.41	0.77	0.82	6.86	1.59	9.22
西藏	708.48	1.82	21.25	32.67	13.66	1.18	5.06	12.63	0.59	0.97	16.84	3.64	3.64
陕西	719.96	1.26	19.21	6.82	162.77	0.03	14.23	11.21	0.96	0.75	7.53	0.81	8.67
甘肃	526.46	1.85	9.89	12.17	113.56	0.11	6.88	6.93	0.77	0.80	6.91	5.66	7.58
青海	623.15	1.42	26.10	5.23	148.93	0.35	3.85	9.27	0.89	0.44	4.57	0.14	8.59
宁夏	3085.43	6.11	9.92	17.78	162.31	0.21	4.86	8.56	1.00	0.52	25.10	1.12	9.07
新疆	2245.47	5.05	7.86	32.80	95.17	0.08	2.52	5.30	0.76	0.84	26.85	3.92	6.92

注：（1）受表格篇幅限制，所有数据均只保留小数点后两位。

（2）数据不包含我国香港、澳门和台湾地区。

附表 5　　　　　　　　　　　2018 年我国农产品流通现代化水平评价指标数值

地区	X₁	X₂	X₃	X₄	X₅	X₆	X₇	X₈	X₉	X₁₀	X₁₁	X₁₂	X₁₃
北京	12618.66	8.21	26.45	8.68	59.50	0.04	62.09	23.01	1.53	0.73	5.00	4.67	3.51
天津	3157.58	3.69	3.36	32.24	97.05	0.08	22.80	7.34	0.87	0.62	4.33	10.69	6.80
河北	2363.32	5.50	3.48	11.87	177.76	0.03	12.21	7.45	0.86	0.77	77.57	7.93	7.12
山西	358.64	0.84	4.01	57.43	72.17	0.03	7.25	7.00	0.83	0.58	6.63	3.50	6.76
内蒙古	1266.06	1.99	24.92	88.03	52.78	0.03	5.07	6.78	0.99	0.63	13.77	1.03	7.68
辽宁	2219.98	4.12	13.25	15.21	180.18	0.03	8.11	5.56	0.90	0.66	21.67	1.26	8.48
吉林	400.89	0.96	67.19	68.61	75.92	0.04	5.97	5.45	0.88	0.97	10.14	0.06	7.98
黑龙江	1508.69	4.43	27.94	36.62	59.50	0.03	5.87	5.22	0.77	1.00	20.86	2.12	7.83
上海	4087.30	2.75	4.66	8.62	141.14	0.21	69.36	11.89	1.25	0.82	9.63	8.86	8.17
江苏	5034.49	4.35	7.25	8.72	232.27	0.01	27.81	9.56	0.99	0.90	33.93	4.21	9.53
浙江	6438.54	6.37	13.05	13.51	122.45	0.02	57.52	13.23	1.19	0.86	26.91	4.99	9.26
安徽	1357.59	2.52	8.95	30.24	111.42	0.02	16.66	13.12	0.73	0.73	30.92	2.57	9.05
福建	1923.01	1.96	18.20	16.55	173.73	0.04	28.73	12.00	0.96	0.67	4.54	3.38	9.43
江西	1628.43	3.33	11.17	24.44	154.29	0.03	16.30	9.23	0.72	0.84	48.00	4.34	9.57
山东	2328.74	3.51	5.35	13.21	150.11	0.01	10.46	15.01	0.84	0.74	29.23	4.27	9.02
河南	1743.66	3.35	10.28	59.88	63.89	0.02	9.18	7.56	0.81	0.59	31.07	7.19	9.41
湖北	992.29	1.40	30.09	16.66	143.64	0.02	13.82	10.11	0.77	0.55	10.54	0.53	9.18
湖南	1615.50	3.07	20.86	10.56	187.16	0.01	10.38	11.45	0.76	0.86	49.98	6.32	9.31
广东	1908.29	2.17	10.03	12.06	109.93	0.02	47.90	10.89	1.24	0.69	5.99	5.68	9.65
广西	908.57	2.28	13.96	13.74	123.35	0.03	8.83	9.89	0.84	1.01	15.34	2.62	10.33
海南	32.93	0.06	64.92	2.97	147.69	0.23	20.39	14.45	0.98	1.00	1.48	1.70	7.35
重庆	3019.55	4.34	9.71	5.63	176.35	0.04	12.92	12.89	0.92	0.82	32.69	5.20	8.76
四川	1490.32	2.90	5.12	8.63	179.17	0.01	14.64	12.78	0.88	0.62	29.19	4.30	9.08
贵州	1303.57	3.06	13.96	11.56	146.01	0.04	11.42	10.78	0.92	0.94	29.18	1.78	9.42
云南	372.98	0.86	17.80	16.90	123.27	0.02	9.26	11.56	0.81	0.87	4.19	1.41	9.11
西藏	783.73	1.74	18.62	26.72	16.97	1.03	6.96	12.45	0.76	0.50	18.21	5.38	3.72
陕西	902.52	1.46	33.62	6.34	167.44	0.03	10.77	12.12	0.96	0.82	7.86	0.64	8.60
甘肃	531.16	1.73	27.89	8.57	103.01	0.11	8.42	8.34	0.84	0.82	5.35	7.20	7.28
青海	631.05	1.38	19.25	3.85	220.75	0.35	6.16	10.00	0.93	0.72	6.35	0.02	10.48
宁夏	2767.58	5.42	7.24	12.38	191.01	0.17	9.13	9.45	1.01	0.57	21.33	2.07	9.04
新疆	2073.20	4.03	7.39	24.10	108.96	0.08	5.01	5.67	0.80	0.91	22.92	5.55	7.02

注：（1）受表格篇幅限制，所有数据均只保留小数点后两位。
（2）数据不包含我国香港、澳门和台湾地区。

附表6 **2008～2016 年粮食类生产价格指数对数（ProdPrice）**

地区	2008 年	2009 年	2010 年	2011 年	2012 年	2013 年	2014 年	2015 年	2016 年
北京	4.679350	4.639572	4.722953	4.695925	4.660605	4.633758	4.627910	4.526127	4.603168
天津	4.675629	4.664382	4.665324	4.690430	4.654912	4.610158	4.643429	4.509760	4.607168
河北	4.659658	4.624973	4.737951	4.679350	4.643429	4.656813	4.633758	4.577799	4.604170
山西	4.661551	4.614130	4.744932	4.687671	4.636669	4.636669	4.612146	4.553877	4.606170
内蒙古	4.685828	4.608166	4.732684	4.699571	4.681205	4.592085	4.649187	4.588024	4.608166
辽宁	4.634729	4.648230	4.735321	4.711330	4.670021	4.596129	4.624973	4.599152	4.602166
吉林	4.638605	4.671894	4.734443	4.751001	4.689511	4.579852	4.654912	4.593098	4.606170
黑龙江	4.628887	4.690430	4.759607	4.766438	4.671894	4.593098	4.646312	4.583947	4.607168
上海	4.666265	4.653008	4.784153	4.698661	4.637637	4.658711	4.614130	4.603168	4.607168
江苏	4.657763	4.656813	4.740575	4.685828	4.636669	4.651099	4.637637	4.620059	4.608166
浙江	4.670958	4.637637	4.737075	4.694096	4.655863	4.647271	4.609162	4.611152	4.606170
安徽	4.676560	4.676560	4.700480	4.703204	4.635699	4.638605	4.637637	4.588024	4.603168
福建	4.697749	4.616110	4.678421	4.739701	4.639572	4.624973	4.670021	4.666265	4.606170
江西	4.693181	4.597138	4.690430	4.742320	4.666265	4.597138	4.629863	4.589041	4.602166
山东	4.659658	4.624973	4.742320	4.685828	4.624973	4.666265	4.623992	4.549657	4.616110
河南	4.683981	4.674696	4.712229	4.662495	4.640537	4.665324	4.647271	4.546481	4.629863
湖北	4.725616	4.641502	4.713127	4.744062	4.658711	4.601162	4.628887	4.583947	4.607168
湖南	4.744062	4.615121	4.683057	4.768139	4.653008	4.585987	4.619073	4.626932	4.592085
广东	4.706824	4.619073	4.671894	4.782479	4.663439	4.605170	4.638605	4.666265	4.599152
广西	4.719391	4.612146	4.681205	4.763028	4.628887	4.588024	4.628887	4.601162	4.616110
海南	4.740575	4.595120	4.689511	4.737951	4.668145	4.642466	4.639572	4.608166	4.606170
重庆	4.685828	4.609162	4.685828	4.739701	4.682131	4.629863	4.608166	4.630838	4.608166
四川	4.701389	4.639572	4.707727	4.710431	4.690430	4.611152	4.596129	4.611152	4.606170
贵州	4.699571	4.640537	4.766438	4.710431	4.674696	4.602166	4.638605	4.626932	4.604170
云南	4.738827	4.613138	4.775756	4.689511	4.686750	4.673763	4.564348	4.602166	4.607168
陕西	4.707727	4.612146	4.777441	4.656813	4.641502	4.656813	4.644391	4.540098	4.638605
甘肃	4.680278	4.609162	4.707727	4.704110	4.617099	4.629863	4.691348	4.587006	4.617099
宁夏	4.679350	4.653008	4.737075	4.687671	4.637637	4.628887	4.624973	4.613138	4.607168
新疆	4.700480	4.636669	4.666265	4.655863	4.665324	4.671894	4.637637	4.583947	4.627910

附表 7　　　　　　2008～2016 年蔬菜类生产价格指数对数（ProdPrice）

地区	2008 年	2009 年	2010 年	2011 年	2012 年	2013 年	2014 年	2015 年	2016 年
北京	4.666265	4.659658	4.697749	4.600158	4.682131	4.678421	4.570579	4.628887	4.686750
天津	4.641502	4.657763	4.789157	4.584967	4.748404	4.691348	4.564348	4.695011	4.628887
河北	4.600158	4.750136	4.759607	4.681205	4.669084	4.684905	4.486387	4.677491	4.678421
山西	4.632785	4.697749	4.738827	4.639572	4.711330	4.723842	4.519612	4.612146	4.650144
内蒙古	4.597138	4.809742	4.734443	4.674696	4.653008	4.648230	4.519612	4.609162	4.656813
辽宁	4.589041	4.616110	4.847332	4.434382	4.859812	4.665324	4.564348	4.669084	4.628887
吉林	4.581902	4.674696	4.730921	4.652054	4.779963	4.701389	4.464758	4.691348	4.632785
黑龙江	4.587006	4.804840	4.765587	4.632785	4.623010	4.657763	4.551769	4.635699	4.608166
上海	4.695925	4.710431	4.674696	4.618086	4.667206	4.645352	4.578826	4.678421	4.668145
江苏	4.642466	4.708629	4.720283	4.685828	4.679350	4.654912	4.603168	4.616110	4.650144
浙江	4.672829	4.647271	4.733563	4.652054	4.672829	4.597138	4.607168	4.619073	4.670958
安徽	4.701389	4.662495	4.746670	4.623992	4.643429	4.657763	4.560173	4.605170	4.647271
福建	4.661551	4.617099	4.765587	4.604170	4.766438	4.644391	4.662495	4.656813	4.695011
江西	4.696837	4.645352	4.733563	4.669084	4.680278	4.652054	4.616110	4.633758	4.687671
山东	4.672829	4.707727	4.931592	4.333361	4.722953	4.817051	4.670958	4.700480	4.639572
河南	4.549657	4.978801	4.930148	4.385770	4.671894	4.548600	4.603168	4.614130	4.659658
湖北	4.697749	4.691348	4.730921	4.757033	4.705920	4.651099	4.641502	4.639572	4.695011
湖南	4.717606	4.686750	4.734443	4.678421	4.668145	4.695925	4.584967	4.621044	4.686750
广东	4.708629	4.576771	4.730039	4.613138	4.714025	4.695925	4.599152	4.642466	4.705920
广西	4.698661	4.636669	4.656813	4.595120	4.753590	4.683057	4.627910	4.637637	4.676560
海南	4.758749	4.671894	4.547541	4.789157	4.721174	4.575741	4.681205	4.582925	4.704110
重庆	4.670958	4.705016	4.681205	4.710431	4.688592	4.641502	4.646312	4.584967	4.656813
四川	4.703204	4.705920	4.697749	4.678421	4.682131	4.652054	4.621044	4.640537	4.666265
贵州	4.616110	4.688592	4.729156	4.737075	4.632785	4.632785	4.610158	4.622027	4.639572
云南	4.673763	4.695925	4.802380	4.616110	4.709530	4.685828	4.643429	4.581902	4.629863
陕西	4.664382	4.741448	4.768139	4.653008	4.609162	4.716712	4.582925	4.687671	4.680278
甘肃	4.653960	4.820282	4.737951	4.645352	4.722953	4.700480	4.642466	4.654912	4.659658
宁夏	4.732684	4.752728	4.739701	4.631812	4.677491	4.695011	4.508659	4.806477	4.666265
新疆	4.542230	4.565389	4.841822	4.566429	4.727388	4.750136	4.635699	4.653008	4.674696

附表8 **2008～2016 年鲜果类生产价格指数对数（ProdPrice）**

地区	2008 年	2009 年	2010 年	2011 年	2012 年	2013 年	2014 年	2015 年	2016 年
北京	4.674696	4.705016	4.728272	4.630838	4.721174	4.672829	4.630838	4.563306	4.528289
天津	4.743191	4.700480	4.803201	4.683057	4.653008	4.659658	4.757033	4.532599	4.571613
河北	4.733563	4.695925	4.809742	4.663439	4.654912	4.734443	4.639572	4.453184	4.576771
山西	4.597138	4.681205	4.730921	4.712229	4.625953	4.627910	4.722064	4.458988	4.534748
内蒙古	4.683981	4.666265	4.774069	4.744062	4.751865	4.667206	4.637637	4.744932	4.576771
辽宁	4.668145	4.606170	4.784989	4.797442	4.554929	4.613138	4.710431	4.530447	4.577799
吉林	4.475062	4.618086	4.784153	4.623010	4.782479	4.632785	4.539030	4.643429	4.607168
黑龙江	4.572647	4.619073	4.752728	4.722064	4.841822	4.461300	4.534748	4.569543	4.567468
上海	4.528289	4.836282	4.757891	4.732684	4.636669	4.690430	4.593098	4.592085	4.617099
江苏	4.578826	4.641502	4.960044	4.782479	4.617099	4.687671	4.645352	4.633758	4.608166
浙江	4.663439	4.671894	4.773224	4.727388	4.631812	4.699571	4.568506	4.588024	4.598146
安徽	4.598146	4.633758	4.665324	4.738827	4.657763	4.753590	4.543295	4.683981	4.588024
福建	4.608166	4.629863	4.746670	4.736198	4.555980	4.650144	4.695011	4.551769	4.555980
江西	4.251348	4.440296	4.945207	4.453184	4.664382	4.667206	4.684905	4.593098	4.567468
山东	4.623992	4.666265	4.760463	4.783316	4.686750	4.657763	4.627910	4.591071	4.628887
河南	4.582925	4.652054	4.741448	4.764735	4.679350	4.618086	4.715817	4.562263	4.567468
湖北	4.356709	4.608166	4.770685	4.821893	4.617099	4.667206	4.583947	4.640537	4.647271
湖南	4.618086	4.497585	4.921440	4.694096	4.599152	4.651099	4.697749	4.712229	4.568506
广东	4.649187	4.557030	4.717606	4.700480	4.645352	4.722064	4.641502	4.643429	4.617099
广西	4.635699	4.582925	4.880527	4.497585	4.707727	4.885828	4.566429	4.542230	4.589041
海南	4.784153	4.794136	4.766438	4.528289	4.670021	4.652054	4.746670	4.643429	4.599152
重庆	4.682131	4.670021	4.710431	4.771532	4.513055	4.682131	4.652054	4.683981	4.594109
四川	4.631812	4.647271	4.681205	4.703204	4.623010	4.630838	4.666265	4.564348	4.578826
贵州	4.617099	4.623992	4.768139	4.674696	4.566429	4.669084	4.698661	4.613138	4.598146
云南	4.629863	4.690430	4.896346	4.783316	4.606170	4.730921	4.747537	4.422449	4.534748
陕西	4.620059	4.506454	4.865995	4.718499	4.631812	4.721174	4.708629	4.469350	4.562263
甘肃	4.708629	4.576771	4.848900	4.683057	4.816241	4.671894	4.681205	4.643429	4.590057
宁夏	4.478473	4.542230	4.921440	4.751865	4.691348	4.590057	4.601162	4.742320	4.578826
新疆	4.689511	4.545420	4.722953	4.730921	4.682131	4.583947	4.570579	4.560173	4.617099

附表 9　　　　　2008～2016 年水产品类生产价格指数对数（ProdPrice）

地区	2008 年	2009 年	2010 年	2011 年	2012 年	2013 年	2014 年	2015 年	2016 年
北京	4.715817	4.567468	4.633758	4.681205	4.723842	4.595120	4.579852	4.615121	4.595120
天津	4.776599	4.668145	4.649187	4.642466	4.613138	4.723842	4.664382	4.608166	4.664382
河北	4.628887	4.642466	4.829113	4.714921	4.653008	4.542230	4.622027	4.660605	4.600158
山西	5.067016	4.351567	4.704110	4.631812	4.574711	4.481872	4.576771	4.555980	4.622027
内蒙古	4.710431	4.595120	4.697749	4.909709	4.675629	4.616110	4.623010	4.580877	4.603168
辽宁	4.628887	4.787492	4.626932	4.681205	4.733563	4.626932	4.618086	4.603168	4.604170
吉林	4.666265	4.557030	4.704110	4.749271	4.705016	4.639572	4.568506	4.587006	4.591071
黑龙江	4.852030	4.329417	4.687671	4.648230	4.607168	4.536891	4.590057	4.562263	4.646312
上海	4.753590	4.615121	4.675629	4.729156	4.645352	4.671894	4.602166	4.614130	4.667206
江苏	4.685828	4.652054	4.659658	4.695925	4.701389	4.649187	4.635699	4.613138	4.670021
浙江	4.730039	4.629863	4.754452	4.765587	4.644391	4.684905	4.606170	4.650144	4.661551
安徽	4.675629	4.663439	4.671894	4.722953	4.707727	4.678421	4.633758	4.601162	4.618086
福建	4.691348	4.575741	4.733563	4.709530	4.672829	4.625953	4.573680	4.610158	4.675629
江西	4.707727	4.606170	4.657763	4.647271	4.721174	4.680278	4.641502	4.643429	4.636669
山东	4.717606	4.605170	4.734443	4.729156	4.660605	4.635699	4.584967	4.608166	4.637637
河南	4.796617	4.636669	4.624973	4.660605	4.665324	4.707727	4.663439	4.599152	4.598146
湖北	4.712229	4.655863	4.648230	4.685828	4.701389	4.692265	4.628887	4.571613	4.671894
湖南	4.757891	4.653960	4.674696	4.683057	4.650144	4.653008	4.631812	4.617099	4.635699
广东	4.752728	4.545420	4.694096	4.678421	4.649187	4.632785	4.657763	4.616110	4.646312
广西	4.774069	4.573680	4.678421	4.693181	4.581902	4.641502	4.620059	4.599152	4.640537
海南	4.693181	4.646312	4.661551	4.695011	4.675629	4.689511	4.650144	4.600158	4.653008
重庆	4.704110	4.651099	4.626932	4.683981	4.683057	4.624973	4.651099	4.617099	4.646312
四川	4.745801	4.642466	4.644391	4.670958	4.656813	4.648230	4.629863	4.591071	4.619073
贵州	4.745801	4.642466	4.711330	4.744062	4.684905	4.626932	4.629863	4.648230	4.615121
云南	4.713127	4.585987	4.680278	4.674696	4.612146	4.587006	4.620059	4.584967	4.629863
陕西	4.787492	4.589041	4.797442	4.595120	4.733563	4.650144	4.620059	4.628887	4.578826
甘肃	4.734443	4.683981	4.749271	4.785824	4.687671	4.685828	4.375757	4.611152	4.600158
宁夏	4.641502	4.653008	4.634729	4.702297	4.719391	4.435567	4.604170	4.612146	4.575741
新疆	4.852811	4.647271	4.705016	4.668145	4.617099	4.655863	4.684905	4.648230	4.517431

附表10　　　　　**2008～2016年粮食类零售价格指数对数（ConsPrice）**

地区	2008 年	2009 年	2010 年	2011 年	2012 年	2013 年	2014 年	2015 年	2016 年
北京	4.690430	4.659658	4.696837	4.707727	4.630838	4.648230	4.626932	4.620059	4.596129
天津	4.658711	4.677491	4.766438	4.686750	4.628887	4.688592	4.638605	4.623010	4.611152
河北	4.670021	4.662495	4.718499	4.695011	4.633758	4.683057	4.628887	4.617099	4.595120
山西	4.677491	4.670958	4.677491	4.683981	4.634729	4.692265	4.650144	4.623010	4.602166
内蒙古	4.670021	4.668145	4.701389	4.713127	4.660605	4.660605	4.646312	4.623992	4.613138
辽宁	4.649187	4.695925	4.723842	4.714025	4.640537	4.662495	4.640537	4.625953	4.607168
吉林	4.642466	4.709530	4.735321	4.708629	4.646312	4.662495	4.644391	4.622027	4.606170
黑龙江	4.649187	4.706824	4.732684	4.711330	4.650144	4.650144	4.636669	4.627910	4.615121
上海	4.675629	4.641502	4.718499	4.731803	4.633758	4.641502	4.628887	4.634729	4.614130
江苏	4.664382	4.648230	4.746670	4.710431	4.627910	4.634729	4.640537	4.630838	4.607168
浙江	4.657763	4.658711	4.738827	4.722953	4.641502	4.632785	4.623010	4.629863	4.610158
安徽	4.660605	4.675629	4.710431	4.761319	4.646312	4.647271	4.631812	4.626932	4.601162
福建	4.654912	4.634729	4.762174	4.755313	4.634729	4.633758	4.623992	4.622027	4.605170
江西	4.683981	4.639572	4.677491	4.736198	4.642466	4.627910	4.634729	4.626932	4.611152
山东	4.666265	4.648230	4.727388	4.688592	4.629863	4.675629	4.646312	4.622027	4.602166
河南	4.679350	4.673763	4.703204	4.698661	4.645352	4.669084	4.655863	4.633758	4.606170
湖北	4.660605	4.640537	4.705920	4.756173	4.656813	4.645352	4.632785	4.617099	4.612146
湖南	4.722953	4.647271	4.674696	4.754452	4.656813	4.658711	4.624973	4.621044	4.618086
广东	4.683057	4.647271	4.677491	4.724729	4.653960	4.623992	4.631812	4.623010	4.613138
广西	4.717606	4.665324	4.670958	4.763882	4.642466	4.619073	4.626932	4.619073	4.615121
海南	4.695011	4.639572	4.703204	4.756173	4.645352	4.629863	4.636669	4.616110	4.613138
重庆	4.718499	4.665324	4.728272	4.748404	4.679350	4.634729	4.623010	4.627910	4.628887
四川	4.664382	4.653008	4.698661	4.719391	4.653008	4.635699	4.630838	4.628887	4.616110
贵州	4.678421	4.634729	4.791650	4.760463	4.649187	4.637637	4.630838	4.630838	4.614130
云南	4.698661	4.645352	4.737075	4.717606	4.639572	4.626932	4.630838	4.619073	4.608166
陕西	4.679350	4.650144	4.743191	4.698661	4.637637	4.681205	4.637637	4.631812	4.608166
甘肃	4.674696	4.657763	4.794136	4.705016	4.627910	4.671894	4.646312	4.620059	4.620059
宁夏	4.690430	4.673763	4.725616	4.747537	4.615121	4.661551	4.637637	4.623992	4.608166
新疆	4.717606	4.633758	4.690430	4.688592	4.675629	4.666265	4.637637	4.622027	4.617099

附表 11　　　**2008～2016 年蔬菜类零售价格指数对数（ConsPrice）**

地区	2008 年	2009 年	2010 年	2011 年	2012 年	2013 年	2014 年	2015 年	2016 年
北京	4.687671	4.702297	4.821088	4.585987	4.718499	4.696837	4.567468	4.681205	4.699571
天津	4.673763	4.740575	4.742320	4.571613	4.784153	4.700480	4.558079	4.670958	4.672829
河北	4.708629	4.754452	4.771532	4.600158	4.744932	4.682131	4.560173	4.686750	4.696837
山西	4.743191	4.731803	4.800737	4.604170	4.738827	4.694096	4.525044	4.653008	4.710431
内蒙古	4.672829	4.730039	4.851249	4.639572	4.705016	4.687671	4.552824	4.641502	4.717606
辽宁	4.613138	4.791650	4.821088	4.539030	4.770685	4.653008	4.558079	4.699571	4.672829
吉林	4.597138	4.740575	4.814620	4.554929	4.695925	4.723842	4.557030	4.688592	4.684905
黑龙江	4.659658	4.737075	4.790820	4.621044	4.756173	4.676560	4.534748	4.661551	4.666265
上海	4.792479	4.757891	4.709530	4.603168	4.710431	4.682131	4.620059	4.677491	4.705920
江苏	4.695011	4.759607	4.762174	4.623992	4.691348	4.672829	4.599152	4.696837	4.699571
浙江	4.715817	4.685828	4.754452	4.603168	4.750136	4.667206	4.601162	4.696837	4.726502
安徽	4.715817	4.743191	4.768988	4.618086	4.723842	4.689511	4.575741	4.706824	4.708629
福建	4.735321	4.654912	4.803201	4.567468	4.765587	4.681205	4.620059	4.677491	4.740575
江西	4.682131	4.697749	4.768139	4.596129	4.768139	4.678421	4.621044	4.695925	4.720283
山东	4.649187	4.764735	4.828314	4.621044	4.713127	4.693181	4.537961	4.692265	4.683981
河南	4.719391	4.768988	4.782479	4.598146	4.730921	4.704110	4.561218	4.673763	4.707727
湖北	4.690430	4.730039	4.751865	4.629863	4.731803	4.664382	4.593098	4.669084	4.744062
湖南	4.804840	4.748404	4.685828	4.671894	4.713127	4.646312	4.636669	4.644391	4.702297
广东	4.758749	4.601162	4.770685	4.623010	4.737951	4.710431	4.623010	4.669084	4.744932
广西	4.938781	4.658711	4.815431	4.676560	4.755313	4.675629	4.641502	4.647271	4.695011
海南	4.757033	4.640537	4.771532	4.673763	4.757891	4.705016	4.628887	4.610158	4.765587
重庆	4.683981	4.744932	4.694096	4.639572	4.721174	4.673763	4.660605	4.611152	4.688592
四川	4.657763	4.862908	4.723842	4.598146	4.763028	4.695011	4.627910	4.643429	4.675629
贵州	4.685828	4.730921	4.768988	4.701389	4.692265	4.621044	4.646312	4.619073	4.675629
云南	4.658711	4.794136	4.815431	4.610158	4.748404	4.673763	4.685828	4.639572	4.683057
陕西	4.693181	4.787492	4.799914	4.652054	4.708629	4.672829	4.560173	4.603168	4.731803
甘肃	4.678421	4.792479	4.707727	4.640537	4.696837	4.689511	4.635699	4.661551	4.708629
宁夏	4.734443	4.745801	4.724729	4.557030	4.637637	4.700480	4.518522	4.672829	4.724729
新疆	4.725616	4.680278	4.761319	4.642466	4.761319	4.649187	4.620059	4.620059	4.709530

附表 12　　　　**2008～2016 年鲜果类零售价格指数对数（ConsPrice）**

地区	2008 年	2009 年	2010 年	2011 年	2012 年	2013 年	2014 年	2015 年	2016 年
北京	4.726502	4.695011	4.721174	4.719391	4.621044	4.674696	4.763028	4.496471	4.583947
天津	4.760463	4.642466	4.707727	4.677491	4.463607	4.758749	4.807294	4.585987	4.572647
河北	4.690430	4.650144	4.797442	4.839451	4.559126	4.682131	4.793308	4.522875	4.565389
山西	4.702297	4.699571	4.815431	4.830711	4.536891	4.704110	4.773224	4.485260	4.546481
内蒙古	4.712229	4.674696	4.817859	4.846547	4.650144	4.674696	4.748404	4.592085	4.579852
辽宁	4.636669	4.737951	4.682131	4.712229	4.569543	4.616110	4.768988	4.615121	4.578826
吉林	4.676560	4.645352	4.686750	4.751865	4.657763	4.664382	4.730921	4.583947	4.613138
黑龙江	4.627910	4.699571	4.722953	4.762174	4.623010	4.645352	4.741448	4.549657	4.571613
上海	4.727388	4.621044	4.735321	4.766438	4.613138	4.683981	4.758749	4.544358	4.612146
江苏	4.682131	4.701389	4.725616	4.739701	4.575741	4.680278	4.755313	4.576771	4.565389
浙江	4.694096	4.709530	4.735321	4.751001	4.623010	4.657763	4.767289	4.563306	4.577799
安徽	4.705016	4.716712	4.763882	4.788325	4.573680	4.676560	4.817859	4.536891	4.541165
福建	4.649187	4.717606	4.758749	4.756173	4.585987	4.693181	4.799914	4.559126	4.561218
江西	4.667206	4.715817	4.767289	4.763028	4.617099	4.667206	4.790820	4.580877	4.541165
山东	4.693181	4.675629	4.772378	4.795791	4.572647	4.709530	4.758749	4.490881	4.566429
河南	4.730921	4.711330	4.781641	4.737951	4.541165	4.666265	4.774069	4.550714	4.553877
湖北	4.675629	4.684905	4.757033	4.822698	4.598146	4.659658	4.747537	4.595120	4.581902
湖南	4.700480	4.730921	4.833102	4.709530	4.582925	4.679350	4.733563	4.611152	4.594109
广东	4.684905	4.650144	4.711330	4.722953	4.589041	4.668145	4.779963	4.600158	4.594109
广西	4.685828	4.683057	4.730039	4.757033	4.585987	4.692265	4.777441	4.564348	4.599152
海南	4.720283	4.680278	4.768139	4.726502	4.623992	4.694096	4.744932	4.633758	4.633758
重庆	4.774069	4.746670	4.782479	4.755313	4.676560	4.612146	4.819475	4.634729	4.573680
四川	4.662495	4.748404	4.768139	4.794964	4.597138	4.696837	4.790820	4.600158	4.581902
贵州	4.673763	4.753590	4.796617	4.718499	4.602166	4.660605	4.787492	4.557030	4.592085
云南	4.678421	4.718499	4.768139	4.695925	4.641502	4.692265	4.739701	4.618086	4.569543
陕西	4.701389	4.744062	4.751865	4.767289	4.595120	4.656813	4.787492	4.516339	4.588024
甘肃	4.651099	4.722953	4.788325	4.745801	4.569543	4.632785	4.779963	4.544358	4.578826
宁夏	4.706824	4.699571	4.804021	4.767289	4.559126	4.722953	4.774913	4.535820	4.594109
新疆	4.730921	4.631812	4.724729	4.790820	4.680278	4.623992	4.755313	4.621044	4.607168

附表 13　　　2008～2016 年水产品类零售价格指数对数（ConsPrice）

地区	2008 年	2009 年	2010 年	2011 年	2012 年	2013 年	2014 年	2015 年	2016 年
北京	4.788325	4.649187	4.705920	4.695925	4.652054	4.638605	4.664382	4.623992	4.643429
天津	4.633758	4.572647	4.708629	4.793308	4.670021	4.614130	4.670958	4.585987	4.669084
河北	4.742320	4.609162	4.685828	4.750136	4.652054	4.623992	4.656813	4.612146	4.600158
山西	4.779963	4.590057	4.664382	4.748404	4.676560	4.620059	4.652054	4.623010	4.634729
内蒙古	4.741448	4.584967	4.668145	4.713127	4.679350	4.650144	4.643429	4.624973	4.627910
辽宁	4.693181	4.641502	4.678421	4.722953	4.675629	4.620059	4.641502	4.642466	4.667206
吉林	4.721174	4.598146	4.699571	4.730039	4.686750	4.623992	4.662495	4.625953	4.623992
黑龙江	4.696837	4.571613	4.657763	4.710431	4.652054	4.623010	4.672829	4.602166	4.627910
上海	4.711330	4.657763	4.757033	4.733563	4.661551	4.653960	4.631812	4.618086	4.680278
江苏	4.718499	4.626932	4.708629	4.705016	4.685828	4.658711	4.609162	4.623010	4.670021
浙江	4.730039	4.665324	4.705016	4.732684	4.689511	4.652054	4.650144	4.630838	4.652054
安徽	4.780803	4.627910	4.650144	4.703204	4.707727	4.659658	4.616110	4.606170	4.664382
福建	4.689511	4.635699	4.687671	4.703204	4.680278	4.647271	4.660605	4.615121	4.645352
江西	4.785824	4.656813	4.636669	4.673763	4.723842	4.675629	4.615121	4.605170	4.654912
山东	4.725616	4.627910	4.670958	4.739701	4.689511	4.638605	4.644391	4.623010	4.644391
河南	4.799914	4.600158	4.671894	4.714025	4.690430	4.634729	4.653960	4.635699	4.619073
湖北	4.814620	4.639572	4.610158	4.706824	4.710431	4.654912	4.613138	4.606170	4.667206
湖南	4.805659	4.630838	4.657763	4.685828	4.708629	4.649187	4.626932	4.597138	4.624973
广东	4.748404	4.615121	4.663439	4.719391	4.675629	4.648230	4.677491	4.639572	4.647271
广西	4.758749	4.582925	4.691348	4.767289	4.653008	4.643429	4.676560	4.607168	4.632785
海南	4.751001	4.638605	4.684905	4.723842	4.626932	4.636669	4.657763	4.656813	4.659658
重庆	4.828314	4.627910	4.663439	4.674696	4.670021	4.631812	4.651099	4.627910	4.651099
四川	4.753590	4.643429	4.682131	4.679350	4.714025	4.648230	4.617099	4.619073	4.632785
贵州	4.720283	4.557030	4.697749	4.710431	4.678421	4.635699	4.634729	4.622027	4.623010
云南	4.741448	4.600158	4.675629	4.694096	4.653008	4.630838	4.638605	4.623010	4.626932
陕西	4.779963	4.626932	4.682131	4.706824	4.704110	4.627910	4.644391	4.612146	4.631812
甘肃	4.755313	4.624973	4.689511	4.692265	4.655863	4.619073	4.636669	4.601162	4.624973
宁夏	4.726502	4.600158	4.652054	4.718499	4.674696	4.650144	4.626932	4.599152	4.610158
新疆	4.754452	4.607168	4.676560	4.706824	4.655863	4.672829	4.637637	4.588024	4.587006

附表 14 **2008～2016 年农产品批零相对运营势力（ManaPower）数值**

地区	2008 年	2009 年	2010 年	2011 年	2012 年	2013 年	2014 年	2015 年	2016 年
北京	0.167509	0.180589	0.147382	0.133188	0.137387	0.156629	0.162916	0.192392	0.225368
天津	0.913898	1.206113	0.921991	0.714543	0.555753	0.575215	0.357630	0.429762	0.480710
河北	0.718994	0.973216	0.763669	0.495845	0.521049	0.511236	0.591428	0.980922	1.135659
山西	1.620604	1.635319	1.521528	0.913509	0.659260	0.507702	0.583880	0.864611	1.283484
内蒙古	0.228958	0.213628	0.195766	0.183963	3.623520	2.581957	2.262103	3.702011	3.086486
辽宁	0.242813	0.370021	0.347419	0.241578	0.289747	0.337025	0.306858	0.441296	0.544573
吉林	0.251227	0.809917	0.957160	0.674367	0.743881	0.644976	0.892124	1.171930	1.057053
黑龙江	0.605654	0.734991	0.763736	0.429151	0.545841	0.495245	0.609955	0.747336	0.875616
上海	0.029082	0.037770	0.043361	0.032053	0.052555	0.040895	0.039441	0.045827	0.041372
江苏	0.129579	0.163146	0.141992	0.137654	0.187098	0.176863	0.288647	0.259953	0.262543
浙江	0.243849	0.326565	0.301711	0.259172	0.265008	0.259677	0.242870	0.385660	0.411386
安徽	0.136569	0.182317	0.168745	0.153387	0.168920	0.211405	0.191487	0.219514	0.231359
福建	1.253143	1.541130	1.047673	0.688225	0.697899	0.716351	0.617539	0.635046	0.651148
江西	0.440676	0.582708	0.306069	0.254699	0.262128	0.280294	0.278338	0.366458	0.435975
山东	0.353326	0.446536	0.362387	0.341334	0.336308	0.288782	0.346938	0.620675	0.609270
河南	0.406259	0.455392	0.399093	0.414550	0.494506	0.514945	0.554342	0.640146	0.607504
湖北	0.101322	0.155674	0.132352	0.107078	0.106389	0.088058	0.092891	0.099360	0.125179
湖南	0.421950	0.594482	0.563138	0.520236	0.664107	0.523954	0.518532	0.642670	0.647893
广东	0.678613	0.857561	0.797289	0.518711	0.597208	0.433320	0.473173	0.579975	0.553492
广西	0.235751	0.383095	0.238658	0.184069	0.153803	0.166144	0.173981	0.141082	0.147833
海南	0.037969	0.036714	0.015097	0.017160	0.012596	0.007454	0.089567	0.127645	0.198680
重庆	0.312851	0.241262	0.242991	0.184697	0.200487	0.190504	0.226052	0.308861	0.297384
四川	0.372426	0.649914	0.593372	0.487568	0.481228	0.566236	0.613461	0.718774	0.558642
贵州	1.679516	3.036151	1.848055	4.131412	2.551673	0.929444	1.053907	0.864604	1.326389
云南	1.048621	0.913967	1.139059	1.048330	0.750412	0.808741	0.839557	0.983175	0.828512
陕西	1.731571	2.209843	0.873298	0.674355	0.896305	0.242035	0.269090	0.594699	0.602267
甘肃	2.852533	1.328356	1.274172	3.698727	1.729764	1.578001	1.477371	1.821288	1.840085
宁夏	0.566680	0.352358	0.131797	0.114406	0.128796	0.149621	0.170130	0.211364	0.192343
新疆	0.080940	0.063357	0.060417	0.040617	0.044288	0.049284	0.066568	0.099314	0.102554

附表 15　　**2008～2016 年农产品批零相对规模势力（SizePower）数值**

地区	2008 年	2009 年	2010 年	2011 年	2012 年	2013 年	2014 年	2015 年	2016 年
北京	2.418121	2.330215	3.222984	3.482524	3.739658	2.788940	3.057820	2.750794	2.875723
天津	1.528719	1.488890	3.623638	3.246139	3.868105	6.513549	5.225874	4.149889	3.867082
河北	0.666461	0.742672	0.736103	0.902764	0.990945	0.911696	1.032816	0.819163	0.666070
山西	0.455906	0.863420	0.641095	0.689046	0.672600	0.759106	0.684342	0.654287	0.612291
内蒙古	2.056244	1.709355	1.835177	1.536302	1.626742	1.451331	1.469873	1.057869	1.034502
辽宁	1.515623	1.560875	1.143875	1.445071	1.560348	1.660775	2.135258	1.742818	1.532600
吉林	1.717512	2.039334	2.355788	1.445336	1.163525	1.019699	0.896831	0.662133	0.715434
黑龙江	1.150685	1.072162	1.888423	2.463693	2.451623	2.231905	2.422466	2.275255	2.071270
上海	1.937772	0.964942	1.768784	1.758523	2.360033	2.367786	3.784219	4.159715	4.461918
江苏	0.885489	1.134809	1.315536	1.241363	1.177627	1.205343	1.401452	1.299773	1.196118
浙江	1.129439	1.298855	1.654165	1.536639	1.526873	1.595684	1.522057	1.468792	1.786557
安徽	1.043541	1.113826	1.352370	1.112947	1.094495	1.028902	0.971676	0.878785	0.762324
福建	1.939068	1.525076	2.266602	1.986654	2.038896	2.008871	2.448427	2.468510	1.805389
江西	0.761707	0.850272	0.768481	0.955740	0.805507	0.807772	0.695500	0.673510	0.592457
山东	0.850277	1.046743	0.964457	1.033662	1.118214	1.552592	1.591052	1.530426	1.378334
河南	1.166399	1.190631	1.159864	1.134853	0.928009	0.952890	1.559910	1.733340	2.276416
湖北	0.517885	0.804339	0.597466	0.570322	0.512163	0.526984	0.617837	0.632258	0.613676
湖南	0.793314	0.610528	0.663211	0.684279	0.562786	0.598522	0.789056	0.625162	0.642388
广东	1.709292	1.928596	2.167598	2.314872	2.527699	3.014759	4.049937	3.586882	3.494129
广西	2.757917	3.466608	2.771996	2.751792	1.946289	2.247243	1.987279	1.868417	2.156761
海南	2.338437	2.062293	2.035215	1.919860	2.399827	2.565736	1.797309	1.354866	1.092941
重庆	0.793066	1.254447	1.145600	1.033553	0.983845	1.278977	1.339723	1.447182	1.613077
四川	0.981823	1.404344	1.100574	0.801614	0.729543	0.711819	0.719006	0.683905	0.671845
贵州	0.536846	0.840674	0.736040	0.639638	0.769673	0.822687	0.664742	0.661494	0.556237
云南	2.457031	2.418086	2.213358	1.384513	1.052188	0.905850	0.983777	1.023289	0.979087
陕西	0.114503	0.298379	0.250337	0.322007	0.370944	0.385777	0.413529	0.425623	0.573505
甘肃	0.627852	0.701265	0.661698	0.721691	0.816498	0.885009	1.623057	1.388844	1.369716
宁夏	0.920676	0.662864	0.490133	0.448027	0.334276	0.462801	0.739593	0.601702	0.531847
新疆	1.850897	3.318093	2.928668	2.847628	2.544617	2.264618	2.857292	2.932067	3.665766

附表 16　　　　**2008～2016 年农产品流通效率（CircEffic）数值**

地区	2008 年	2009 年	2010 年	2011 年	2012 年	2013 年	2014 年	2015 年	2016 年
北京	0.079591	0.067308	0.063556	0.056119	0.047106	0.046014	0.040513	0.043428	0.036175
天津	0.381235	0.933758	0.879465	0.698325	0.434711	0.153177	0.152796	0.098236	0.080885
河北	0.111035	0.090282	0.075553	0.063145	0.052297	0.056061	0.051113	0.046676	0.040769
山西	0.083420	0.077692	0.068820	0.058360	0.051266	0.044795	0.039352	0.035230	0.032930
内蒙古	0.149597	0.126571	0.101485	0.080703	0.067591	0.053087	0.041188	0.039179	0.034700
辽宁	0.115185	0.098774	0.082716	0.069480	0.060102	0.054685	0.046455	0.045337	0.043612
吉林	0.146013	0.113522	0.089819	0.074305	0.061015	0.069145	0.057997	0.049449	0.044884
黑龙江	0.106982	0.089189	0.076223	0.065546	0.055902	0.050536	0.042875	0.037128	0.034048
上海	0.414941	0.362372	0.350454	0.304032	0.276326	0.198680	0.222587	0.211709	0.199802
江苏	0.031080	0.026682	0.022948	0.021394	0.019513	0.026151	0.022641	0.016060	0.013194
浙江	0.047472	0.043309	0.040061	0.036967	0.033716	0.029705	0.027536	0.024790	0.020670
安徽	0.106501	0.091123	0.072922	0.059506	0.051155	0.044174	0.039068	0.033774	0.029888
福建	0.108336	0.094822	0.084829	0.071979	0.063254	0.049245	0.045763	0.046696	0.043206
江西	0.131838	0.109174	0.090956	0.074956	0.065467	0.057345	0.047622	0.048596	0.042535
山东	0.038772	0.031383	0.026860	0.023221	0.016897	0.013917	0.012427	0.011580	0.010158
河南	0.064155	0.053676	0.044335	0.037441	0.031951	0.031609	0.026318	0.022888	0.020335
湖北	0.068766	0.054808	0.047265	0.042486	0.037297	0.032869	0.029323	0.026328	0.023297
湖南	0.047913	0.039674	0.032880	0.027740	0.025023	0.021839	0.019006	0.016222	0.014619
广东	0.023935	0.018879	0.017008	0.015160	0.016473	0.010388	0.015135	0.013920	0.017108
广西	0.104397	0.088656	0.076525	0.065376	0.056404	0.049706	0.043456	0.042738	0.037712
海南	0.843090	0.801660	0.667513	0.662475	0.606095	0.328595	0.514252	0.400146	0.334935
重庆	0.108856	0.097102	0.081179	0.069087	0.069688	0.052121	0.046664	0.040621	0.037810
四川	0.027829	0.023356	0.019552	0.015658	0.013342	0.012184	0.012508	0.011128	0.009971
贵州	0.229110	0.213327	0.165289	0.124368	0.098441	0.068456	0.057302	0.049686	0.044640
云南	0.104154	0.091880	0.071883	0.054815	0.045424	0.031742	0.028746	0.027320	0.024206
陕西	0.104778	0.088786	0.072460	0.059894	0.050958	0.043100	0.037893	0.035211	0.031371
甘肃	0.656303	0.514550	0.405925	0.325801	0.248552	0.193754	0.164697	0.131435	0.112340
宁夏	0.910451	0.756273	0.605144	0.490981	0.438988	0.319202	0.274804	0.242719	0.222959
新疆	0.265204	0.236778	0.202309	0.166642	0.143313	0.123215	0.106969	0.096264	0.088706

参 考 文 献

[1] 白广思. 基于大数据的图书资源智能采购系统研究 [J]. 图书馆学研究, 2016 (19): 37-41.

[2] 宾幕容, 周发明. 农产品连锁超市经营的成本效益分析 [J]. 中国流通经济, 2007 (6): 44-46.

[3] 曹裕, 李业梅, 万光羽. 基于消费者效用的生鲜农产品供应链生鲜度激励机制研究 [J]. 中国管理科学, 2018, 26 (2): 160-174.

[4] 曾德彬, 卢海霞. 农村电子商务提高农民收入和消费的原理研究: 基于科斯的 "交易成本" 视角 [J]. 商业经济研究, 2020 (13): 138-141.

[5] 曾慧敏, 谢珊珊. 城镇化、农产品流通效率与农民收入增长关系研究 [J]. 商业时代, 2014, 655 (36): 44-45.

[6] 曾亿武, 郭红东, 金松青. 电子商务有益于农民增收吗?: 来自江苏沭阳的证据 [J]. 中国农村经济, 2018 (2): 49-64.

[7] 常伟. 农业现代化中农地托管研究: 以安徽省为例 [J]. 经济纵横, 2017 (3): 69-73.

[8] 陈超, 徐磊. 流通型龙头企业主导下果品产业链的整合与培育: 基于桃产业的理论与实践 [J]. 农业经济问题, 2020 (8): 77-90.

[9] 陈畴镛, 陆锦洪. 基于数据挖掘方法的供应链合作伙伴选择 [J]. 浙江学刊, 2005 (1): 222-225.

[10] 陈丹妮. 货币政策、通胀压力与农产品价格 [J]. 中国软科学, 2014 (7): 185-192.

[11] 陈金波, 陈向军, 罗权. 湖北农产品流通效率评价及对策研究 [J]. 统计与决策, 2014 (11): 97-99.

[12] 陈明生. 无人经济: 缘起、内涵与应用模式 [J]. 青海社会科学, 2019 (2): 2, 80-86.

[13] 陈耀庭, 戴俊玉, 管曦. 不同流通模式下农产品流通效率比较研究

[J]. 农业经济问题，2015，36（3）：68-74，111.

[14] 陈永平，李赫. 大数据时代物流末端配送、消费体验需求满足及其价值创造能力提升 [J]. 财经论丛，2017（1）：95-104.

[15] 陈祖武，杨江帆. 供给侧改革背景下农户电子商务模式优化策略研究 [J]. 福建论坛（人文社会科学版），2017（12）：42-46.

[16] 崔宝玉，王孝璈，孙迪. 农民合作社联合社的设立与演化机制：基于组织生态学的讨论 [J]. 中国农村经济，2020（10）：111-130.

[17] 丁俊发. 中国流通业的变革与发展 [J]. 中国流通经济，2011，25（6）：20-24.

[18] 丁声俊，夏英. 农产品优质优价市场机制的建立与制度创新 [J]. 价格理论与实践，2019（4）：4-10，167.

[19] 董晓霞，许世卫，李哲敏，李干琼. 完全竞争条件下的中国生鲜农产品试产价格传导：以西红柿为例 [J]. 中国农村经济，2011（2）：22-32.

[20] 杜红平，魏国辰，付建华. 果品流通效率评价指标构建及改善建议 [J]. 商业时代，2009（10）：23，96.

[21] 范林榜，姜文，邵朝霞. 电子商务环境下收益共享的生鲜农产品双渠道供应链协调研究 [J]. 农村经济，2019（6）：137-144.

[22] 范渊. 数字经济时代的智慧城市与信息安全（第2版）[M]. 北京：电子工业出版社，2006.

[23] 丰超，庄贵军，张闯，李汝琦. 网络结构嵌入、关系型渠道治理与渠道关系质量 [J]. 管理学报，2018，15（10）：980-987.

[24] 冯鹏程. 大数据时代的组织演化研究 [J]. 经济学家，2018（3）：57-62.

[25] 福井清一. 菲律宾蔬菜水果流通和顾客关系 [J]. 农林业问题研究，1995（118）：102-109.

[26] 高敏. 我国果蔬批发市场冷链流通影响因素的实证研究：基于对市场商户的实地调查 [J]. 中国流通经济，2016，30（3）：10-17.

[27] 高扬. 我国蔬菜价格传导非均衡性的原因及对策研究 [J]. 价格理论与实践，2011（5）：40-41.

[28] 古川. 农产品公益性批发市场和民营批发市场的机制比较研究 [J]. 农业技术经济，2015（3）：99-107.

[29] 郭红莲，侯云先，杨宝宏. 北京市禽蛋流通效率评价模型及应用 [J]. 农业系统科学与综合研究，2009，25（1）：10-14，22.

［30］郭锦墉，黄强，徐磊．农民合作社"农超对接"的流通效率及其影响因素：基于江西省的抽样调查数据［J］．湖南农业大学学报（社会科学版），2017，18（5）：18－24．

［31］郭利京，韩刚，胡联，等．信息不对称、纵向市场特征与猪肉价格传递非对称性［J］．农林经济管理学报，2014，13（4）：414－419．

［32］郭利京，胡浩，张锋．我国猪肉价格非对称性传递实证研究：基于产业链视角的考察［J］．价格理论与实践，2010（11）：52－53．

［33］郭韶伟，唐成伟，张昊．农产品流通市场化与农业收入增长：理论与实证［J］．中国流通经济，2011，25（11）：107－112．

［34］韩娜．多元主体参与视角下农产品流通模式的利益分配研究［J］．商业经济研究，2016（2）：147－148．

［35］韩旭东，杨慧莲，李艳，郑风田．网络销售何以影响新型农业经营主体品牌建设？：基于全国3360个家庭农场和种养大户的实证研究［J］．农林经济管理学报，2018，17（5）：495－507．

［36］洪岚．粮食供应链整合的量化分析：以北京地区粮食供应链上价格联动为例［J］．中国农村经济，2009（10）：58－66．

［37］胡放之，古保淋．大力推进农超对接 促进农业发展方式转变［J］．商业研究，2012（3）：206－210．

［38］胡俊波．农产品电子商务发展模式研究：一个模式构想［J］．农村经济，2011（11）：111－113．

［39］胡云涛，贺盛瑜，杨晗．特色农产品流通过程中的农业合作组织［J］．农村经济，2009（12）：127－129．

［40］黄成，吴传清．主体功能区制度与西部地区生态文明建设研究［J］．中国软科学，2019（11）：166－175．

［41］黄福华，蒋雪林．生鲜农产品物流效率影响因素与提升模式研究［J］．北京工商大学学报（社会科学版），2017，32（2）：40－49．

［42］黄雨婷．我国流通业外资进入的就业效应研究［J］．财经研究，2017，43（3）：121－132，145．

［43］纪宝成．商品流通渠道分析［J］．中国社会科学，1991（6）：105－124．

［44］纪良纲，刘振滨．改革开放以来我国商品流通速度波动的实证研究［J］．财贸经济，2004（6）：48－52，97．

［45］姜祎．"农宅对接"销售模式探析：以北京绿菜园蔬菜专业合作社为例

［J］．理论学刊，2012（2）：62 – 64．

［46］姜增伟．农超对接：反哺农业的一种好形式 ［J］．求是，2009（23）：38 – 40．

［47］姜长云．新时代创新完善农户利益联结机制研究 ［J］．社会科学战线，2019（7）：44 – 53．

［48］金赛美．我国农产品流通效率测量及其相关因素分析 ［J］．求索，2016（9）：129 – 132．

［49］孔寒凌，梁友，卢亭君．广西"农社对接"发展探讨：以南宁市江南区"农社对接"试行为例 ［J］．南方农业学报，2014，45（5）：906 – 910．

［50］寇荣，谭向勇．论农产品流通效率的分析框架 ［J］．中国流通经济，2008（5）：12 – 15．

［51］蓝勋．我国区域商贸物流现代化水平实证测度 ［J］．商业经济研究，2020（13）：105 – 108．

［52］雷蕾．纯实体零售、网络零售、多渠道零售企业效率比较研究 ［J］．北京工商大学学报（社会科学版），2018，33（1）：44 – 51，113．

［53］黎东升．城乡居民食物消费需求的实证研究 ［D］．杭州：浙江大学，2005．

［54］黎元生．我国农产品批发市场组织机制：缺陷与创新 ［J］．青海社会科学，2006（1）：28 – 31．

［55］李爱军，黎娜，王成文．基于 DEA 和 Malmquist 指数模型的农产品供应链效率研究 ［J］．统计与决策，2017（11）：42 – 45．

［56］李崇光，等．中国农产品流通现代化研究 ［M］．北京：学习出版社，2016．

［57］李冠艺，徐从才．互联网时代的流通组织创新：基于演进趋势、结构优化和效率边界视角 ［J］．商业经济与管理，2016（1）：5 – 11．

［58］李光集．我国农产品批发市场行业发展前景分析 ［J］．上海商业，2017（9）：24 – 28．

［59］李海舰，田跃新，李文杰．互联网思维与传统企业再造 ［J］．中国工业经济，2014（10）：135 – 146．

［60］李俊颖，董凤娜．大数据技术下的电力物资需求模式优化应用 ［J］．经营与管理，2017（8）：116 – 119．

［61］李骏阳，余鹏．对我国流通效率的实证分析 ［J］．商业经济与管理，

2009 (11): 14 – 20.

[62] 李骏阳. 对"互联网+流通"的思考 [J]. 中国流通经济, 2015, 29 (9): 6 – 10.

[63] 李丽, 胡紫容. 京津冀农产品流通体系效率评价及影响因素研究 [J]. 北京工商大学学报 (社会科学版), 2019, 34 (3): 41 – 50.

[64] 李连英, 郭锦墉. 蔬菜流通渠道信任、承诺、关系行为与合作绩效: 基于零售商的视角 [J]. 农业技术经济, 2017 (3): 25 – 32.

[65] 李圣军. 农产品流通环节利益分配机制的实证分析 [J]. 农业技术经济, 2010 (11): 108 – 114.

[66] 李世杰, 校亚楠, 沈媛瑶, 高健. 农民专业合作社能增大农户在流通渠道中的影响力吗: 基于海南8个市县的问卷调查 [J]. 农业技术经济, 2016 (9): 50 – 59.

[67] 李书彦. 大宗商品金融化对我国农产品贸易条件的影响 [J]. 农业经济问题, 2014, 35 (4): 51 – 57, 111.

[68] 李思霖. 农产品流通公共投入与农民收入关系分析 [J]. 商业时代, 2014, 628 (9): 4 – 5.

[69] 李为. 价值链整合视角下农产品批发商的"再中介化"研究 [J]. 商业时代, 2017, (16): 121 – 123.

[70] 李先国, 王小洋. 渠道关系理论研究综述及发展趋势 [J]. 经济学动态, 2011 (5): 94 – 97.

[71] 李晓雪, 路红艳, 林梦. 零售业数字化转型机理研究 [J]. 中国流通经济, 2020, 34 (4): 32 – 40.

[72] 李莹, 刘兵. 影响农户"农超对接"行为实现的因素分析: 基于山东省威海地区的调查 [J]. 农村经济, 2013 (6): 58 – 62.

[73] 李莹, 陶元磊, 翟印礼. "农超对接"生发机制理论探析 [J]. 农村经济, 2011 (10): 95 – 98.

[74] 李长春. 大数据背景下的商品需求预测与分仓规划 [J]. 数学的实践与认识, 2017, 47 (7): 70 – 79.

[75] 李政. 农超对接中农产品安全问题研究 [J]. 甘肃社会科学, 2013 (2): 233 – 237.

[76] 李智. 中国商品流通批零结构演进规律实证解析 [J]. 财贸经济, 2007 (2): 105 – 110.

[77] 梁鑫鹏. 基于全产业链模式的农产品流通业转型升级研究 [J]. 商业经济研究, 2016, (15): 167 - 168.

[78] 廖小静, 沈贵银. 新常态下江苏省农民增收创新模式与路径 [J]. 江苏农业科学, 2019, 47 (13): 20 - 23.

[79] 林德萍. 博弈视角下农产品流通利益协调机制构建 [J]. 商业经济研究, 2017 (10): 151 - 153.

[80] 林海明, 杜子芳. 主成分分析综合评价应该注意的问题 [J]. 统计研究, 2013, 30 (8): 25 - 31.

[81] 林莉. 互联网时代下生鲜农产品电子商务运营模式创新研究 [J]. 农业经济, 2020 (6): 139 - 141.

[82] 刘兵. 电子商务与 "农社对接" 相结合的创新流通模式 [J]. 江苏农业科学, 2015, 43 (7): 484 - 486.

[83] 刘刚, 谢贵勇. 交通基础设施、流通组织规模与农产品流通市场分割 [J]. 北京工商大学学报 (社会科学版), 2019, 34 (3): 28 - 40.

[84] 刘根荣, 慈宇. 中国农产品流通创新及其对农民收入影响研究 [J]. 中国经济问题, 2017, 302 (3): 113 - 122.

[85] 刘国栋, 苏志伟. "菜篮子" 农产品价格投机泡沫: 证据、特征与启示 [J]. 上海财经大学学报, 2018, 20 (2): 100 - 115.

[86] 刘慧, 尹海东. 我国农户组织化程度的影响因素分析 [J]. 农机化研究, 2012, 34 (11): 46 - 48, 54.

[87] 刘阳, 修长百. 基于技术效率视角下农产品电子商务发展研究 [J]. 科学管理研究, 2019, 37 (3): 135 - 139.

[88] 刘元胜. 农业数字化转型的效能分析及应对策略 [J]. 经济纵横, 2020 (7): 106 - 113.

[89] 刘振滨, 刘东英. 共享资源视域下的农产品供应链整合研究 [J]. 农村经济, 2015 (1): 44 - 48.

[90] 刘助忠, 龚荷英. "互联网 +" 概念下的 "O2O" 型农产品供应链流程集成优化 [J]. 求索, 2015 (6): 90 - 94.

[91] 陆杉, 陈宇斌. 供应链中大数据分析应用研究综述 [J]. 商业经济与管理, 2018 (9): 27 - 35.

[92] 陆向兰. 区域基础设施建设对商贸流通业发展的影响研究 [J]. 商业经济研究, 2017 (21): 36 - 38.

[93] 罗芳琴，龚海岩，王冉，孙鑫，魏瑞成．我国南方地区农产品流通模式调研与分析 [J]．江苏农业科学，2010 (1)：373 - 376．

[94] 罗珉，李亮宇．互联网时代的商业模式创新：价值创造视角 [J]．中国工业经济，2015 (1)：95 - 107．

[95] 吕建兴，叶祥松．中国农产品流通效率及其演变特征：基于流通环节的视角 [J]．世界农业，2019 (6)：46 - 57．

[96] 马晨，王东阳．新零售时代电子商务推动农产品流通体系转型升级的机理研究及实施路径 [J]．科技管理研究，2019，39 (1)：197 - 204．

[97] 马翠萍，肖海峰，杨青松．蔬菜流通主体成本构成与收益分配实证研究 [J]．商业研究，2011 (11)：23 - 27．

[98] 马翠萍，杨青松．规模经济视角下的农超对接问题研究 [J]．价格理论与实践，2011 (9)：83 - 84．

[99] 马凤棋．基于蔬菜供应链优化的"农社对接"研究 [J]．广东农业科学，2013，40 (16)：221 - 224．

[100] 马克思．资本论（第 2 卷）[M]．中央编译局译．北京：人民出版社，2004．

[101] 马强文，申田．中国流通业的经济增长效应分析：理论与实证 [J]．宏观质量研究，2017，5 (1)：35 - 46．

[102] 马增俊．中国农产品批发市场发展 30 年回顾及展望 [J]．中国流通经济，2015，29 (5)：5 - 10．

[103] 迈克尔·波特．竞争优势 [M]．陈小悦，译．北京：华夏出版社，1997．

[104] 孟波，吴方，范磊．基于渠道关系理论的农产品流通模式创新探讨 [J]．甘肃农业，2009 (7)：38 - 39．

[105] 聂林海．"互联网 +"时代的电子商务 [J]．中国流通经济，2015，29 (6)：53 - 57．

[106] 牛艳艳．新常态下电子商务对农村商贸流通业结构的影响 [J]．商业经济研究，2017 (8)：135 - 137．

[107] 欧阳小迅，黄福华．我国农产品流通效率的度量及其决定因素：2000 ~ 2009 [J]．农业技术经济，2011 (2)：76 - 84．

[108] 彭红丽，张无畏．论商贸流通业对我国产业结构的优化作用 [J]．商业经济研究，2017 (2)：177 - 179．

[109] 彭磊, 孙开钊. 基于"农餐对接"的农产品流通创新模式研究 [J]. 财贸经济, 2010 (9): 105 – 111.

[110] 彭新宇, 李孟民. 现代服务业影响农产品价格的机理研究 [J]. 农业经济问题, 2017, 38 (10): 78 – 83.

[111] 浦徐进, 曹文彬. 基于空间双边垄断的"农超对接"供应链合作机制研究 [J]. 管理学报, 2012, 9 (10): 1543 – 1547.

[112] 浦徐进, 路璐, 蒋力. 影响"农超对接"供应链运作效率的因素分析 [J]. 华南农业大学学报 (社会科学版), 2013, 12 (4): 27 – 34.

[113] 任文豪. 农产品"农宅对接"营销模式探索 [J]. 合作经济与科技, 2020 (12): 75 – 77.

[114] 任武军, 李新. 基于互联网大数据的旅游需求分析: 以北京怀柔为例 [J]. 系统工程理论与实践, 2018, 38 (2): 437 – 443.

[115] 茹永梅. 差异化流通模式的农产品流通效率对比分析 [J]. 商业经济研究, 2017 (2): 152 – 154.

[116] 芮明杰, 刘明宇, 陈扬. 我国流通产业发展的问题、原因与战略思路 [J]. 财经论丛, 2013 (6): 89 – 94.

[117] 赛迪智库. 以数字转型赋能企业创新发展的五大作用机理 [J]. 网络安全和信息化, 2018 (9): 22 – 24.

[118] 沈娜利, 沈如逸, 肖剑, 等. 大数据环境下供应链客户知识共享激励机制研究 [J]. 统计与决策, 2018, 34 (10): 36 – 41.

[119] 施宏. 我国连锁超市主导的生鲜农产品物流现状和国际比较分析 [J]. 学术论坛, 2012, 35 (11): 153 – 155, 159.

[120] 施晟, 卫龙宝, 伍骏骞. "农超对接"进程中的溢价产生与分配: 基于"农户 + 合作社 + 超市"模式创新的视角 [J]. 财贸经济, 2012 (9): 85 – 92.

[121] 石肖然, 孙玉玲. 生鲜农产品供应链流通模式 [J]. 中国流通经济, 2017, 31 (1): 57 – 64.

[122] 司光耀, 王凯, 李文强, 等. 基于大数据和粗糙集的产品需求分析方法研究 [J]. 工程设计学报, 2016, 23 (6): 521 – 529.

[123] 宋明芳. 基于"互联网 +"的农产品流通主体转型升级策略分析 [J]. 商业经济研究, 2017 (10): 148 – 150.

[124] 宋则, 王京. 新时期流通业的发展与经济结构的调整 [J]. 财贸经济, 2002 (11): 25 – 30.

[125] 宋则. 走有中国特色的流通创新之路 [J]. 财贸经济, 2003 (11): 11－14.

[126] 孙迪亮. 改革开放以来党的农民合作社政策: 历史变迁与现实启示 [J]. 社会主义研究, 2020 (6): 87－94.

[127] 孙剑. 我国农产品流通效率测评与演进趋势: 基于1998～2009年面板数据的实证分析 [J]. 中国流通经济, 2011, 25 (5): 21－25.

[128] 孙崑, 方柯钰, 童杉杉, 张社梅. 农民专业合作社在推进三产融合中的利益联结机制研究: 基于3家国家级示范社的调研 [J]. 浙江农业学报, 2019, 31 (10): 1724－1733.

[129] 孙梅, 张敏新, 李广水. "农户＋餐饮企业" 有机农产品供应链模式构建研究 [J]. 中国管理科学, 2020, 28 (9): 98－105.

[130] 孙伟仁, 徐珉钰, 张平. 渠道势力、流通效率与农产品价格波动: 基于中国2008～2016年省级面板数据的实证分析 [J]. 农村经济, 2019 (4): 95－102.

[131] 孙伟仁, 张平, 赵德海. 农产品流通产业供给侧结构性改革困境及对策 [J]. 经济纵横, 2018 (6): 99－104.

[132] 孙侠, 张闯. 我国农产品流通的成本构成与利益分配: 基于大连蔬菜流通的案例研究 [J]. 农业经济问题, 2008 (2): 39－48.

[133] 汤世强, 等. 供应链管理 [M]. 北京: 清华大学出版社, 2008.

[134] 唐国斌, 赵婉婷. 我国农产品流通效率影响因素研究 [J]. 商业经济研究, 2020 (2): 135－139.

[135] 陶君成, 潘林, 初叶萍. 大数据时代城乡物流网络重构研究 [J]. 中国流通经济, 2016, 30 (11): 22－32.

[136] 田世英, 王剑. 我国农产品电子商务发展现状、展望与对策研究 [J]. 中国农业资源与区划, 2019, 40 (12): 141－146.

[137] 涂传清. 基于农户增收的生鲜农产品流通价值链分工与组织优化研究 [D]. 广州: 华南理工大学, 2014.

[138] 涂洪波, 李崇光, 孙剑. 我国农产品流通现代化水平的实证研究: 基于2009年省域的数据 [J]. 北京工商大学学报 (社会科学版), 2013, 28 (1): 20－27, 43.

[139] 涂洪波. 农产品流通现代化评价指标的实证遴选及应用 [J]. 中国流通经济, 2012, 26 (6): 18－23.

[140] 汪凤桂. 市场化进程中农产品流通中介组织的几个问题：以农产品批发市场为例 [J]. 经济问题, 2000 (12)：34-37.

[141] 汪旭晖, 张其林. 基于线上线下融合的农产品流通模式研究：农产品 O2O 框架及趋势 [J]. 北京工商大学学报（社会科学版）, 2014, 29 (3)：18-25.

[142] 汪旭晖. 农产品流通体系现状与优化路径选择 [J]. 改革, 2008 (2)：83-88.

[143] 汪延明. 流通产业链绿色化治理的影响因素实证分析：以西南民族地区山地特色农产品为例 [J]. 中国流通经济, 2016, 30 (7)：17-24.

[144] 王伯鲁. 产业技术结构分析 [J]. 经济问题, 2000 (7)：9-12.

[145] 王德章, 周丹. 我国重要农产品流通体系建设与管理创新 [J]. 中国流通经济, 2013, 27 (2)：16-21.

[146] 王慧. 基于电子商务平台的"农餐对接"服务研究 [J]. 农村经济与科技, 2020, 31 (19)：166-167.

[147] 王家旭. 我国农产品流通体系效率评价与优化路径 [D]. 哈尔滨：哈尔滨商业大学, 2013.

[148] 王敬斋. 供应链视角下商贸流通业集聚对产业转型升级的作用研究 [J]. 商业经济研究, 2017 (6)：193-195.

[149] 王娟. 我国农村地区"新农品流通+互联网"创新发展研究 [J]. 改革与战略, 2017, 33 (7)：112-114.

[150] 王蕾. 农产品流通新模式：农宅对接 [J]. 中国合作经济, 2011 (7)：37-38.

[151] 王丽颖, 陈丽华. 我国发展现代农产品流通体系的对策研究 [J]. 社会科学家, 2013 (5)：37-40.

[152] 王娜, 张磊. 农产品流通效率的评价与提升对策研究：基于流通产业链视角的一个分析框架 [J]. 农村经济, 2016 (4)：109-114.

[153] 王鹏飞, 陈春霞, 黄漫宇. "农餐对接"流通模式：发展动因及其推广 [J]. 理论探索, 2013 (1)：56-59, 64.

[154] 王仁祥, 孔德树. 中国农产品流通效率评价模型构建及其应用 [J]. 辽宁大学学报（哲学社会科学版）, 2014, 42 (4)：64-73.

[155] 王仁雪. "农社对接"模式的优化策略研究 [J]. 北京农业, 2015 (15)：308.

[156] 王思舒, 郑适, 周松. 我国猪肉价格传导机制的非对称性问题研究: 以北京市为例 [J]. 经济纵横, 2010 (6): 84 – 87.

[157] 王韬. 社会保障对城乡家庭消费的影响探究 [J]. 知识文库, 2020 (15): 151 – 152.

[158] 王伟新, 祁春节. 我国农产品流通现代化评价指标体系的构建与测算 [J]. 经济问题探索, 2013 (1): 128 – 133.

[159] 王晓东, 王诗桪. 中国商品流通效率及其影响因素测度: 基于非线性流程的 DEA 模型改进 [J]. 财贸经济, 2016 (5): 119 – 130, 159.

[160] 王晓东, 谢莉娟. 新时期流通结构优化升级之再认识 [J]. 中国流通经济, 2011, 25 (7): 21 – 25.

[161] 王晓东, 张昊. 论独立批发商职能与流通渠道利益关系的调整 [J]. 财贸经济, 2011 (8): 81 – 86

[162] 王晓东. 中国流通产业组织化问题研究 [M]. 北京: 中国人民大学出版社, 2013.

[163] 王云. 连锁超市农产品流通与采购优化探讨: 基于连锁超市农产品中央采购项目实施的分析 [J]. 中国流通经济, 2011, 25 (9): 22 – 27.

[164] 魏毕琴. 论超市的生鲜农产品供应链上主体共生关系 [J]. 消费经济, 2011, 27 (1): 57 – 60.

[165] 吴彬. 数字乡村建设背景下打造数字化合作社正当时 [J]. 中国农民合作社, 2020 (7): 54.

[166] 吴振华. 劳动收入份额、异质性人力资本与产业创新 [J]. 华东经济管理, 2020, 34 (2): 51 – 58.

[167] 吴自爱, 王剑程, 王丽娟, 项桂娥. 欠发达地区农产品流通效率评价 [J]. 统计与决策, 2013 (24): 47 – 49.

[168] 武孟飞, 李炳军, 魏新娟, 杨卫明. 基于熵权法的农产品流通效率模糊综合评价研究: 以河南省为例 [J]. 数学的实践与认识, 2019, 49 (13): 83 – 93.

[169] 习小林. 农产品流通体系利益错位的原因与对策 [J]. 农村经济, 2006 (7): 113 – 115.

[170] 席恺媛, 柯巧, 王滢淇. 农产品流通环节的利益分配研究: 以武汉市蔬菜市场为例 [J]. 安徽农业科学, 2013, 41 (8): 3696 – 3698, 3712.

[171] 夏春玉, 徐健, 薛建强. 农产品流通市场结构、市场行为与农民收

入：基于 SCP 框架的案例研究 [J]. 经济管理，2009，31（9）：25 - 29.

[172] 肖文金. 风险社会视角下突发疫情对生鲜农产品流通的影响及对策 [J]. 经济与管理评论，2020，36（4）：25 - 33.

[173] 肖艳丽，冯中朝. 农产品流通中公平与效率的国际经验借鉴 [J]. 经济体制改革，2012（5）：152 - 156.

[174] 肖艳丽. 中国农产品流通中的合作关系与合作意愿分析 [J]. 中国经济问题，2012（3）：55 - 62.

[175] 谢莉娟，王晓东. 中国商品流通费用的影响因素探析：基于马克思流通费用构成的经验识别 [J]. 财贸经济，2014（12）：75 - 86.

[176] 谢莉娟. 流通商主导供应链模式及其实现：相似流通渠道比较转化视角 [J]. 经济理论与经济管理，2013，（7）：103 - 112.

[177] 谢莉娟. 互联网时代的流通组织重构：供应链逆向整合视角 [J]. 中国工业经济，2015（4）：44 - 56.

[178] 熊会兵，肖文韬. "农超对接" 实施条件与模式分析 [J]. 农业经济问题，2011，32（2）：69 - 72.

[179] 徐健，李哲. 价格高涨背景下的我国农产品流通成本解构研究：以大连市油菜市场为例 [J]. 财经问题研究，2015（6）：93 - 99.

[180] 徐健，张闯，夏春玉. 契约型渠道关系中农户违约倾向研究：基于社会网络理论和渠道行为理论的视角 [J]. 财经问题研究，2012（2）：97 - 103.

[181] 许贵阳，依绍华. 区块链技术与现代流通业融合发展路径研究：基于对 "十四五" 规划的建议 [J]. 价格理论与实践，2020（7）：21 - 26.

[182] 许军. 我国农产品流通面临的突出问题与应对思路 [J]. 经济纵横，2013，（3）：92 - 95，99.

[183] 薛岩，马彪，彭超. 新型农业经营主体与电子商务：业态选择与收入绩效 [J]. 农林经济管理学报，2020，19（4）：399 - 408.

[184] 杨宝宏，郭红莲，魏国辰. 提高生鲜农产品流通效率的探讨：深圳 "布吉模式" 的启示 [J]. 物流技术，2009，28（2）：28 - 30，37.

[185] 杨建亮，侯汉平. 冷链物流大数据实时监控优化研究 [J]. 科技管理研究，2017，37（6）：198 - 203.

[186] 杨洁. 权利不对等条件下的 "农超对接" 收益分配 [J]. 农业经济问题，2019（7）：93 - 102.

[187] 杨岚，闫贤贤，杨春梅. 农产品流通渠道中的价格波动规律与利益协

调机制 [J]. 商业经济研究, 2017 (15): 118-120.

[188] 杨林, 李峥. 乡村振兴背景下农民专业合作社经营能力评价与提升路径研究: 基于26个省份面板数据的实证研究 [J]. 山东大学学报 (哲学社会科学版), 2021 (1): 152-166.

[189] 姚志. 新型农业经营主体电商认知行为差异及影响因素实证 [J]. 中国流通经济, 2017, 31 (9): 46-52.

[190] 于法稳. 新时代生态农业发展亟需解决哪些问题 [J]. 人民论坛·学术前沿, 2019 (19): 14-23.

[191] 于海龙, 武舜臣, 张振. 供应链视角下鲜活农产品流通模式比较: 兼论环节多、链条长的流通难题 [J]. 农村经济, 2020 (2): 89-97.

[192] 于淑华. 我国农产品批发商经营现状研究 [J]. 时代经贸, 2016 (36): 6-13.

[193] 于秀琴, 王鑫, 陶健, 等. 大数据背景下政府购买社会管理性服务的有效需求识别及测量研究 [J]. 中国行政管理, 2018 (9): 30-36.

[194] 原小能. 国际服务外包与服务企业价值链升级研究 [J]. 国际经贸探索, 2012, 28 (10): 56-67.

[195] 张闯, 夏春玉, 刘凤芹. 农产品批发市场公益性实现方式研究: 以北京新发地市场为案例 [J]. 农业经济问题, 2015, 36 (1): 93-100, 112.

[196] 张闯, 张涛, 庄贵军. 渠道关系强度对渠道权力应用的影响: 关系嵌入的视角 [J]. 管理科学, 2012, 25 (3): 56-68.

[197] 张存禄, 黄培清. 数据挖掘在供应链风险控制中的应用研究 [J]. 科学学与科学技术管理, 2004 (1): 12-14.

[198] 张焕勇, 周志鹏, 浦徐进. 农产品供应链视角下的家庭农场销售渠道模式选择 [J]. 商业研究, 2016 (10): 130-137.

[199] 张立华. "农超对接" 流通模式对农产品价格的影响分析 [J]. 价格理论与实践, 2010 (8): 78-79.

[200] 张孟才, 楚金华. 虚拟价值链理论诌议 [J]. 沈阳农业大学学报: 社会科学版, 2004, 6 (4): 355-357.

[201] 张敏. 我国农产品流通标准体系现状及问题分析 [J]. 农产品质量与安全, 2015 (5): 30-34.

[202] 张明月, 郑军, 薛兴利. 对接优势、能力、环境与超市参与 "农超对接" 行为: 基于15省526家超市的调查 [J]. 现代经济探讨, 2017 (9):

115 – 122.

[203] 张平, 孙伟仁, 邬德林, 等. 中国农村服务业发展的理论与实证研究 [M]. 大连: 东北财经大学出版社, 2017.

[204] 张启森, 桂琳, 朱晓冬, 罗玲, 尤泽凯, 张静. "互联网 +" 背景下北京农社对接流通渠道发展分析 [J]. 农业展望, 2018, 14 (8): 97 – 100.

[205] 张晓林, 杨文秀. 合作社农宅对接创新发展的对策分析 [J]. 物流工程与管理, 2015, 37 (7): 163 – 164, 135.

[206] 张晓敏, 周应恒. 基于易腐特性的农产品纵向关联市场间价格传递研究: 以果蔬产品为例 [J]. 江西财经大学学报, 2012 (2): 78 – 85.

[207] 张晓山. 农民专业合作社的发展趋势探析 [J]. 管理世界, 2009 (5): 89 – 96.

[208] 张旭梅, 梁晓云, 但斌. 考虑消费者便利性的 "互联网 +" 生鲜农产品供应链 O2O 商业模式 [J]. 当代经济管理, 2018, 40 (1): 21 – 27.

[209] 张旭梅, 吴雨禾, 吴胜男. 基于优势资源的生鲜零售商供应链 "互联网 +" 升级路径研究: 百果园和每日优鲜的双案例研究 [J/OL]. 重庆大学学报 (社会科学版): 1 – 13 [2020 – 11 – 08]. http: //kns. cnki. net/kcms/detail/ 50. 1023. C. 20200602. 0949. 002. html.

[210] 张永强, 张晓飞, 刘慧宇. 我国农产品流通效率的测度指标及实证分析 [J]. 农村经济, 2017 (4): 93 – 99.

[211] 章迪平. 流通产业发展方式转变实证研究 [D]. 杭州: 浙江工商大学, 2010.

[212] 章胜勇, 时润哲, 于爱芝. 农业供给侧改革背景下农产品批发市场的功能优化分析 [J]. 北京工商大学学报 (社会科学版), 2016, 31 (6): 10 – 16.

[213] 赵锋, 段风军. 1999 ~ 2012 年广西农产品流通效率及其演进趋势的实证分析 [J]. 南方农业学报, 2014, 45 (3): 509 – 514.

[214] 赵立文, 郭英彤, 许子琦. 产业结构变迁与城乡居民收入差距 [J]. 财经问题研究, 2018 (7): 38 – 44.

[215] 赵敏, 李富忠. "农超对接" 的实施条件: 基于交易费用理论视角 [J]. 中国流通经济, 2013, 27 (4): 20 – 25.

[216] 赵晓飞, 李崇光. 农产品流通渠道变革: 演进规律、动力机制与发展趋势 [J]. 管理世界, 2012 (3): 81 – 95.

[217] 郑素芳. 农产品流通产业链绿色治理的影响因素及创新路径 [J]. 商

业经济研究, 2017 (7): 167 - 169.

[218] 周丹, 杨晓玉, 姜鹏. 中国重要农产品流通现代化水平测度与实证研究: 基于 2000 ~ 2014 年度省际面板数据 [J]. 贵州财经大学学报, 2016 (5): 22 - 28.

[219] 周殿昆. 农产品流通与农民合作社发展相关性分析 [J]. 中国流通经济, 2010, 24 (11): 31 - 34, 80.

[220] 周明华. 中国农产品价格波动: 供需因素还是货币因素? [J]. 财经问题研究, 2014 (8): 125 - 129.

[221] 周树华, 张正洋, 张艺华. 构建连锁超市生鲜农产品供应链的信息管理体系探讨 [J]. 管理世界, 2011 (3): 1 - 6.

[222] 周水平, 徐新峰. 农民合作社禀赋对其"农超对接"参与意愿和参与程度的影响分析: 基于江西的抽样调查 [J]. 江西社会科学, 2019, 39 (1): 227 - 232.

[223] 周伟. 生产商、批发商及零售商关系实证检验 [J]. 商业时代, 2013 (34): 29 - 30.

[224] 朱红根, 宋成校. 家庭农场采纳电商行为及其绩效分析 [J]. 华南农业大学学报 (社会科学版), 2020, 19 (6): 56 - 69.

[225] 朱华友, 谢恩奇. 区域农产品流通模式研究: 基于浙江省金华市的实地调查 [J]. 农业经济问题, 2013, 34 (10): 63 - 68.

[226] 朱麟, 凌建刚, 尚海涛, 俞静芬. 论"农社对接"的模式多样化与配送标准化 [J]. 农学学报, 2016, 6 (2): 131 - 134.

[227] 朱勤, 俞航东. 零售市场中的价格波动与市场势力 [J]. 中国工业经济, 2013 (10): 121 - 133.

[228] Agbo M, Rousseliere D, Salanie J. Agricultural marketing cooperatives with direct selling: A cooperative-non-cooperative game [J]. Journal of Economic Behavior and Organization, 2015, 109: 56 - 71.

[229] Ahearn M C, Armbruster W, Young R. Big data's potential to improve food supply chain environmental sustainability and food safety [J]. International Food and Agribusiness Management Review, 2016, 19.

[230] Anderson E, Coughlan A T. Channel Management: Structure, Governance, and Relationship Management [M]. London: Sage Publications, 2002.

[231] Antia K D, Zheng X, Frazier G L. Conflict management and outcomes

in franchise relationships: The role of regulation [J]. Journal of Marketing Research, 2013, 50 (5): 577 –589.

[232] Balezentis T, Witte K. One-and multi-directional efficiency measurement: Efficiency in Lithuanian family farms [J]. European Journal of Operational Research, 2015, 245: 612 –622.

[233] Barnett W A, Hu M, Wang X. Does the utilization of information communication technology promote entrepreneurship: Evidence from rural China [J]. Technological Forecasting and Social Change, 2019, 141: 12 –21.

[234] Bodini A, Zanoli R. Competitive factors of the agro-food e-commerce [J]. Journal of Food Products Marketing, 2011, 17 (2 –3): 241 –260.

[235] Bonfadelli H. The internet and knowledge gaps: A theoretical and empirical investigation [J]. European Journal of Communication, 2002, 17 (1): 65 –84.

[236] Chu K Y. Efficiency, Equity, and Legitimacy: The multilateral trading system at the millennium [J]. Journal of Comparative Economics, 2003, 31 (1): 163 –165.

[237] Clark F E. Criteria of marketing efficiency [C]. This paper was read at the thirty-third Annual Meeting of the American Economic Association, held in Atlantic City, 1990.

[238] Correa T, Pavez I, Contreras J. Beyond access: A relational and resource-based model of household Internet adoption in isolated communities [J]. Telecommunications Policy, 2017, 41 (9): 757 –768.

[239] Darmawan D A, Pasandaran E. Dynamics of vegetable production, distribution and consumption in Asia: Indonesia [J] Asian Vegetable Research and Development, 2000, 498: 139 –171.

[240] Démurger S. Infrastructure development and economic growth: An explanation for regional disparities in China? [J]. Journal of Comparative Economics, 2001, 29 (1): 95 –117.

[241] Ehmke J F, Campbell A M, Thomas B W. Data-driven approaches for emissions-minimized paths in urban areas [J]. Computers & Operations Research, 2016, 67: 34 –47.

[242] Fang X, Zhan J. Sentiment analysis using product review data [J]. Journal of Big Data, 2015, 2 (1): 5.

［243］ Farhoomand A, Lovelock P. Global e – Commerce: Text and Cases Plus Instructor's Manual ［M］. Prentice Hall, 2001.

［244］ Gaski J F, Nevin J R. The differential effects of exercised and unexercised power sources in a marketing channel ［J］. Journal of Marketing Research, 1985: 130 – 142.

［245］ Giannakis M, Louis M. A multi-agent based system with big data processing for enhanced supply chain agility ［J］. Journal of Enterprise Information Management, 2016, 29 (5).

［246］ Govindan K, Sarkis J, Palaniappan M. An analytic network process-based multicriteria decision making model for a reverse supply chain ［J］. International Journal of Advanced Manufacturing Technology, 2013, 68 (1 – 4): 863 – 880.

［247］ Graeub B E, Chappell M J, Wittman H, et al. The state of family farms in the world ［J］. World Development, 2015 (5): 1 – 15.

［248］ Hellin J, Lundy M, Meijer M. Farmer organization, collective action and market access in Meso – America ［J］. Food Policy, 2009, 34 (1): 16 – 22.

［249］ Ho S C, Kauffman R J, Liang T P. A growth theory perspective on B2C e-commerce growth in Europe: An exploratory study ［J］. Electronic Commerce Research & Applications, 2008, 6 (3): 237 – 259.

［250］ Hsu C Y, Lin S C, Chien C F. A back-propagation neural network with a distributed lag model for semiconductor vendor-managed inventory ［J］. Journal of the Chinese Institute of Industrial Engineers, 2015, 32 (3): 13.

［251］ Introini S C, Boza A, Alemany M M. Traceability in the food supply chain: Review of the literature from a technological perspective ［J］. Dirección y organización: Revista de dirección, organización y administración de empresas, 2018: 50 – 55.

［252］ Jang W, Klein C M. Supply chain models for small agricultural enterprises ［J］. Annals of Operations Research, 2011, 190 (1): 359 – 374.

［253］ Kuo R J, Pai C M, Lin R H, et al. The integration of association rule mining and artificial immune network for supplier selection and order quantity allocation ［J］. Applied Mathematics & Computation, 2015, 250: 958 – 972.

［254］ Leibenstein H. Allocative efficiency and X – efficiency ［J］. American Economic Review, 1966: 56.

[255] Maccarthy B L, Blome C, Olhager J, et al. Supply chain evolution: Theory, concepts and science [J]. International Journal of Operations & Production Management, 2016, 36 (12).

[256] Mehmood R, Meriton R, Graham G, et al. Exploring the influence of big data on city transport operations: A Markovian approach [J]. International Journal of Operations & Production Management, 2017, 37 (1): 75 – 104.

[257] Miroslav M, Miloš M, Velimirš, et al. Semantic technologies on the mission: Preventing corruption in public procurement [J]. Computers in Industry, 2014, 65 (5): 878 – 890.

[258] Moustier P, Tam P T G, Anh D T, et al. The role of farmer organizations in supplying supermarkets with quality food in Vietnam [J]. Food Policy, 2010, 35 (1): 69 – 78.

[259] Nicholson C F, Gómez M, Gao O H. The costs of increased localization for a multiple-product food supply chain: Dairy in the United States [J]. Food Policy, 2011, 36 (2): 300 – 310.

[260] Olsson R, Gadde L E, Hulthén K. The changing role of middlemen: Strategic responses to distribution dynamics [J]. Industrial Marketing Management, 2013, 42 (7): 1131 – 1140.

[261] Palmatier R W, Houston M B, Dant R P, et al. Relationship velocity: Toward a theory of relationship dynamics [J]. Journal of Marketing, 2013, 77 (1): 13 – 30.

[262] Palmatier R, Stern L, Elansary A. Marketing Channel Strategy, Global Edition Course Smart eTextbook [M]. Pearson Schweiz Ag, 2014.

[263] Papadopoulos T, Gunasekaran A, Dubey R, et al. The role of big data in explaining disaster resilience in supply chains for sustainability [J]. Journal of Cleaner Production, 2016, 142: 1108 – 1118.

[264] Ralha C G, Silva C V S. A Multi – Agent Data Mining System for Cartel Detection in Brazilian Government Procurement [M]. Pergamon Press, Inc. 2012.

[265] Rayport J F, Sviokla J J. Exploiting the virtual value chain [J]. Harvard Business Review, 1995, 73 (1).

[266] Reardon T, Berdegué J A. The rapid rise of supermarkets in Latin America [J]. Development Policy Review, 2002, 20 (4): 317 – 334.

[267] Rosenbloom B. The wholesaler's role in the marketing channel: Disinter-mediation vs. reintermediation [J]. International Review of Retail Distribution & Consumer Research, 2007, 17 (4): 327 –339.

[268] Saitone T L, Sexton R J. Agri-food supply chain: Evolution and performance with conflicting consumer and societal demands [J]. European Review of Agricultural Economics, 2017 (4): 4.

[269] Salehan M, Dan J K. Predicting the performance of online consumer reviews [J]. Decision Support Systems, 2016, 81 (C): 30 –40.

[270] Schmidt B, Flannery P, Desantis M. Real-time predictive analytics, big data & energy market efficiency: Key to efficient markets and lower prices for consumers [J]. Applied Mechanics & Materials, 2015, 704: 453 –458.

[271] Shank J K, Govindarajan V. Strategic Cost Management: The New Tool for Competitive Advantage [M]. New York: The Free Press A Division of Macmillan, Inc 1993: 177 –197.

[272] Shimamoto D, Yamada H, Gummert M. Mobile phones and market information: Evidence from rural Cambodia [J]. Food Policy, 2015, 57: 135 –141.

[273] Stern L W, Reve T. Distribution channels as political economies: A framework for comparative analysis [J]. The Journal of Marketing, 1980: 52 –64.

[274] Ting S L, Tse Y K, Ho G T S, et al. Mining logistics data to assure the quality in a sustainable food supply chain: A case in the red wine industry [J]. International Journal of Production Economics, 2014, 152 (4): 200 –209.

[275] Van der Vorst J, Peeters L, Bloemhof J M. Sustainability assessment framework for food supply chain logistics: Empirical Findings from Dutch food industry [J]. International Journal on Food System Dynamics, 2013, 4.

[276] Van der Vorst J. Performance measurement in agri-food supply-chain networks [J]. Quantifying the agri-food supply chain, 2005, 15: 15 –26.

[277] Warsanga W B. Coordination and structure of agri-food value chains: Analysis of banana value chain strands in Tanzania [J]. Journal of Economics & Sustainable Development, 2014, 7 (5): 71 –78.

[278] Wilasinee S, Imran A, Athapol N. Optimization of rice supply chain in Thailand: A case study of two rice mills. In: Sumi A, Fukushi K, Honda R, Hassan K (eds). Sustainability in Food and Water [M]. Springer Netherlands, 2010.

[279] Wu K J, Liao C J, Tseng M L, et al. Toward sustainability: Using big data to explore the decisive attributes of supply chain risks and uncertainties [J]. Journal of Cleaner Production, 2017, 142: 663 -676.

[280] Zhao R, Liu Y, Zhang N, et al. An optimization model for green supply chain management by using a big data analytic approach [J]. Journal of Cleaner Production, 2016.